主 编：陈 恒

光启文库

光启译丛

光启文库

光启随笔　　光启讲坛

光启学术　　光启读本

光启通识　　**光启译丛**

光启口述　　光启青年

主　编：陈　恒

学术支持：上海师范大学光启国际学者中心

策划统筹：鲍静静

责任编辑：李彦岑　韩之易

商务印书馆(上海)有限公司　出品
The Commercial Press（Shanghai）Co.Ltd

《君士坦丁赠礼》伪作考

〔意〕洛伦佐·瓦拉　著

陈文海　译注

商务印书馆
The Commercial Press

本书根据哈佛大学出版社 2007 年英译本译出，

并参考耶鲁大学出版社 1922 年 Christopher B. Coleman 译本。

作者 / 简介

洛伦佐·瓦拉（Lorenzo Valla，约1407—1457），近代早期意大利语言学家、哲学家、伦理学家、修辞学家、历史学家、文献学家和翻译家，文艺复兴时期人文主义者代表人物之一，热衷论战，树敌无数，主要著作有《论快乐》《论拉丁语的优雅》《论自由意志》《辩证法驳议》和《〈君士坦丁赠礼〉伪作考》等。

译注者 / 简介

陈文海，华南师范大学历史文化学院教授，副校长，主要从事世界古代史教学与研究。主要著作有《法国史》等，译著有《特兰特圣公会议教规教令集》《弗莱德加编年史》《法兰克人史纪》《法兰克王家年代记》和《大公会议史纲》等，在《中国社会科学》《历史研究》和《世界历史》等刊物上发表论文多篇。

出版前言

　　梁启超在《清代学术概论》中认为，"自明徐光启、李之藻等广译算学、天文、水利诸书，为欧籍入中国之始，前清学术，颇蒙其影响"。梁任公把以徐光启（1562—1633）为代表追求"西学"的学术思潮，看作中国近代思想的开端。自徐光启以降数代学人，立足中华文化，承续学术传统，致力中西交流，展开文明互鉴，在江南地区开创出海纳百川的新局面，也遥遥开启了上海作为近现代东西交流、学术出版的中心地位。有鉴于此，我们秉承徐光启的精神遗产，发扬其经世致用、开放交流的学术理念，创设"光启文库"。

　　文库分光启随笔、光启学术、光启通识、光启讲坛、光启读本、光启译丛、光启口述、光启青年等系列。文库致力于构筑优秀学术人才集聚的高地、思想自由交流碰撞的平台，展示当代学术研究的成果，大力引介国外学术精品。如此，我们既可在自身文化中汲取养分，又能以高水准的海外成果丰富中华文化的内涵。

　　文库推重"经世致用"，即注重文化的学术性和实用性，既促进学术价值的彰显，又推动现实关怀的呈现。文库以学术为第一要义，所选著作务求思想深刻、视角新颖、学养深厚；同时也注重实用，收录学术性与普及性皆佳、研究性与教学性兼顾、传承性与创新性俱备的优秀著作。以此，关注并回应重要时代议题与思想命题，推动中华文化的创造性转化与创新性发展，在与国外学术的交流对话中，努力打造和呈现具有中国特色的价值观念、思想文化及话语体系，为夯实文化软实力的根基贡献绵薄之力。

　　文库推动"东西交流"，即注重文化的引入与输出，促进双向的碰撞与沟通，既借鉴西方文化，也传播中国声音，并希冀在交流中催生更绚烂的精神成果。文库着力收录西方古今智慧经典和学术前沿成果，推动其在国内的译介与出版；同时也致力收录汉语世界优秀专著，促进其影响力的提升，发挥更大的文化效用；此外，还将整理汇编海内外学者具有学术性、思想性的随笔、讲演、访谈等，建构思想操练和精神对话的空间。

我们深知，无论是推动文化的经世致用，还是促进思想的东西交流，本文库所能贡献的仅为涓埃之力。但若能成为一脉细流，汇入中华文化发展与复兴的时代潮流，便正是秉承光启精神，不负历史使命之职。

文库创建伊始，事务千头万绪，未来也任重道远。本文库涵盖文学、历史、哲学、艺术、宗教、民俗等诸多人文学科，需要不同学科背景的学者通力合作。本文库综合著、译、编于一体，也需要多方助力协调。总之，文库的顺利推进绝非仅靠一己之力所能达成，实需相关机构、学者的鼎力襄助。谨此就教于大方之家，并致诚挚谢意。

清代学者阮元曾高度评价徐光启的贡献，"自利玛窦东来，得其天文数学之传者，光启为最深。……近今言甄明西学者，必称光启"。追慕先贤，知往鉴今，希望通过"光启文库"的工作，搭建东西文化会通的坚实平台，矗起当代中国学术高原的瞩目高峰，以学术的方式阐释中国、理解世界，让阅读与思索弥漫于我们的精神家园。

上海师范大学光启国际学者中心

2020年3月

中译本导论

在西方文明演进历程中，15世纪前后的两三百年，是一段新旧思潮交互激荡、人文主义绽放异彩的澎湃岁月。在此时期，基于商品经济以及早期资本主义的初步发展，个体意识和俗世情怀竞相萌动，文艺复兴和宗教改革渐次迭起。正是在回溯古典、批判现实、破除权威、复苏人性的旗帜下，以意大利为先导，欧洲各地先后涌现出一批又一批富有人文主义精神的文人学者。他们一方面与生于斯、长于斯的既有社会、政治、宗教体制继续保持着难以割断的联系，但同时又对这一体制及其背后的支撑性说教给予无情的挞伐，从而在整个西欧世界描绘出一幅和此前的社会渐行渐远，同时又和此后的社会渐行渐近的渐变式画卷。

在这一时期，以人文主义者形象留名于世的文人学者多若繁星，其作品也都各具特色、各显其用，但是，若论综合性才能、综合性成就和综合性影响，能够给后世留下持久性话题的人物终究相对较少，而意大利人文主义者洛伦佐·瓦拉（Lorenzo Valla，约1407—1457）便是这个人数相对较少的群体中的一员。[1] 而且，在意大利文艺复兴时期的人文主义者系谱中，瓦拉一直被

---

1 尽管围绕洛伦佐·瓦拉其人其事存在大量争议，但通常来说，他终究还是 "被视为15世纪最为重要的人文主义者"。关于这一评价，详见 Linda Gardiner Janik, "Lorenzo Valla: The Primacy of Rhetoric and the De-moralization of History," *History and Theory*, No. 4 (1973), pp. 389–404。

人们视为最复杂、最显眼、最另类的人物之一，是人如其文、文如其人双向自洽的典型。

一方面，在这一时期众多的文化领域中，都留有瓦拉的足迹，而且在其中的很多方面都有其做出的开创性贡献。例如，在论及人文主义的核心要义和时代内涵时，就不能不提他的伦理学作品《论快乐》；在论及古典语言的复兴和规范时，就不能不提他的语法著作《论拉丁语的优雅》；在论及人文主义者对经院哲学体系的系统化抨击时，就不能不提他的宗教哲学著作《论自由意志》；在论及现代意义上的西方历史文献学起源时，就不能不提他的讨伐檄文《〈君士坦丁赠礼〉伪作考》；如此等等。可以毫不夸张地说，瓦拉是一位通才式的人物，是一位令众多同行黯然失色的伦理学家、语言学家、修辞学家、历史学家、文献学家和翻译家。

另一方面，瓦拉又以恃才傲物、率性无忌、屡生事端而名闻意大利半岛。不论是在罗马，还是在北意大利，抑或是在南意大利，瓦拉每居一处，都与论战为伍，众多的古人和活人都成为其嘲讽乃至谩骂的对象。正因如此，他在赢得一些人喝彩的同时，也招致另一些人的不懈讨伐，甚至以"异端"之罪险遭牢狱之灾。[1]此外，这一时期人文主义者自身的矛盾性，在瓦拉身上也可谓展示得淋漓尽致。虽然他是以揭批罗马教会伪造《君士坦丁赠礼》并对罗马教皇展开辱骂性批判而名延后世的，但在现实生活中，能在教廷中谋得一官半职、能为教皇鞍前马后地服务，却是其念兹在兹、终其一生的目标和追求。正因为瓦拉是这样一位充满矛盾的人文主义者，不论是其人其事还是其作品，都给后人提供了各式各样可以品评论说的话题。

虽然瓦拉的许多著作后来都曾被罗马教廷列为"禁书"，但这种禁令对于其作品在民间的流传并未起到根本的禁绝作用。而且，在教廷势力不断衰减的意大利以外的其他地区，特别是在后来新教思潮占据主导地位的那些地方，瓦拉作品的影响力则更为显盛。例如，尼德兰人文主义者伊拉斯

1　参阅Christopher S. Celenza, "Lorenzo Valla, 'Paganism,' and Orthodoxy," *MLN*, No. 1 (Jan., 2004), pp. S66–S87。

谟（Erasmus，1466—1536）对瓦拉的多部著作均有深入研究，正是在瓦拉所著《新约评注》的直接影响下，他对《新约》展开了全面的整理、翻译和评注工作。[1]再如，英国人文主义者、社会哲学家托马斯·莫尔（Thomas More，1478—1535）在其空想社会主义作品《乌托邦》中，大量借鉴了瓦拉在《论快乐》一书中的用词用语和社会伦理观点。[2]又如，德国著名哲学家、数学家莱布尼茨（Leibniz，1646—1716）认为瓦拉的《论自由意志》一书"写得十分精彩"[3]，而且在其本人所著的《神正论》一书中，还对《论自由意志》进行缩写，并接着瓦拉的思路，续写了部分内容。

在瓦拉的众多作品中，尽管几乎每一篇每一部都有后世的回声，尽管其本人认为最能体现其个人学术水平的是《论拉丁语的优雅》，尽管在其一生中反复修订且颇为看重的是《论快乐》，但是，从影响的持久性和评价的多元性来说，最能让瓦拉之名经久不衰的，却是他那本成书于1440年、以罗马教皇为讨伐对象的小册子《〈君士坦丁赠礼〉伪作考》。作为该书的英译者，美国学者格兰·鲍尔索克（Glen Bowersock，1936年生）在为该书英译本所写的"导言"中，曾借用古罗马作家阿普列尤斯（Apuleius，约124—约170）在其小说《变形记》中的说法，为瓦拉的这本书摇旗呐喊："读者诸君，好好读读吧，您会喜欢上它的！"另一方面，也有学者认为，"现代历史学对瓦拉学术成就"存在"普遍夸大和误解"现象，他的这本书用词污秽，滥及无辜，对《君士坦丁赠礼》的批判颇为随机，"看到哪里就骂到哪里"，而且还故意曲解，简直就是一篇"大字报"。[4]不论对该书的评价存有多大的分歧，

1　参阅Jerry H. Bentley, "Biblical Philology and Christian Humanism: Lorenzo Valla and Erasmus as Scholars of the Gospels," *The Sixteenth Century Journal*, No. 2 (1977), pp. 8–28。

2　参阅Brendan Cook, "The *Utopia* of Sir Thomas More and the Influence of Lorenzo Valla's *On Pleasure*," PHD thesis, University of Toronto, 2009; Eric Nelson, "Utopia through Italian Eyes: Thomas More and the Critics of Civic Humanism," *Renaissance Quarterly*, No. 4 (Winter 2006), pp. 1029–1057。

3　Freiherr von Gottfried Wilhelm Leibniz, *Theodicy: Essays on the Doodness of God, the Freedom of Man and the Origin of Evil*, trans., E. M. Huggard, Charleston: BiblioBazaar, 2007, p. 374.

4　详见米辰峰：《瓦拉批驳〈君士坦丁赠礼〉的学术得失》，《史学月刊》2006年第3期，第98—103页。

有一点却是包括天主教会在内的社会各界所共同认可的：在文献校勘、文献辨伪等方面，瓦拉这本书具有首创之功。[1] 如此看来，不论是想做研究的，还是想看热闹的，瓦拉的这本书似乎都可以拿来翻一翻。

瓦拉的这部作品原本是用拉丁文写成的。16世纪中前期，随着新教改革的不断推进，该书被欧洲许多国家陆续翻译为民族语言文本。即使到了现当代，欧美学术界，特别是古典及中世纪拉丁文献研究者，对该书依旧抱有浓厚的热情，新的研究和新的译本仍时有面世。在我们国家，不论是专门从事西方史学、西方文献学的学者，还是对西方历史稍有涉猎的普通读者，对于《君士坦丁赠礼》这份伪托之作以及瓦拉的这本《〈君士坦丁赠礼〉伪作考》，也都不会感到过于陌生，或者至少可以说，对这两个文献的名称及其基本内容大概不会一无所知。不过，就目前所能接触到的信息来看，这一假一真的两个文本虽然篇幅都不大，但很长时期以来，却一直都没有相应的中文译本。在这种情况下，不论是教材，还是论著，抑或是论文，在论及这两个文献的时候，总会出现种种不足甚至讹误。

因此，不论是为了更加深入地研究文艺复兴这一历史现象，还是为了更为客观地审视瓦拉及其思想，或者是单纯为了让普通读者能够跨越语言障碍而顺顺利利地读一读文献本身，都有必要将他的这本《〈君士坦丁赠礼〉伪作考》完整地译为中文。同时，为了更加清晰地理清瓦拉在此书中的批驳路径，对于其批判的靶子——《君士坦丁赠礼》这份伪件，当然也应将之完整地译为中文。为了让读者更为有效地阅读这两个文本，这里还将围绕瓦拉的人生历程、《君士坦丁赠礼》的基本面貌、《〈君士坦丁赠礼〉伪作考》的基本特点等问题做一简要勾勒。

1　参阅Jerry H. Bentley, "Biblical Philology and Christian Humanism: Lorenzo Valla and Erasmus as Scholars of the Gospels," pp. 8–28; Brian P. Copenhaver, "Valla Our Contemporary: Philosophy and Philology," *Journal of the History of Ideas*, No. 4 (Oct., 2005), pp. 507–525; Rens Bod, "The Importance of the History of Philology, or the Unprecedented Impact of the Study of Texts," in Ton van Kalmthout and Huib Zuidervaart, eds., *The Practice of Philology in the Nineteenth-Century Netherlands*, Amsterdam University Press, 2015, pp. 17–36。

一、"大公会议至上论"环境下的瓦拉及其人生历程

瓦拉以对口诛笔伐乐此不疲而著称,更以撰文挑战和羞辱罗马教皇而闻名。关于瓦拉这一面相的成因,有学者做过分析:一是个性使然,二是环境宽松。[1]诚然,这两个因素的确与瓦拉的出格表现密切相关,文艺复兴时期的意大利也的确出现过一些秉持人文主义理念的教会首脑,但问题在于,就瓦拉所处的那个特定时段而言,让其个性得以充分释放的这个"宽松"的环境,是不是罗马教皇们基于"宽阔豁达"的"心胸"而主动营造的?对这个问题的回答,直接关系到对瓦拉及其行为动因的准确认知。

在这里,有一点必须明确:瓦拉活在人世的这几十年,正是"大公会议至上论"(Conciliarism)风起云涌的一段时光,同时也是自中世纪以来罗马教廷以及罗马教皇最为狼狈、最为落魄、最无地位、最无权威的一段时光。[2]或许在某种程度上可以认为,正是由于这一时期的教皇处于内斗不已、朝不保夕的尴尬之境,才给了瓦拉奋笔讨伐的机遇或勇气,如果让时光后退至中世纪中期或推进至特兰特大公会议之后,即便如瓦拉这样善于争论、勤于争论的人,或许也只能是要么入狱,要么闭嘴。因此,只有将瓦拉置于其寓身的环境,才能更为全面、更为立体地识读其人其事。

1. "大公会议至上论"下的罗马教皇及其窘境

15世纪初,瓦拉出生于教皇国的首都罗马城,而此时正值天主教会因"大分裂"(1378—1417年)而斯文扫地之时。实际上,此前长达70余年的"阿维农之囚"已经因其浓厚的法国色彩而使教廷声望剧减,而自1378年起的30年间,天主教会的形象更是一落千丈,先是出现"罗马系"和"阿维农系"两位教皇并立的情形,继而又更进一步,形成"罗马系""阿维农系"

---

[1] 参阅米辰峰:《劳伦佐·瓦拉的生平与思想》,《史学月刊》2004年第8期,第69—78页。

[2] 关于"大公会议至上论",参阅Anthony Black, "The Conciliar Movement," in J. H. Bums, ed., *The Cambridge History of Medieval Political Thought c.350-c.1450*, Cambridge: Cambridge University Press, 1988, pp. 573-587。

和"比萨系"三位教皇互不相让的局面。[1]

在分裂局面出现之初，就已有人提议，可以通过召开大公会议来解决争端。大公会议的历史颇为悠久，除了最初几次是由世俗君主下令召开的以外，自中世纪中期以来，天主教会的历次大公会议都是在罗马教皇主导之下召开的。而如今，要由大公会议来解决分裂局面、决定教皇人选，显然就意味着"大公会议在上，教皇在下"，也就是说，天主教世界的最高主宰将不再是教皇，而是大公会议。这样的大公会议"很像议会，或者说，它很像一院制议会"，而在这种体制之下，教皇似乎就成了立宪君主制之下的一个有名无实的"虚君"。正因如此，在这一时期，不论是哪一派系的教皇，一听到"大公会议"这几个字，就觉得"不吉利"。甚至在"大分裂"局面结束之后的几十年中，罗马教皇"一听到大公会议这个词"，依然会感到"胆战心惊"。[2]关于和瓦拉的人生历程大致同步的"大公会议至上论"鼎盛时期的教廷及教皇境遇，这里可以按照时间线索罗列几条，以作概观。

1409年：原本处于对立状态的"罗马系"和"阿维农系"两个枢机团抛弃各自派系的教皇，他们从天主教世界召集500名代表，在比萨召开教务会议。[3]"全体与会者的意见绝对一致"，决定"对处于对立状态的两位教皇做出处置，也就是说，既开除其教籍，又废黜其教职"，然后，"会议责成诸位枢机，让他们召开密室选举会议"，选出新的教皇。[4]这一年，瓦拉大约2岁。

1414—1418年：比萨会议之后，已被"废黜"的两位教皇并未放弃自己的头衔，如今，加上"比萨系"教皇约翰二十三世（John XXIII, 1410—

1　关于天主教会大分裂及其基本情况，可参阅Richard C. Trexler, "Rome on the Eve of the Great Schism," *Speculum*, No. 3 (Jul., 1967), pp. 489–509; Thomas E. Morrissey, "The Call for Unity at the Council of Constance: Sermons and Addresses of Cardinal Zabarella, 1415–1417," *Church History*, No. 3 (Sep., 1984), pp. 307–318。

2　关于15世纪上半叶出现的"大公会议至上论"以及这一时期罗马教皇的窘境，详见菲利普·休斯：《大公会议史纲》，陈文海译注并增补，北京：人民出版社，2020年，第365—404页。

3　这些枢机们宣称比萨教务会议是一次天主教世界的"大公会议"，但后来的罗马天主教会拒绝认可此次会议的"大公会议"性质。

4　菲利普·休斯：《大公会议史纲》，陈文海译注并增补，第370—371页。

1415年在位，对立教皇），天主教世界同时存在三位教皇。1414年，在神圣罗马帝国皇帝的逼迫之下，约翰二十三世在瑞士邦联[1]境内的康斯坦斯（Constance）召开大公会议。随后不久，他两次出逃，但都被抓了回来，于1415年遭到废黜并被关进监狱。同样是在1415年，与会者制定了一份名曰《极圣》（Sacrosancta）的文件，其中写道："不论何人，不论他居于何种地位，也不论他拥有何种头衔，哪怕他是教皇，对于此次神圣的大公会议所颁命令和法律，以及依法召开的其他任何一次大公会议所颁命令和法律，如果他胆敢藐视或不屑，那他必将受到应有的惩罚。"[2] 1415年和1417年，此前已被"废黜"过的"罗马系"和"阿维农系"教皇再次被废黜，随后大公会议组建选举团，选出新任教皇马丁五世（Martin V，1417—1431年在位）。1418年，康斯坦斯大公会议宣告结束。就是在这几年中，瓦拉大约从7岁长到了11岁。

1432年：对于首鼠两端、朝令夕改的教皇尤金四世（Eugene IV，1431—1447年在位），巴塞尔大公会议做出决议：尤金四世必须高声坦承说"我有罪"（Peccavi）；而且必须明确同意巴塞尔会议秉持的原则，即未经大公会议自身同意，不得解散大公会议。他们明确告诉尤金四世：在教义阐释上，绝不会犯错的唯有大公会议。这一年，瓦拉大约25岁。

1433年：由于罗马城被米兰军队攻占，尤金四世流亡到佛罗伦萨，然后他在这里发布谕令，向巴塞尔会议彻底投降。他在谕令中写道：巴塞尔会议的工作做得很好，值得表扬；与会者还应再接再厉，要对教皇制度以及教会的其他各种问题进行改革；此前针对巴塞尔会议做出的所有裁决一律作废。毫无疑问，此举标志着教皇的行情已经跌到最低点。这一年，瓦拉大约26岁。

1439年：在尤金四世重新宣布巴塞尔会议为非法之后，巴塞尔方面声称

---

1 在中世纪晚期，即已形成"瑞士邦联"，康斯坦斯位于这个邦联之内。当时的瑞士邦联在政治上依附于神圣罗马帝国，1648年，根据《威斯特伐利亚和约》，瑞士取得独立地位。

2 译文参见菲利普·休斯：《大公会议史纲》，陈文海译注并增补，第374页。《极圣》这份文件，对于后世西方政治文化具有深远影响，关于这个问题，可参阅Zofia Rueger, "Gerson, the Conciliar Movement and the Right of Resistance (1642–1644)," *Journal of the History of Ideas*, No. 4 (Oct. –Dec., 1964), pp. 467–486。

"废黜"尤金四世,随后把萨瓦公爵(Duke of Savoy)选出来,让其出任尤金四世的"继任者",此即菲利克斯五世(Felix V)。[1]也就是在此之后不久,瓦拉开始动笔撰写《〈君士坦丁赠礼〉伪作考》,而且,在这本书中,瓦拉还不忘拿菲利克斯五世当选"教皇"的事来奚落挖苦尤金四世。[2]这一年,瓦拉大约32岁。

1449年:对立教皇菲利克斯五世向罗马教皇尼古拉五世(Nicholas V,1447—1455年在位)表示臣服,并宣布"辞去"教皇职务,残存多年的巴塞尔会议宣告终结。这一年,瓦拉大约42岁。在人生的最后约10年时间,他一直居于罗马。

可以看出,瓦拉不仅是"大公会议至上论"甚嚣尘上的这段历史的亲历者,而且也是各派教皇竞相上演拙劣闹剧的这段历史的见证人。正是在教皇地位江河日下的这一真真切切的场景下,应那不勒斯君主之命,瓦拉发挥其论战才能,以嬉笑怒骂的笔触,挥笔写就《〈君士坦丁赠礼〉伪作考》。不过,在该书完成之后不久,他多少还是感到有点后悔,至少说,他觉得自己不应该在教皇尤金四世当政期间写这本书。[3]当然,对于瓦拉的这种后悔,要有准确认知:不是尤金四世不该骂,而是担心骂了之后的结果,因为他一直希望尤金四世能够开恩,给他在教廷安排个职位。事实证明,尤金四世一直到死,也没有满足瓦拉的愿望。只是等到新的教皇上任之后,瓦拉才最终如愿以偿。

2. 早年岁月与锋芒初露(约1407—1435年)

如今,人们一般称瓦拉是"意大利人",不过,在瓦拉生活的15世纪中

---

1 菲利克斯五世,对立教皇,1439—1449年在位。1449年从教皇职位上退下之后,他又接受枢机职位。

2 见《〈君士坦丁赠礼〉伪作考》,第33节。(这里所说的"节",是指德国历史学家沃夫兰·塞茨在编校拉丁文本《〈君士坦丁赠礼〉伪作考》时对该书所做的段落划分,节的序号也就是这个拉丁文本的段落序号。段落序号见本书正文的边码,下同。详见本书正文的第一个注释。)

3 瓦拉是在1443年做出这一表述的。参见本书"英译本导言"。

前期，意大利并不是一个统一的政治实体，而只是一个地理概念。[1] 从5世纪西罗马帝国崩溃算起，在此之后的大约14个世纪里，意大利一直处于四分五裂状态，国无常国，君无常君，而且整个亚平宁半岛以及周边岛屿一直是外来势力竞相角逐的舞台。在瓦拉那个时代，意大利南部的那不勒斯，中部的教皇国，北部的佛罗伦萨、热那亚、米兰、威尼斯等等，都是独立或相对独立的政治实体。瓦拉的祖籍虽然是在意大利北部的皮亚琴察（Piacenza，当时属于米兰公国），但他生在罗马、长在罗马，而罗马是当年独立政治实体教皇国的首都，因此，从"国籍"这层意义上来说，瓦拉应该算是教皇国的臣民。关于瓦拉的早年经历，所留史料极为有限，甚至其出生年代也是后人推算出来的一个大致时间。瓦拉墓志铭上有个说法称，瓦拉"1457年8月1日去世，终年大约51岁"，那么，由此往前推算，瓦拉大约生于1406年或1407年。还有人认为，瓦拉大约出生于1405年。本文采用相对较为常见的"1407年"这个说法。

瓦拉从出生到大约24岁之前，大部分时间都是在罗马度过的。他的家族背景并不显赫，却与罗马教廷特别是教廷里的文士阶层有着较为密切的关系，并因此而让他在学业上大受其益。他的父亲卢卡·瓦拉（Luca Valla，？—1420）曾在教廷担任律师，他的外祖父吉奥瓦尼·斯克里瓦尼（Giovanni Scrivani）以及他的舅舅梅尔吉奥·斯克里瓦尼（Melchior Scrivani，？—1429）都曾先后担任教廷秘书。在其舅舅的协助下，少年时期的瓦拉曾跟随著名人文主义者、诗人吉奥瓦尼·奥里斯帕（Giovanni Aurispa，1376—1459）学习古希腊文。成年以后，瓦拉又师从教廷秘书、人文主义者、翻译家里努奇·达·卡斯提里奥内（Rinucci da Castiglione，1395—1450）继续研习古希腊文，并跟随人文主义者、历史学家、教廷秘书利奥纳多·布鲁尼（Leonardo Bruni，1370—1444）研习古拉丁文。

此时的瓦拉虽然还只是古典学领域的一个初学者，但已才华初现，而

---

1 参阅 Angeliki E. Laiou, "Italy and the Italians in the Political Geography of the Byzantines (14th Century)," *Dumbarton Oaks Papers*, Vol. 49 (1995), pp. 73–98。

且，终其一生的无惧权威、敢批敢斗的学术风格也已初显端倪。他后来在《〈君士坦丁赠礼〉伪作考》一书中对自己学术生涯所做的一个阶段性总结，放在这里，应该也是比较贴切的。他写道："我这个人写东西，批的不只是死人，活人我也批，而且，批的不只是他们当中的一两个人，而是很多人。我批的并不只是那些无官无职的普通人，即便是身居高位的那些人，我也照批不误。"[1]

大约1428年，年方21岁的瓦拉写成其人生中的第一部著作《西塞罗与昆体良之比较》（De comparatione Ciceronis Quintilianique）。这本书早已失传，按照传统说法，在该书中，瓦拉对"修辞学的绝对权威"西塞罗（Cicero，公元前106—前43）的修辞学理论和昆体良（Quintilianus，约35—约100）的修辞学著作展开对比分析，进而得出昆体良强于西塞罗的结论。不过，以上这个传统说法可能并不准确。21世纪初年，意大利学者发现一份佚名的信函体长篇文献，从其内容来看，这份文献大致可以认为是《西塞罗与昆体良之比较》一书的"导言"。通过令人信服的文献学考证和分析，基本可以判定，这份文献应该是出自瓦拉的手笔。从这份文献中可知，瓦拉在这本书中是围绕《角斗士》（Gladiator）和《为利伽瑞乌斯辩护》（Pro Ligario）这两篇演说词展开修辞学分析的。《为利伽瑞乌斯辩护》的作者是西塞罗，这没有异议。至于《角斗士》一文，在瓦拉那个时代，人们普遍认为是昆体良的作品；但现代文献学研究结果证明，该文是假昆体良之名的一篇伪托之作。[2]但不管怎么说，瓦拉的结论是明确的：西塞罗的修辞学存在不少问题，其水准远在昆体良之下。[3]在这一时期，除了对古人西塞罗展开批判之外，瓦拉还对活在人世的人文主义者、教廷秘书安东尼·洛斯奇（Antonio Loschi，约1368—1441）所写的一首挽歌进行嘲讽和批评。

---

1 见《〈君士坦丁赠礼〉伪作考》，第1节。

2 关于对这份信函体佚名作品的考证，详见S. Pagliaroli, "Una proposta per il giovane Valla: Quintiliani Tulliique examen," Studi medievali e umanistici, 2006, Vol. 4, pp. 9–67。

3 从瓦拉后来所写的著作（特别是《论快乐》一书）来看，他对西塞罗并非全盘否定，对于其作为演说家的才能，瓦拉是充分肯定的，甚至说是相当推崇的。

瓦拉的《西塞罗与昆体良之比较》一书流传开来之后，他遭到西塞罗信奉者们的普遍不满和指责，其中，表现尤为激烈的是人文主义者、历史学家、文献学家、教廷秘书波吉奥·布拉乔利尼（Poggio Bracciolini，1380—1459）[1]，另外一位颇为积极的批评者当然就是洛斯奇。这两个人都是老一辈人文主义者，由于和瓦拉的观念差异太大，他们还是与年轻的瓦拉就此结下仇怨。在随后的岁月里，他们还将与瓦拉展开无休无止的相互讨伐，甚至相互谩骂。

1429年，瓦拉的舅舅梅尔吉奥·斯克里瓦尼去世，随后，瓦拉向教皇马丁五世提出申请，希望接替其舅舅的职位，出任教廷秘书，但此举受到波吉奥和洛斯奇等人的阻挠而未果。大约1430年，瓦拉前往意大利北部另谋生路，先是到了皮亚琴察，随后不久，落脚于帕维亚（Pavia），并在那里待了大约三年时间。1431年，在以系列"艳诗"而名噪一时的著名人文主义者、诗人、作家安东尼·贝卡德里（Antonio Beccadelli，1394—1471）的举荐下，瓦拉成为帕维亚大学的修辞学教授。贝卡德里和瓦拉相识于罗马，二人对于生活哲学有着相似的理念，并由此结下友谊。[2]初到帕维亚之时，贝卡德里从生活到写作再到工作，对瓦拉多有关照和提携，而瓦拉也投桃报李，并一度在自己的作品《论快乐》中给贝卡德里安排了一个他认为是最为重要的辩论者角色。不过，两人之间的友谊并未持续太久，反目成仇之后，瓦拉公开指责贝卡德里"嫉贤妒能""为人阴险"。[3]

在初到帕维亚之后不久的1431年初，瓦拉便在贝卡德里的鼓励下，写成对话体伦理学作品《论快乐》（De Voluptate）一书，而且书名本身也是来自贝

---

1 波吉奥·布拉乔利尼本名是波吉奥·迪·杜奇奥（Poggio di Duccio），"布拉乔利尼"是他本人后来加进自己的名字当中的。在论及此人时，人们一般称他为"波吉奥"。在当时意大利学术界，波吉奥负有盛名，且长期在教廷任职，1404—1453年间，先后为七位教皇（包括对立教皇）担任秘书，时间跨度长达半个世纪之久。

2 关于贝卡德里及其作品以及当时意大利文化界对他的批判，可参阅Eugene O'Connor, "Panormita's Reply to His Critics: The Hermaphroditus and the Literary Defense," *Renaissance Quarterly*, No. 4 (Winter, 1997), pp. 985-1010。

3 李敬婧：《洛伦佐·瓦拉的〈论快乐〉及其人文主义思想研究》，博士学位论文，北京外国语大学，2016年，第134页。

卡德里的建议。该书设置三个主要角色，以人生的"最高境界"为主题，分别围绕斯多噶学派的禁欲主义、伊壁鸠鲁学派的享乐主义以及基督教的快乐主义展开辩论。[1]作者虽然没有明确表明自己的立场，且全书是以基督教"天国真福"作为人类的最终追求，但字里行间中却对伊壁鸠鲁学派的观点抱以更为浓烈的热情，从而构建出以舒展人类自然天性、快乐享受世俗生活为价值导向的新型的人文主义伦理观。[2]尽管《论快乐》是瓦拉的早期作品，但书中展现的基本理念却贯穿其人生始终。而且，在第一版文稿写成之后的近20年时间里，作者本人又对之做过多次修订，书名亦随之有过多次变化，先是将之改为《论真善与伪善》（De vero falsoque bono），后来又将之改为《论真善》（De vero bono），最终又将之改回《论真善与伪善》（De vero falsoque bono）。[3]不过，在论及这本书时，人们通常还是使用其最初的书名，即《论快乐》。

《论快乐》一书面世之后，旋即引发争议，赞弹之声不绝于书。与瓦拉有着类似伦理观念的人对之给予高度评价，比如，瓦拉的挚友、史学家、文学家坎迪多·德琴布里奥（Candido Decembrio，1399—1477）认为，瓦拉的这本书写得"井然有序""令人信服""丰富多彩""温婉雅致""奔放自如"。相反，与瓦拉观念相左的那些人则对这本书发出严厉批判，比如，与瓦拉长期为敌且论战不断的人文主义者、历史学家巴托罗梅奥·法齐奥（Bartolomeo Facio，约1410—1457）宣称，瓦拉在这本书中剽窃了他人成果，而且，瓦拉这个人"趾高气扬，自恃高明，眉飞色舞"。[4]

如果说《论快乐》一书已使瓦拉陷入论战漩涡的话，那么，随后他对早

---

1 参阅 Lynn S. Joy, "Epicureanism in Renaissance Moral and Natural Philosophy," *Journal of the History of Ideas*, No. 4 (Oct.–Dec., 1992), pp. 573–583。

2 瓦拉的这部著作已有中文译本，见洛伦佐·瓦拉：《论快乐》，李敬婧注译，北京：人民出版社，2017年。

3 参阅 Letizia A. Panizza, "Lorenzo Valla's *De Vero Falsoque Bono*, Lactantius and Oratorical Scepticism," *Journal of the Warburg and Courtauld Institutes*, Vol. 41 (1978), pp. 76–107。

4 详见李敬婧：《洛伦佐·瓦拉的〈论快乐〉及其人文主义思想研究》，博士学位论文，北京外国语大学，2016年，第208页，第205—206页，第179页。

已作古的14世纪经院派法学权威萨索费拉托的巴托罗（Bartolo di Sassoferrato，约1313—1357）的冷嘲热讽以及含沙射影式的严厉批判，则让他无法继续在帕维亚立足。1433年，瓦拉发表《驳巴托罗书》（*Epistola contra Bartolum*）一文，认为巴托罗的著作言辞粗鄙、文法不通，而且，以巴托罗为代表的帕维亚大学一代又一代法学教授们过于迷信亚里士多德的学说，同时，他们对古代法学经典一知半解、囫囵吞枣。此外，他还对帕维亚的司法教育体制予以辛辣嘲讽。瓦拉的这一檄文刚一面世，便引发帕维亚大学法学教师们的公愤。于是，他被迫辞去帕维亚大学的教职。[1]

　　在随后两年中，瓦拉辗转于米兰和热那亚等地，并从事一些临时性的教职。在此期间，他对《论快乐》做了全面修订和补充，并再次试图能在教廷谋求职位。1434年，他得知罗马教皇尤金四世在佛罗伦萨避难，于是随即带着他的那本《论快乐》一书赶赴那里。他从该书中单独抽出专门论述基督教"至善论"的那部分内容，即该书的第三部分，进行进一步润色，并删除其中某些容易引发争议的内容，然后将之献给尤金四世，以图获得对方赏识。当时的尤金四世四面楚歌，无心他顾；对于瓦拉的献诚，他并未理会。瓦拉的佛罗伦萨之行虽然未能让其如愿，但他重返罗马、任职教廷的执念依旧未消，不过，他对尤金四世显然产生了失望和不满。正是在这种求宠不得、居无定所的状态下，瓦拉结识了在意大利半岛纵横捭阖、不懈征伐的西班牙阿拉冈国王阿尔丰索五世（Alfonso V d'Aragona，1396—1458，1416—1458年在位），并得到他的赏识。1435年，瓦拉结束在北意大利的生活，并由此开启一段长达13年之久的南意大利生活之旅。这一年，瓦拉大约28岁。

3. 论战不断的南意大利客居岁月（1435—1448年）

　　瓦拉在意大利南部的13年生活经历，与阿拉冈国王阿尔丰索五世密切相关。因此，要准确理解瓦拉在此期间的某些行为和经历，首先应该对这位君

1　参见Jennifer Kathleen Mackenzie, "Lorenzo Valla's Critique of Jurisprudence, the Discovery of Heraldry, and the Philology of Images," *Renaissance Quarterly*, No. 4 (2019): pp. 1183-1224。

主有一基本了解。阿尔丰索五世是欧洲文艺复兴初期的著名君主之一，素有"雅君"（the Magnanimous）之称。1416年，阿拉冈国王费迪南一世（Ferdinand I，1412—1416年在位）去世，其子阿尔丰索继位，是为阿尔丰索五世。虽然阿拉冈是位于西班牙半岛东北部的一个面积不大的小王国，但自13世纪晚期起，它便开始在周边特别是地中海区域扩张势力。阿尔丰索五世继位时，其头衔不仅是阿拉冈国王，同时也是瓦伦西亚（Valencia）、马略卡（Majorca）、萨丁、科西嘉、西西里等地的君主。

阿尔丰索五世继位后，在地中海区域继续奉行扩张政策，除了继续经营地中海中的几个大岛之外，其首要目标则是意大利半岛南部的那不勒斯王国。当时，那不勒斯王国内部权斗此起彼伏，同时，包括意大利众多政治实体在内的欧洲多种势力也在此竞相角逐。让局势变得更加复杂的是，那不勒斯女王约安娜二世（Joanna II，1414—1435年在位）阴晴不定、首鼠两端。她没有直系继承人，时而"收养"阿尔丰索五世作为她的继承人并将之请到那不勒斯，时而又剥夺其继承权并将之赶走，而且，在他和法国安茹公爵路易三世（Louis III，1403—1434）之间反复摇摆。尽管如此，阿尔丰索五世并未放弃其攻伐计划。

1432年，阿尔丰索五世再次离开阿拉冈，前往意大利，而且，从此再也没有返回故地。在随后两年中，他常住西西里，并将主要精力用于练兵备战。1435年，阿尔丰索五世率军围困那不勒斯西北部的加埃塔港（Gaeta），结果被热那亚军队俘获，随后被押往热那亚，不久又被押往米兰。当时，热那亚和米兰两地均在米兰公爵菲利波·维斯孔蒂（Filippo Visconti，1392—1447）控制之下。出于对阿尔丰索五世的欣赏以及对半岛政治格局的考量，他不仅将其释放，而且与之结成联盟，共同打击威尼斯、佛罗伦萨、法国以及教皇国等方面的势力，支持阿尔丰索五世夺取那不勒斯。

当时，教皇国是意大利半岛上最为强大的政治实体之一。按照当时的封建关系，尤金四世名义上是那不勒斯王国的领主。对于那不勒斯女王将王国转给安茹公爵一事，教皇最初持反对立场。但是，随着战事的推进以及阿尔丰索五世方面的扩张，教皇开始转而支持安茹公爵并为之提供军事支援，阿尔丰索五世与教皇的矛盾随之激化。经过数年征伐，1442年，阿尔丰索五世攻占那不勒斯城，随后正式成为那不勒斯王国国王（1442—1458年在位）。1443年，他将宫廷迁到那不勒斯城，15年之后，终老于此。[1]

从阿尔丰索五世的履历中不难看出，他是在米兰期间和瓦拉产生初步交集的。当时，一个是与教皇敌对，一个是对教皇不满，虽然两个人的社会背景和目标追求殊为不同，但从外在形式上说，在一定时期，他们终究有着某些共同的话题。在追随阿尔丰索五世南下之后，瓦拉遂成为其众多的宫廷文人之一，并受聘为王室秘书和宫廷史官。在意大利外岛以及那不勒斯城的这十几年间，尽管瓦拉时常感慨时间不够用、图书资料匮乏、没有几个志同道合者等等，但他依旧斗志昂扬，且成果相当丰富，内容涉及宗教、哲学、历史学、文献学、语言学等诸多领域。而且，他生性好战，不论是在哪个研究领域，他都可以将自己的作品写成弥漫着进攻色彩的论战檄文。在这些成果中，有些是按照瓦拉自己的研究计划而循序写成的，而有些则是特殊情境下的奉命之作；有些是历时多年方告完成的精心之作，而有些则是在短短几个月之内便公之于众的急就之章。

在刚刚进入阿尔丰索五世宫廷的1435年，瓦拉便开始撰写其六卷本的《论拉丁语的优雅》（*De elegantiis linguae Latinae*）一书，历时近十年，于1444年最终完成写作计划。该书是瓦拉最为重要的语言学和古文字学代表作，也是其本人最为看重、用力最勤的一部作品。该书以西塞罗和昆体良等古典作家的作品为例，详细论述古典拉丁语的构词法、造句规则、修辞特点和文章结构，并通过古今对比，指出在古典时代结束之后，包括作者本人生活的那个时代在内，在拉丁语使用上普遍存在严重的不规范和不纯洁问题，痛斥经院派文人对古典拉丁语语法的野蛮篡改，并呼吁人们恢复古典时代的语言传

---

1 关于阿尔丰索五世，可参阅 Alan Ryder, *Alfonso the Magnanimous: King of Aragon, Naples, and Sicily, 1396–1458*, Oxford : Clarendon Press, 1990。关于阿尔丰索五世治下的那不勒斯王国，可参阅 Alan Ryder, *The Kingdom of Naples Under Alfonso the Magnanimous: The Making of a Modern State*, New York: Oxford University Press, 1976。

统。[1]此书面世后，虽然招致大量围攻和指责，但其影响力却日渐大增。在瓦拉去世十余年之后，即1471年，《论拉丁语的优雅》首出印刷本，在随后一个世纪中，再版和重印约达60次之多，成为当时欧洲流传最广的拉丁语语法教科书之一。

在写作《论拉丁语的优雅》一书的这近十年间，瓦拉还陆续写成其他一系列著作，其中比较重要的有如下几种。首先是大约成书于1439年的《论自由意志》（De libero arbitrio）：该书是一部宗教哲学类的对话体短篇作品，从其基本内容来说，可视作《论快乐》的续篇。在该书中，瓦拉指斥古代斯多噶派哲学家、政治家波伊提乌（Boethius，约477—524）的说教言不由衷、表里不一、极其虚伪。他认为，以斯多噶派禁欲主义为基础的经院派哲学理论不仅空洞，而且繁琐，它不仅与早期教父创立的基督教传统相悖，而且也不符合《圣经》的原文原意。他还认为，在善与恶的选择上，人类是拥有自由意志的，而且人类能够运用自身的这一意志与上帝的意志进行合作，从而获得救赎。[2]该书面世后不久，便遭到罗马教廷的封禁。

在完成《论自由意志》之后不久，同样是在大约1439年，瓦拉又写成《辩证法与哲学再耕耘》（Repastinatio dialectice et philosophie）。该书以亚里士多德哲学为靶子，并对以这一哲学体系为基本架构的经院哲学予以系统化的驳斥，内容涉及形而上学、自然哲学、伦理哲学、辩证法以及"三位一体"概念中的哲学问题等等。瓦拉认为，在亚里士多德总结归纳出的那十个形而上的"范畴"中，有实际价值的只有"实体"（substance）、"性质"（quality）和"动作"（action，指主动行为）这三个范畴，而其他诸如时间、地点、关系、数量、姿势、状态以及被动行为等所谓的"范畴"则都是具有从属性质的次要概念。他还认为，亚里士多德的三段论根本无法做到逻辑自洽，由三段论模式推导出来的结论往往荒诞不稽。瓦拉还主张，要用常人看得懂的语

1　参阅Judith Rice Henderson, "Valla's *Elegantiae* and the Humanist Attack on the *Ars Dictaminis*," *Rhetorica: A Journal of the History of Rhetoric*, No. 2 (Spring 2001), pp. 249–268。

2　参阅Charles Trinkaus, "The Problem of Free Will in the Renaissance and the Reformation," *Journal of the History of Ideas*, No. 1 (Jan., 1949), pp. 51–62。

言文字来讨论哲学问题。[1]对于该书所涉论题，瓦拉一直情有独钟。在回迁罗马之后的岁月里，他又在1448年和1452年对全书做过两次修订，并将书名改为《辩证法驳议》（*Dialecticae disputationes*）。

瓦拉投身到阿尔丰索五世麾下的最初几年，正是阿尔丰索五世与罗马教皇尤金四世斗争正酣之时。通过充满进攻性的作品向教皇发难，自然成为瓦拉向阿尔丰索五世表达感激和效忠的最好方式。正是在这一背景下，瓦拉于1440年上半年写成《〈君士坦丁赠礼〉伪作考》（*De falso credita et ementita Constantini donatione declaratio*）一书。《君士坦丁赠礼》是炮制于中世纪前期、流传于中世纪中后期的一份文件，其基本内容是说，在4世纪早期，罗马皇帝君士坦丁一世（Constantine I，306—337年在位）将罗马城以及整个西部帝国的统治权赠送给教皇西尔维斯特一世（Sylvester I，314—335年在位）及其继任者。对于这份文件，自12世纪起，就已有人对其真实性表示怀疑，但是，在瓦拉之前，所有质疑者均是从文本以外的材料出发来论证其伪托性质。而在《〈君士坦丁赠礼〉伪作考》中，瓦拉则另辟蹊径，除了外围证据之外，他又借助历史学、语言学、逻辑学、古钱币学以及教义教理等方面的知识，对《君士坦丁赠礼》文本本身进行辨伪，认为它绝无可能是出自君士坦丁一世之手，从而将"内证法"和"外证法"结合在了一起。正是在此之后，近代意义上的西方历史文献学开始逐步发展起来。马丁·路德发起宗教改革之后，该书影响力大增。1559年，它被罗马教廷列入"禁书目录"之中。关于《君士坦丁赠礼》这份文件以及瓦拉的《〈君士坦丁赠礼〉伪作考》，下文还将做进一步介绍和分析。[2]

作为一以贯之的激进派人文主义者，瓦拉对人性解放的呼求也是始终如一的。继《论快乐》和《论自由意志》之后，1442年，瓦拉又写成对话体短篇作品《论修道士的誓愿》（*De professione religiosorum*），向违背天性的修道生活发起猛烈抨击。他认为，一个人一旦发了"服从、神贫、守贞"三誓愿

1　参阅Lodi Nauta, *In Defense of Common Sense: Lorenzo Valla's Humanist Critique of Scholastic Philosophy*, Cambridge, Massachusetts: Harvard University Press, 2009。

2　详见本文第二部分"《君士坦丁赠礼》的历史面貌及相关争议"中的相关内容。

并过上修道生活，那他便时刻处于被迫遵从的状态，而在这种状态下取得的功德，远远赶不上通过自发行为而取得的功德，因此，苦行禁欲的修道生活绝不是最为完美的生存状态，一个人境界是高是低，"不在于发愿，而在于虔诚"。瓦拉认为，修道士们的傲慢做派令人生厌，他们给自己贴上"虔信"的标签，仿佛在说其他基督徒都不"虔信"。不过，在对修道士的抨击上，瓦拉采取的手法和其他很多人文主义者有所不同，他并没有拿修道士们那些诲盗诲淫的故事说事。[1] 应当说，这种处理方式，与他本人的伦理观念以及生活方式是一脉相承的。

瓦拉虽然文思敏捷、极具才情，但其文风一直以尖酸刻薄著称，而且，不论何人，只要被他抓着"把柄"，他都绝不宽容。正因如此，在意大利文化界、政界以及宗教界，瓦拉树敌无数。对于自己的处境，瓦拉本人早就一清二楚。在《〈君士坦丁赠礼〉伪作考》一书的开篇，瓦拉就明确写道："论起我写的那些著作，实可谓名目繁多，而且，几乎每个学术领域都有涉猎。在这些作品中，我是和某些久负盛名的名家大师唱反调的。有些人觉得自己遭到了我的虐待，于是就开始讨伐我，说我生性鲁莽，说我不忠不敬。既然如此，他们接下来会干什么？他们会使出多大的力气冲我咆哮？一旦有机会，他们会何等急迫、何等迅猛地把我拿下，让我受罚？诸如此类的事，还用我们去揣测吗？"[2] 的确，在这一点上，瓦拉不仅有着自知之明，而且有着先见之明。

如前所述，阿尔丰索五世之所以器重瓦拉，有一个因素不能忽略，即双方对教皇均有情绪，或是不满或是敌意。然而，随着阿尔丰索五世对那不勒斯王国的全面征服，局面出现变化。1443年6月，阿尔丰索五世与尤金四世签订和约，教廷承认阿尔丰索五世对那不勒斯王国享有主权。这样一来，作为前不久还在对教皇发动羞辱式讨伐的文化斗士，瓦拉自然陷入尴尬之境，其在宫廷中的影响也自然有所下降。尽管如此，瓦拉的战斗精神和辨伪志趣

1　参阅 Harold J. Grimm, "Lorenzo Valla's Christianity," *Church History*, No. 2 (Jun., 1949), pp. 75-88。

2　见《〈君士坦丁赠礼〉伪作考》，第1节。

并未消减。也就是在这一时期，即1444年前后，围绕《使徒信经》（*Apostles' Creed*）[1]究竟出自何人之手这一问题，瓦拉与意大利神学家安东尼·达·比东多（Antonio da Bitonto，1385—1465）展开激烈争论。

　　所谓《使徒信经》，按照传统说法，顾名思义，当然就是由耶稣基督的12位使徒拟定并传承下来的信仰纲要。这也就意味着，它在公元1世纪就已出现。作为正统教义的坚定维护者，安东尼·达·比东多常年在意大利各地布道讲经，《使徒信经》及其"起源"是其必讲的内容之一。但是，瓦拉认为，关于《使徒信经》起源的这套传统说法并不可信。为此，他以公开信的形式撰文，对传统说法进行驳斥，他认为，世界上第一份信经是由4世纪尼西亚大公会议制定的，将这份信经归在使徒们的名下，是对相关文献误读造成的结果。[2]

　　《使徒信经》是整个基督宗教的核心教义之所在，是关于圣父、圣子、圣灵及其相互关系（特别是圣父与圣子之间的关系）的"权威"表述，是仅次于《圣经》的信仰圭臬。瓦拉对《使徒信经》的起源及权威性发起挑战，这就给他的那些对手们提供了反击机会。他们罗列出瓦拉的一系列罪状，比如宣扬伊壁鸠鲁主义、贬低亚里士多德哲学、诋毁《使徒信经》、嘲讽修道生活等等，然后煽动那不勒斯的宗教裁判所按照异端罪对之进行审判。[3]瓦拉依旧不屈不挠，他为自己写了一份辩护词，对被控罪名进行反驳。瓦拉陷入危难之后，阿尔丰索五世亲自出面斡旋，瓦拉的一些朋友也从中相助，从而将其解救出来。对瓦拉的审判最终不了了之。[4]

1　关于《使徒信经》及其演化问题，可参阅George H. Gilbert, "The Apostles' Creed Revised by the Teaching of Jesus," *The Biblical World*, No. 3 (Sep., 1898), pp. 153-161; Curt F. Bühler, "The Apostles and the Creed," *Speculum*, No. 2 (Apr., 1953), pp. 335-339。

2　关于瓦拉对信经文本的考证，可参阅J. Cornelia Linde, "Lorenzo Valla and the Authenticity of Sacred Texts," *Humanistica Lovaniensia*, Vol. 60 (2011), pp. 35-63。

3　关于瓦拉的宗教信仰问题，可参阅Christopher S. Celenza, "Lorenzo Valla, 'Paganism,' and Orthodoxy," pp. S66-S87。

4　关于瓦拉受审及其结果，其对手波吉奥·布拉乔利尼有过简要记载。参阅John Monfasani, "Aristotelians, Platonists, and the Missing Ockhamists: Philosophical Liberty in Pre-Reformation Italy," *Renaissance Quarterly*, No. 2 (Summer, 1993), pp. 247-276。

在从异端裁判所的官司中死里逃生之后，瓦拉又在阿尔丰索五世的宫廷里待了三年多时间。在此期间，作为宫廷史官，瓦拉奉命为国王先父费迪南一世做传。1446年，三卷本的《阿拉冈国王费迪南传》（Gesta Ferdinandi regis Aragonum）告成。然而，这部著作刚一面世，便遭到一批传统人文主义者的严厉指责，其中，表现最为猛烈的当数艺术史家巴托罗梅奥·法齐奥。前文有言，对于瓦拉早年写成的《论快乐》一书，法齐奥就已大加挞伐。此人原本是热那亚派驻那不勒斯王国的使节，1443年到任，但不久之后便转为阿尔丰索五世服务。1445年，法齐奥获任为宫廷史官。

1447年，法齐奥写成四卷本《辟谬檄文》（Invectivae），对瓦拉的人品和学问大加羞辱，并从语言文字、史料选择、人物刻画等方面对《阿拉冈国王费迪南传》一书进行严厉批判。瓦拉随即应战。在随后写成的四卷本对话体作品《驳巴托罗梅奥·法齐奥》（Recriminationes in Barptolomaeum Facium）中，瓦拉也是羞辱当先，然后对法齐奥的责难一一予以驳斥。[1]虽然瓦拉和法齐奥同为阿尔丰索五世的宫廷史官，但两个人对历史学的认知存在巨大差异。概括来说，大致可以这样认为：法齐奥主张，历史写作的核心要义是以雅诲人、以德化人，该写的才写，不该写的必须隐去；而瓦拉则认为，历史写作的基本原则是以真示人、以实育人，而且要用普通人看得懂的语言去写。[2]应该说，瓦拉的史学观念及写作实践为近代西方实证史学和客观史学的形成奠定了一定的基础。

瓦拉在那不勒斯宫廷的客居岁月并无舒畅可言，尤其是在经历了异端裁判所审判一事之后，其境遇更形艰难。正因如此，其重返罗马的愿望再次变得强烈起来。他致信尤金四世，检讨错误，保证悔过，并希望教皇给他一个效力教廷的机会。不过，此时的尤金四世正集中精力处理教廷与德意志的

1　关于法齐奥的批判和瓦拉的反击，可详见Linda Gardiner Janik, "Lorenzo Valla: The Primacy of Rhetoric and the De-moralization of History," pp. 389–404。

2　参阅Gary Ianziti, "Humanism's New Science: The History of the Future," *I Tatti Studies in the Italian Renaissance*, Vol. 4 (1991), pp. 59–88。

关系问题，且已身患重病，因此，对于瓦拉这么一个微不足道且经常离经叛道之人的请求，尤金四世并未予以理会。1447年2月，尤金四世去世。随后，以博学、宽容、新潮而著称的人文主义者尼古拉五世继任教皇，罗马的政治及文化氛围随之发生巨大变化。1448年，瓦拉终于获准返回罗马，入职罗马教廷。

4. 风格依旧的晚年时光（1448—1457年）

能在教廷谋个职位，是瓦拉矢志不渝的人生追求，然而，从初生此愿到心随所愿，历时近20年之久。1448年，重返罗马之后的瓦拉成为教廷书吏。两年之后，即1450年，他又在城市研习所（*studium urbis*）获得教师职位，主讲修辞学。城市研习所是教廷的附设机构，由教皇卜尼法斯八世于1303年创办，后于16世纪早期和教廷的另一个教研机构一起合并为罗马大学。因此，瓦拉的这个教师职位依然和罗马教廷密切相关。尽管瓦拉是作为人才而被尼古拉五世延请到教廷任职的，但在尼古拉五世主政期间，瓦拉在教廷里的仕途并无起色。1455年3月，尼古拉五世去世。半年之后，即1455年10月，新任教皇加利斯特三世（Calixtus III，1455—1458年在位）下令，将瓦拉擢升为教廷秘书，瓦拉在教廷官僚体系中的地位由此得以提高。不过，仅仅一年多之后，瓦拉便告别人世，终年约51岁。

在教廷任职的这几年中，瓦拉的主要职责是从事古希腊经典文献的翻译和校订工作。[1]1452年，他将修昔底德的《伯罗奔尼撒战争史》首次完整地译为拉丁文，为这部著作在西方世界的传播起到颇为重要的作用。随后，他又开始翻译希罗多德的《历史》，不过，在其有生之年，这一工作并未彻底完

---

[1] 在那不勒斯期间，瓦拉就已将《伊索寓言》等希腊文作品翻译为拉丁语。教皇尼古拉五世之所以把瓦拉召到教廷，其主要目的就是让他从事古希腊经典文献的翻译工作。参阅Chauncey E. Finch, "The Greek Source of Lorenzo Valla's Translation of Aesop's *Fables*," *Classical Philology*, No. 2 (Apr., 1960), pp. 118-120。

工。[1] 在此期间，尽管文献研究和翻译工作占去了瓦拉大部分时间，但在质疑古人、批判今人方面，他并未退隐，终其一生的个性特征依旧如影随形。正因如此，有人戏称瓦拉就是一位"职业异端分子"，只要是权威，他就必定挑战；只要是正统，他就必定颠覆。与此同时，他又是一个现实政治的依附者，在必要的时候，他也可能会审时度势，曲意逢迎。[2]

在入职教廷之后不久，瓦拉便突破教会的神学化解经传统，以史料辨析为视角，对《新约全书》展开"世俗化"研究，并于1448年写成《新约评注》（*In Novum Testamentum annotationes*）一书。在这部评注中，瓦拉以《新约全书》的希腊语文本为基础，使用文献校勘的方法，对相传为哲罗姆（Jerome，约347—420）主持编定、后被罗马教廷奉为最佳古本拉丁文《圣经》的《通俗拉丁文本圣经》展开批判。他认为，哲罗姆的译本用词粗鄙，多有讹误。[3] 就天主教会解经传统来说，瓦拉以"属人"的视角来研究并质疑只可信不可疑的"属神"的《圣经》，这显然是一种大逆不道之举。也正因如此，当瓦拉这本著作在一定范围内传播开来之后，曾引发传统解经派的激烈反对。后来，在新教改革兴起之后，瓦拉的这部《新约评注》被罗马教廷列入"禁书目录"。

和在那不勒斯时的情形类似，在罗马教廷，瓦拉照样树敌甚多，而且

---

1 关于瓦拉在此时期的翻译工作，详见Anthony F. D'Elia, Review: [Untitled]（该篇书评的评论对象是 *Valla's Translation of Thucydides in Vat. Lat. 1801 with the Reproduction of the Codex. Studi e Testi 445 by Mortimer Chambers*），*The Sixteenth Century Journal*, No. 3 (Fall 2010), pp. 826-827。另外可参阅J. U. Powell, "The Papyri of Thucydides and the Translation of Laurentius Valla," *The Classical Quarterly*, No. 1 (Jan., 1929), pp. 11-14; R. I. Wilfred Westgate, "The Text of Valla's Translation of Thucydides," *Transactions and Proceedings of the American Philological Association*, Vol. 67 (1936), pp. 240-251。

2 关于瓦拉的这一双面人生，可参阅William J. Connell, "Lorenzo Valla: A Symposium. Introduction," *Journal of the History of Ideas*, No. 1 (Jan., 1996), pp. 1-7。

3 在此前写成的《〈君士坦丁赠礼〉伪作考》一书中，瓦拉就曾把哲罗姆贬得一无是处："这个举世无双的蠢货，用他那野蛮粗鄙的语言，写了那么一本小册子，但是，他却要求人们一定要相信，即便是古代那些最为审慎之人写的那些最值得相信的历史著作，也比不过他写的那个东西。"见《〈君士坦丁赠礼〉伪作考》，第72节。但是，在该书中的另外一个地方，瓦拉又称，"哲罗姆是个极有学问且值得信任的翻译者"。见《〈君士坦丁赠礼〉伪作考》，第75节。

有些还是他在年轻时期就已结下仇怨的宿敌，其中，时常被后人提及的便是在教廷供职长达半个世纪之久的资深教廷秘书波吉奥·布拉乔利尼。如前所述，早在瓦拉初出茅庐之时，年近五旬的波吉奥就对瓦拉的处女作《西塞罗与昆休良之比较》一书痛加斥责，瓦拉最初的教廷求职梦也随之破灭。时隔20多年，当两个人成为同事之后，年逾古稀的波吉奥再次向瓦拉发起讨伐。

1452年初，波吉奥以讽刺带挖苦的文风，对瓦拉的代表作《论拉丁语的优雅》展开全面批判，认为瓦拉是在盲目地膜拜和模仿古典拉丁语。随后，围绕瓦拉在《圣经》研究领域中的"世俗化"研究方法，他又继续发难，陆续写成五卷本《驳洛伦佐·瓦拉》(Orationes in Laurentium Vallam)。他认为，人学与神学是截然不同的研究领域，不能用研究古代世俗文献的方法来研究圣经文本，瓦拉对圣经文本的"文献学批判"不仅渎圣，而且是在"神经错乱"(dementia) 状态下的智障行为。[1] 瓦拉随后应战，于1452—1453年间写成《为波吉奥消毒》(Antidota in Pogium)，逐行逐句地对波吉奥的指责予以反驳和嘲讽。1453年，波吉奥辞去在教廷的职务，重返其发迹之地佛罗伦萨共和国并出任宣传部门的要职。在此之后的一段时期，两人继续相互攻讦。[2] 后来，在著名人文主义者弗兰西斯科·斐莱尔佛 (Francesco Filelfo, 1398—1481) 居中调停下，两人之间的骂战方告终结。

瓦拉几乎一直是以反传统、反权威的论战者面貌出现的，但他偶尔也会有一些看似出人意料的平和之举。1455年10月18日，在城市研习所（罗马大学）新学年开学典礼上，瓦拉应邀致辞，其演讲的主题是拉丁文学作品与基督教信仰之间的关系。尽管他文风依旧、激情依然，但其所述内容却与人们预料的情形大相径庭。在他的这个短篇演说词中，并没有出现任何批判性或质疑性的言论，恰恰相反，倒是充斥着对罗马教会和罗马教皇的阿谀之词。

1　参阅Virginia Bonmatí Sánchez, "La Sátira humanista en la *Cuarta Invectiva* de Poggio Bracciolini (c.1452) contra Lorenzo Valla," *Cuadernos de Filología Clásica. Estudios Latinos*, 2005, núm. 2, pp.85-100。

2　关于瓦拉与波吉奥的论战，可参阅相关书评，Charles Trinkaus, "Review," (Reviewed Work: *Antidotum primum: La prima apologia contro Poggio Braccioloni*, by Lorenzo Valla), *Renaissance Quarterly*, No. 1 (Spring, 1980), pp. 67-70。

他深情宣称，在西罗马帝国崩溃之后，古典拉丁文学作品之所以能够幸存下来，罗马教会居功至伟，因此，对于罗马教会，应该致以"衷心感谢"，应该予以"高度颂扬"。在演说结尾部分，瓦拉又把现任教皇加利斯特三世称颂了一番，感谢他提高了城市研习所教师们的薪酬待遇。瓦拉的这个演说，看似有悖其惯常风格，实则事出有因。就在这次开学典礼的前一周，即1455年10月11日，在原有位置上已经待了七年之久的瓦拉终于迎来职位上的晋升，他不仅获任教廷秘书这一收入丰厚的高阶职务，而且被任命为圣约翰拉特兰大教堂（罗马主教座堂）参议会成员。[1]面对如此恩遇，瓦拉一改常态，也就不难理解。

　　瓦拉在城市研习所新学年开学典礼上的"端正"表现，或许使得一些人开始放松对他的"警惕"。1457年3月7日是多明我会修士、经院哲学集大成者托马斯·阿奎那（Thomas Aquina，约1225—1274）去世183周年纪念日。按照自14世纪早期以来形成的传统，这一天，多明我会在罗马的神庙遗址圣母堂（Santa Maria sopra Minerva）举行纪念活动，瓦拉受邀出席活动并发表演说。根据多明我会事前的请求，瓦拉写了一篇《圣托马斯·阿奎那颂》（*Encomion sancti Thomae Aquinatis*）。然而，从实际内容来看，他的这篇"颂词"却是对托马斯·阿奎那以及经院哲学的讨伐檄文。瓦拉认为，作为圣徒，托马斯·阿奎那肯定具有高尚的品德，这没有问题，但论其学识，他与过去几百年中出现的诸如伊西多尔（Isidore，560—636）、比德（Bede，约673—735）、安塞伦（Anselm，1033—1109）等等神学家相比，并不高明到哪里去，最多也就是能够排在他们的前面而已；若与安布罗斯（Ambrose，340—397）、哲罗姆、奥古斯丁（Augustine，354—430）、格里高利一世（Gregory I，约540—604）等"拉丁教父"以及巴希尔（Basil，约330—约379）、金口约翰（John Chrysostom，约347—407）等"希腊教父"相比，则更是相形见绌；而且，托马斯·阿奎那将充满不确定性的哲学和充满确定性的神学拼接在一起，带来的结果只能是冲突，而不是和谐。[2]瓦拉的这个演讲随

1　William J. Connell, "Lorenzo Valla: A Symposium. Introduction," pp. 1–7 (p. 1, pp.3–4).

2　瓦拉的这篇《圣托马斯·阿奎那颂》全文，详见Salvatore I. Camporeale, *Christianity, Latinity, and Culture: Two Studies on Lorenzo Valla*, trans., Patrick Baker, Leiden: Brill, 2014, pp. 297–315。

即引起轩然大波，并被多明我会斥责为"胡言乱语"。实际上，从瓦拉一以贯之的人文主义立场来说，他在演讲中对托马斯·阿奎那以及经院哲学的批判与其过往的观点是一脉相承的，只不过是纪念活动的主办方找错了对象，误判了形势。[1]

在参加完多明我会的这场纪念活动仅仅四个多月之后，瓦拉便于1457年8月1日去世。关于其死因，目前并无确切说法。至于其死后的安葬所在，则经历了几次变化。按照其墓志铭上的说法，瓦拉死后，先是简葬在圣约翰拉特兰大教堂附近的墓地；1600年之后，又迁葬至大教堂后殿右边的受难小经堂的回廊；1825年，才最终迁至受难小经堂堂内。[2]

二、《君士坦丁赠礼》的历史面貌及相关争议

瓦拉一生，作品众多且各具特色，但在后世，受众面最广、冲击力最强、关注度最高的还是他那本成书于1440年、"写了之后让他多少有点后悔"的小册子《〈君士坦丁赠礼〉伪作考》，而在瓦拉与他的这本书之间，一个具有关键意义的逻辑连接点便是《君士坦丁赠礼》这份文件。也就是说，假如没有《君士坦丁赠礼》，也就不会有《〈君士坦丁赠礼〉伪作考》。因此，要想更好地理解瓦拉的这部作品及其影响，除了要知晓瓦拉所处的时代、瓦拉的学术背景及个性特征之外，还应对《君士坦丁赠礼》本身有个较为全面的认知。

如前所述，《君士坦丁赠礼》这份材料，是中世纪前期某个时候，由某个人或某些人假托4世纪早期罗马帝国皇帝君士坦丁一世之名伪造的一份敕

---

1 关于瓦拉撰写这篇"颂词"的用意，可参阅Hanna H. Gray, "Valla's *Encomium of St. Thomas Aquinas* and the Humanist Conception of Christian Antiquity," in Heinz Bluhm, ed., *Essays in History and Literature Presented by Fellows of the Newberry Library to Stanley Pargellis*, Chicago: The Newberry Library, 1965, pp. 37–51。

2 关于瓦拉墓穴上的墓志铭，详见米辰峰：《劳伦佐·瓦拉的生平与思想》，《史学月刊》2004年第8期，第69—78页（第77页）。

令，其核心内容就是，赋予罗马教皇及其拉丁教会以各种教俗特权以及整个西部帝国的全面统治权。虽然自近代以来人们已经明确认定它是伪造的，而且被视为"世界历史上最无耻的伪造品"[1]，但在此之前的证伪历程却是颇为漫长的。尽管在中世纪晚期的几个世纪中对这份文件的质疑之声不绝于书，但罗马教廷方面却一直宣称它是一个真实的存在，并将之用于维护和伸张天主教会的俗世权利。甚至在瓦拉写成《〈君士坦丁赠礼〉伪作考》一书近20年之后，在斯特拉斯堡，还是有人因为拒绝认可《君士坦丁赠礼》的真实性而被送上火刑柱。[2]直至瓦拉这本书在16世纪前期流传开来之后，围绕该文件真伪问题的争论才逐渐趋于平息。

基督教之所以能够在西方世界由地下转到地上并得到迅猛发展，君士坦丁一世毫无疑问是始作俑者，但是，他并没有慷慨到把罗马以及整个西部帝国的统治权拱手相让给罗马教皇，更没有颁布过什么以《君士坦丁赠礼》之名流传后世的敕令。这是近代以来包括罗马教会在内的社会各界的共识。然而，围绕《君士坦丁赠礼》这份伪造的文件，人们的共识似乎也就到此为止。除了一致认定它是假冒的之外，至于是什么人造的假，是在哪里造的假，是在什么时候造的假，造假者为何要造这个假，在诸如此类的问题上，学术界则从未取得过一致意见。

1.《君士坦丁赠礼》的历史面貌

和其他很多领域的情况类似，在天主教会史上，文本造假并不是什么新奇现象，特别是在中世纪中前期的一段时期内，这类现象更是达到了肆无忌惮的疯狂状态，其中，9世纪前后这段时间甚至被后人称为天主教会文本造假的"古典时代"。正是在这一阶段，出现了众多有真有假、真假混杂、以

1　Johannes Fried, *"Donation of Constantine" and "Constitutum Constantini": The Misinterpretation of a Fiction and Its Original Meaning. With a contribution by Wolfram Brandes: "The Satraps of Constantine"*, Berlin and New York: Walter de Gruyter GmbH & Co. KG, 2007, p.1.

2　此事发生于1458年。参阅Arthur Butz, "The Donation of Constantine," *Journal of Historical Review*, No. 4 (Winter 1982), pp. 371–405。

假居多的法令集、教规集、教令集等诸如此类的文本杂烩。不过，在近代西方文献学诞生之前，对于这类文献集及其内部各个篇章的真伪问题，并无任何实质性的探究，即便有人提出某些质疑，也并不影响它们作为"正经正典"而在社会上继续流传。[1]

在探究《君士坦丁赠礼》文本源流方面，有一部所谓的《伊西多尔教令集》（Isidorian Decretals）是无法回避的。这个真假杂糅的文献集是上述那些文本杂烩中影响最大者，大约成书于9世纪中叶的西法兰克王国境内。在该文献集的前言中，其辑录者自称"商贾伊西多尔"（Isidorus Mercator）。而且，在该文献集中，也的确收录了由中世纪早期西班牙塞维利亚大主教伊西多尔辑录的一些教会文献。正因如此，在其成书后的几个世纪中，人们一直将它归在伊西多尔的名下，故名《伊西多尔教令集》。从15世纪中叶起，西方学者对该文献集的证伪工作逐步深入。17世纪20年代，法国新教徒史学家大卫·布隆代尔（David Blondel，1591—1655）以更为确凿的论据证明该文献集中存在许多伪造的文献，其辑录者也绝非伊西多尔。正是在此之后，这部声名狼藉的文献集开始以《伪伊西多尔教令集》（Pseudo-Isidorian Decretals）之名而为后人所熟知。[2]

《伪伊西多尔教令集》共分三卷，虽然说每一卷都有一些真实的历史文献，但同时也都充斥着许多伪造的文书或文件。比如，在第一卷中，收录有60封1—4世纪罗马教皇的书信，但后世研究表明，这60封书信全都是伪造的。第二卷和第三卷也存在类似情况，其中，第三卷尤为严重，近代以来的研究表明，其中收录的教皇教令中，有45份是伪造的。尤其值得关注的是，

---

1 关于天主教会文本造假的"古典时代"这一说法以及这一时期文本造假的"盛况"，可参阅U. B., "The False Decretals," *The Catholic Historical Review*, No. 4 (Jan., 1924), pp. 566–569。

2 关于《伪伊西多尔教令集》的辑录者、编造者、编造时间、编造地点等问题，学术界也一直没有太多的共识。该文献集编造于何时？对这个问题的回答涉及对《君士坦丁赠礼》这份伪件出笼时间的讨论，有必要略做交代。传统上，大多数学者认为，《伪伊西多尔教令集》出现于847—852年之间。但近年来，也有一些学者认为，其出现时间应该是在9世纪30年代后期。关于《伪伊西多尔教令集》研究史，可参阅Eric Knibbs, "Ebo of Reims, Pseudo-Isidore, and the Date of the False Decretals," *Speculum*, No. 1 (Jan., 2017), pp. 144–183。

正是在这部《伪伊西多尔教令集》的第二卷中，人们发现了存世最早的《君士坦丁赠礼》文本。[1] 不过，在这个教令集中以及随后一段时期存留于世的抄本中，这个文本的正式名称叫作《君士坦丁皇帝敕令》(*Constitutum domini Constantini imperatoris*)。后人在使用这一名称时，一般将之简称为《君士坦丁敕令》(*Constitutum Constantini*)。只是到了11世纪以后，人们才逐渐将之称为《君士坦丁赠礼》(*Donatio Constantini*)。[2]

既然这个文件叫作"敕令"，那么，它自然要以君主本人的口吻，用第一人称进行铺陈。其文本的中译本大约有8 000多字，作为"敕令"，这样的篇幅并不算小。《君士坦丁敕令》据称是罗马帝国皇帝君士坦丁一世写给罗马教皇西尔维斯特一世的，从内容来看，可分为篇幅大致对等的两大部分。第一部分名曰"告白"(Confessio)，讲述他在西尔维斯特的教导下弃绝异教信仰、皈依基督教会、领悟核心教义的过程，以及经由西尔维斯特之手并在天主的亲自关照下治愈麻风病的神奇经历。第二部分名曰"赠礼"(Donatio)，讲述基于信仰和感恩，他要赋予西尔维斯特及其继任者以及罗马教会以一系列的特权和财产，例如，罗马教皇拥有首席权，拉特兰大教堂位于所有教堂之首，罗马教会上层人物享有和元老院议员们一样的特权，罗马教皇享有和罗马皇帝一样的威仪，如此等等。更为重要的是，他要把"包括罗马城，还有意大利的所有行省、地方和城市，或者说整个西部领土"一并让出来，留给西尔维斯特及其继任者。为了表明自己的虔诚和决心，他还决定搬离罗马，然后到东部帝国另建新都。他要求世人必须不折不扣地执行他的决定，如果有人"对这些事项故意曲解或亵慢藐视，那就要把他给捆起来，罚入地狱，永遭天谴"，"而且，要把他扔到地狱的底部并将之烧掉，让其和魔鬼以及一切妖孽邪恶之徒一同烟消云散"。[3]

且不论收录在《伪伊西多尔教令集》中的这份《君士坦丁敕令》(《君士

1　详见U. B., "The False Decretals," pp. 566–569。

2　参阅Samuel N. C. Lieu, "Constantine in Legendary Literature," in Noel Lenski, ed., *The Cambridge Companion to the Age of Constantine*, Cambridge: Cambridge University Press, 2006, pp. 301–302。

3　关于《君士坦丁赠礼》中文译本及具体内容，详见本书附录。

坦丁赠礼》）究竟炮制于何时，也不论造假者编造这份文件的原始意图究竟如何，仅从其字面意思上来看，它毕竟是在为罗马教皇以及拉丁天主教会赋财、赋权、赋势。因此，罗马教会在某些场合下运用它来维护或伸张自己的权利，实属必然。当然，在此过程中，也还有可能会伴随着新的造假和证伪之间的博弈与攻讦。例如，在中世纪中期的拉丁天主教世界，流传一封据称是教皇阿德里安一世（Adrian I，772—795年在位）于778年写给法兰克君主查理曼（Charlemagne，768—814年在位）的信件，其中隐约提及"赠礼"一事，他规劝查理曼，要以君士坦丁为榜样，为罗马天主教会提供慷慨资助。不过，1001年，以重建统一的罗马帝国为目标的"罗马人皇帝"、德意志国王奥托三世（Otto III，996—1002年在位）委托专业人员进行查证，然后宣称，阿德里安一世的这封信乃后人伪造。[1]

　　就目前可考可信、没有争议的材料来看，在罗马教会官方层面，最早正式且直接援引《君士坦丁赠礼》来为罗马教会利益服务的，是教皇利奥九世（Leo IX，1049—1054年在位）。1054年初，他给君士坦丁堡宗主教米海尔一世（Michael I，1043—1059年在任）写信，信中详尽援引《君士坦丁赠礼》中的文字，论证并宣称罗马教会在整个基督教会中居于领导地位。然而，利奥九世此举并未取得预想效果，反而直接导致东西方教会正式分裂。[2]在随后两三个世纪的政教斗争中，有些教皇如乌尔班二世（Urban II，1088—1099年在位）、格里高利九世（Gregory IX，1227—1241年在位）、约翰二十二世（John XXII，1316—1334年在位）等人以及罗马教廷上层人士也还会经常引用《君士坦丁赠礼》来为教会谋取相关权益。[3]甚至在瓦拉写成《〈君士坦丁赠礼〉伪作考》这本书之后的几十年里，即15世纪中叶至16世纪初，多位罗马教皇仍先后援引《君士坦丁赠礼》当中赋予教皇的对世界各地"各式各样的岛屿"所拥有的相关权益，为在"地理大发现"过程中产生纠纷的西班牙和葡

1　André Vauchez, *Encyclopedia of the Middle Ages*, London: Routledge, 2001, p. 445.

2　参阅Johannes Fried, *"Donation of Constantine" and "Constitutum Constantini"*, pp.16–18。

3　参阅Johannes Fried, *"Donation of Constantine" and "Constitutum Constantini"*, pp.20–28。

萄牙进行所谓的仲裁和划线。[1]当然，随着马丁·路德新教改革的不断推进和瓦拉《〈君士坦丁赠礼〉伪作考》的广泛传播，罗马教廷在表明自己的权利及其来源时，终于开始逐渐放弃《君士坦丁赠礼》这一"证据"。

2. 对《君士坦丁赠礼》的质疑和证伪

如果运用近代以来形成的历史学、文献学研究方法和研究成果回望《君士坦丁赠礼》，其造假的面目自然一目了然。这里仅举一例便可说明问题。该文件是以4世纪早期君士坦丁一世的口吻写成的，但是，其第一部分的主体内容却是取自5世纪晚期才最终成形的《罗马教皇圣西尔维斯特传》(*Vita sancti Sylvestri papae Romae*)，而这份传记中的很多内容，包括西尔维斯特为君士坦丁治愈麻风病、为罗马城制服蟒蛇等等，又都是根据"旧约全书"或某些"外典""次经"中的某些传说，通过移花接木的方式改造而来的。[2]4世纪的皇帝竟然使用了5世纪的材料，自然有悖常理。在《君士坦丁赠礼》中，诸如此类的时空倒错现象有很多，实际上，只要翻检出其中的一两处，这份文件的真伪问题也就不再成为其问题。

问题的关键在于，在《君士坦丁赠礼》这份伪造的文书出笼并流传于世的那个时代，拉丁世界还是一个典型的传统社会，"人们对自己的历史普遍知之甚少"，文化传承与传播的途径极为有限，普通民众的文字阅读能力不高，能够接触到文本材料的机会很少。即便有机会接触文本，除了个别人

1　在论证自身权利来源方面，罗马教廷的理论是多元的，其中，"锁钥论"和"双剑论"居于核心地位。相比之下，《君士坦丁赠礼》的功能只能说是间断性的、辅助性的，它之所以引发世人的巨大关注，主要原因不在于它的功用大小，而在于它是真是假。或者说，由《君士坦丁赠礼》引发的问题，更多是伦理层面的，而不是效用层面的。关于罗马教会在中世纪中后期运用《君士坦丁赠礼》来为自身服务问题，学术界早有比较详细的梳理。参阅F. Zinkeisen, "The Donation of Constantine as Applied by the Roman Church," *The English Historical Review*, Vol. 9, No. 36 (Oct., 1894), pp. 625–632; Johannes Fried, *"Donation of Constantine" and "Constitutum Constantini"*, pp.11–33。

2　详见Dabney G. Park, "Dante and the Donation of Constantine," *Dante Studies, with the Annual Report of the Dante Society*, No. 130 (2012), pp. 67–161 (p. 68, p. 137)。

可能会有一些真知灼见之外，大多数人也很难辨其真伪。而且，即便有些人看出其中的问题，在主流文化的统摄与震慑下，也只能沦为一道道闪烁的微光。[1]正是在这样一种社会情境下，罗马教会利用自身的信仰权威，通过文本表述、口头宣讲、绘画展示、口耳相传等等方式，围绕《君士坦丁赠礼》"真实可信"这一目标，在拉丁世界构建出一套"集体文化记忆"，并进而将之固化为被大多数人信以为真的一个"记忆传统"。[2]

构建记忆传统的目的通常在于解释现实、服务现实。就基本层面而言，将《君士坦丁赠礼》的"真实可信"打造成一个"记忆传统"的，主要是罗马教廷以及亲罗马教廷一方，对于他们而言，让其"真实可信"，当然有用。与之相对应，与罗马教廷存在竞争和斗争关系的世俗政权、对罗马教廷存在不满的各色人等以及一些以追寻历史真相为己任的知识分子，在《君士坦丁赠礼》问题上，则构成以怀疑、质疑、证伪为特征的另一方，亦即"反传统"一方，对于他们而言，证明它不真实、不可信，当然同样也有用。比较而言，在"反传统"的道路上，初期阶段的论证方法比较初步，尽管一代又一代人宣称这个文件肯定是无效的，甚至说它应该不是真的，但如何证明它真的是假的，却长期无从落实。直至洛伦佐·瓦拉的出现，对《君士坦丁赠礼》的证伪工作才算真正落到实处。

就目前的材料来看，对《君士坦丁赠礼》的质疑主要是从12世纪以后开始出现的。中世纪基督教历史哲学的代表人物、德意志历史学家弗赖辛主教奥托（Otto of Freising，约1111—1158）在其世界史著作《双城史》（*Chronica sive Historia de duabus civitatibus*）中写道，君士坦丁一世的确为罗马教皇以及天主教会奉献很多，但他并没有像《君士坦丁赠礼》中所说的那个样子竟然"把他的国家拱手相让给罗马教皇"，事实上，"他把国家分给了他的两个儿

1　参阅陈文海：《中世纪世俗史学的社会政治功能及叙史逻辑》，《华南师范大学学报》2013年第5期，第186—193页。

2　参阅Florin Curta, "Donation of Constantine," in Florin Curta and Andrew Holt, eds., *Great Events in Religion: An Encyclopedia of Pivotal Events in Religious History*, Santa Barbara, CA: ABC-CLIO, 2016, Vol. II, pp. 407−409; Johannes Fried, *"Donation of Constantine" and "Constitutum Constantini"*, pp. 23−24。

子，西部给了一个儿子，东部给了另外一个儿子"。[1]意大利法学家阿库修斯（Accursius，约1182—1263）写道，《君士坦丁赠礼》是有争议的，真相究竟如何，这不是法学家们能够裁定的，但是，"根据帝国法律，这个赠礼无效"。法国的宫廷法学家皮埃尔·德·贝尔佩西（Pierre de Bellperche，约1247—1308）写道："君士坦丁在位期间就把某个行省送给了罗马教会。这样的赠予有效吗？法律评注的答案是：'无效。'"[2]意大利早期文艺复兴代表人物但丁（Dante，1265—1321）也曾多次对《君士坦丁赠礼》的有效性表示强烈质疑，他写道，"任何帝王都无权分割帝国"，君士坦丁"不能把帝国送出而教会也不能加以接受"，即使君士坦丁"可能向教会送礼，但教会无权受礼，那么这送礼本身由于缺乏适当的受礼者也就不能生效"。[3]意大利神学家、政治思想家、曾担任过巴黎大学校长的帕多瓦人马西利乌斯（Marsilius of Padua，约1280—约1343）对《君士坦丁赠礼》的真实性也曾表示怀疑，同时，他也认为，即便是实有其事，对于送礼的君士坦丁和收礼的西尔维斯特来说，其做法也都是很不明智的。[4]

除了以上所列的这些说法之外，在这一阶段，围绕对《君士坦丁赠礼》真实性、权威性或有效性的质疑，还有不少人提出其他各式各样的"论据"，比如：在和教皇西尔维斯特会面之前，君士坦丁就已经成为基督教徒；君士坦丁信奉的基督教具有阿利乌斯派异端色彩；君士坦丁的做法没有得到罗马人民的同意；君士坦丁的赠予行为只能在其在位期间有效；赠予行为表明，

---

1 奥托提出质疑之后，又加了一句话："彻底解决所有这些问题，并非目前写这本书的目的所在。"详见Otto, Bishop of Freising, *The Two Cities*, trans., Charles Christopher Mierow, New York: Columbia University Press, 2002, pp. 279—280。

2 详见Johannes Fried, *"Donation of Constantine" and "Constitutum Constantini"*, p.30。

3 详见但丁：《论世界帝国》，朱虹译，北京：商务印书馆，2009年，第78—80页。另外，在《神曲》中，但丁也对《君士坦丁赠礼》及其"结果"发出猛烈抨击。

4 关于马西利乌斯对《君士坦丁赠礼》的讨论，可详见Marsilius of Padua, *The Defender of the Peace*, ed. and trans., Annabel Brett, Cambridge: Cambridge University Press, 2006, pp. 132—133, 248, 326, 357, 399, 435; George Garnett, *Marsilius of Padua and "the Truth of History"*, New York: Oxford University Press, 2006, pp. 106—145。

罗马教皇的首席权不是源于上帝，而是源于皇帝；如此等等。[1]

从以上这些说法中可以看出，尽管他们认为《君士坦丁赠礼》这个文件以及其中的某些说法怪异且可疑，但是，他们的论证思路基本上都还是局限于简单的感性猜测或逻辑推理，有的甚至就是直截了当的情绪宣泄，而且，在质疑这一文件的时候，他们其实都还没有真正关注到文本本身及其具体表述，而是游离于文本之外去找证据、找理由。在这种情况下，即便找到再多的外围证据或理由，即便人人都觉得某个文本肯定是伪造的，那也无法据此直接予以盖棺论定。这是因为，从理论上说，不论在外界看来这个"赠礼"是如何的荒谬、如何的不可能，但也不能由此可以绝对排除君士坦丁在某种极其特殊的状态下做出某种极其特殊决定的可能。在文本真伪问题上，"外证法"本身存在的固有缺陷，在此尽显无遗。

在对《君士坦丁赠礼》进行质疑和证伪的漫长历程中，如果说12—14世纪主要还是一个凭推理说事的怀疑阶段，那么，15世纪则是通过真凭实据解决问题的证伪阶段，而对此做出决定性贡献的当然就是洛伦佐·瓦拉。但是，在谈论瓦拉所做贡献的时候，有一个人物不能忽略，此即德意志著名学者尼古拉·库萨（Nicolaus Cusanus，1401—1464）[2]。在瓦拉于1440年写成《〈君士坦丁赠礼〉伪作考》的七年前，即1433年，库萨写成《论天主教的和谐》（De concordantia catholica）。在该书第三卷中，库萨广泛运用历史材料，对《君士坦丁赠礼》的来龙去脉做出分析，并对其真实性做出否定性结论。而且，在这一章的标题中，他便开宗明义，明确宣称："和其他某些文件一样，那份著名的《赠礼》也是杜撰的（apocryphal）。"[3]

库萨提及的材料较多，撮其要者，其论点大致可以归纳为以下几个方面。第一，如果君士坦丁一世真的做出过将西部帝国送给罗马教会的决定，那么，相关著述中必然会留下相应的记载，然而，在诸如哲罗姆、奥古斯丁、安布罗斯等权威人物的著述中均未提过此事。第二，在君士坦丁一

1　参阅 Arthur Butz, "The Donation of Constantine," pp. 371–405。

2　尼古拉·库萨，即库萨的尼古拉（Nicholas of Cusa），详见本书"英译本导言"及相关注释。

3　Nicholas of Cusa, *The Catholic Concordance*, ed. and trans., Paul E. Sigmund, Cambridge: Cambridge University Press, 1996, p. 216.

世之后的几个世纪中，罗马教皇一直明确承认帝国皇帝对拉丁世界的统治权。例如，教皇卜尼法斯一世（Boniface I，418—422年在位）在给皇帝洪诺留（Honorius，393—423年在位）的信中写道，作为教皇，他负责统治罗马教会的全体圣职人员，而皇帝则负责统治人类事务。在这封信的结尾处，卜尼法斯一世还说罗马城是"皇帝陛下的城市"。第三，成书于12世纪的《格拉提安教令集》（Decretum Gratiani）以严谨全面而著称，但是，在这部著作中，原本并未收录《君士坦丁赠礼》这个文件。[1] 第四，《君士坦丁赠礼》中关于教皇西尔维斯特的很多说法都与既有权威材料的说法相矛盾，编造的痕迹过于明显。第五，君士坦丁一世早在西尔维斯特的前一任教皇米尔提亚德斯（Miltiades，311—314年在位）时期就已成为基督教徒。除此之外，库萨还按照时间顺序，对罗马教皇在矮子丕平和查理曼支持下获得领土和世俗权力的来龙去脉做了清晰梳理，以此表明，罗马教廷占有的那些土地与君士坦丁一世没有什么关联。基于这些理由，库萨认为，将《君士坦丁赠礼》当作真实文件的那些说法不足为凭。[2]

和12—14世纪的情形相比，库萨对《君士坦丁赠礼》的质疑更为全面，也有新的发现。而且，库萨对问题的总结、分析和判断，对随后瓦拉的写作是有明显启发作用的，甚至说，如果瓦拉没有读过库萨的《论天主教的和谐》，也就很有可能不会去写他那本《〈君士坦丁赠礼〉伪作考》。[3] 或许正是因为以上这些因素，有人认为，学术界对瓦拉这本书"评价过高"，如果把库萨的"相关论证与瓦拉的论证仔细对比，也许会觉得"库萨的论证"是最

1　在格拉提安本人编撰的这个教令集中，并未收录《君士坦丁赠礼》这个文件，但在格拉提安去世之后，有人对这个教令集进行增补并将这个文件作为补充材料加了进去。关于这个问题，瓦拉在《〈君士坦丁赠礼〉伪作考》中有较为详细的描述。

2　详见Nicholas of Cusa, The Catholic Concordance, pp. 216–222。值得一说的是，库萨并不是站在反教会的立场上来论证《君士坦丁赠礼》的真伪问题的，在这一章文字的结尾，库萨写道，罗马宗座原本就是"神圣的、值得颂扬的、最为杰出的、排在首位的"，"根本没有必要使用那些模棱两可的说法"来为之提供支持。

3　关于瓦拉在《君士坦丁赠礼》辨伪问题上对库萨的借鉴和继承，可参阅Riccardo Fubini, "Humanism and Truth: Valla Writes against the Donation of Constantine," Journal of the History of Ideas, No. 1 (Jan., 1996), pp. 79–86。

好的"。[1]实际上，这种观点是有问题的，它忽视了库萨和瓦拉两个人在文献辨伪方法上的根本差别。库萨在文艺复兴史上具有重要地位，在很多领域特别是在自然法以及政治思想研究领域有着独特贡献，但是，单就《君士坦丁赠礼》辨伪这个问题而言，不论他的质疑如何全面，也不论他有多少新的发现，其所有的论据都还是属于"外证法"范畴。既然如此，即便他有再大的把握认定《君士坦丁赠礼》是"杜撰的"，《君士坦丁赠礼》也依然可以借由"疑罪从无"的通则而继续在社会上逍遥。

因此，在考察瓦拉对《君士坦丁赠礼》辨伪问题所做贡献时，如果还继续局限于细数他对外围证据的枚举是否更多、更细、更全，那就本末倒置了。对于瓦拉而言，让他面面俱到——罗列前人阐述过的各种外围证据，这不是难事，但它却没有太大的意义。当然，作为一本向教皇以及罗马教廷发起进攻的檄文，《〈君士坦丁赠礼〉伪作考》也大量使用了历史学、逻辑学、古钱币学等等方面的外围证据，但是，让他这本著作在《君士坦丁赠礼》证伪领域留下决定性印记并让其得以流传后世的，并不是他在书中提到的那些外围证据，而是通过历史语言学、历史文献学知识而在《君士坦丁赠礼》文本中发现的那些与历史事实相悖的错乱表述。

在《〈君士坦丁赠礼〉伪作考》的第四部分，瓦拉用大约占全书四分之一的篇幅，一段一段地讨论《君士坦丁赠礼》文本内部存在的种种荒谬说法，其中，极为惹人注目的荒诞之处就是，在这个文本中，竟然使用了君士坦丁一世那个时代尚未出现的用词用语，其典型例证便是在这个文本中出现了"塞特拉普"（satraps，意为行省总督）这个头衔。虽然瓦拉并没有给出"塞特拉普"一词在西方历史上出现的具体时间，但他明确表示，在君士坦丁时代，罗马帝国境内没有这种称谓。为此，他这样写道："有谁听说过，当年罗马人在商议各种问题的时候会提到'塞特拉普'这种职衔？在罗马，甚至说在罗马人的各个行省，有谁被称为'塞特拉普'？"[2]此外，瓦拉还指出，

1　米辰峰：《劳伦佐·瓦拉的生平与思想》，《史学月刊》2004年第8期，第69—78页。

2　见《〈君士坦丁赠礼〉伪作考》，第42节。另，关于"塞特拉普"问题，可参阅Wolfram Brandes, "The Satraps of Constantine," in Johannes Fried, *"Donation of Constantine" and "Constitutum Constantini"*, pp. 115-128。

《君士坦丁赠礼》文本中出现的诸如"君士坦丁堡"（Constantinople）、"拜占提亚"（Byzantia）、"弗里吉亚便帽"（Phrygian tiara）等等说法也都存在明显问题，要么属于时空错乱，要么属于无中生有。

可以看出，和从前那些质疑者不同，瓦拉在充分利用"外证法"的同时，又开创性地运用"内证法"，从《君士坦丁赠礼》文本内部入手发现问题，从而以无可辩驳的证据证明这个文本绝无可能出现于君士坦丁一世生活的4世纪，并由此断定《君士坦丁赠礼》确属伪造。因此，瓦拉有充分的信心和证据做出以下结论："这个制假贩假的家伙，一看就知道是个骗子。"[1] 当然，在《〈君士坦丁赠礼〉伪作考》一书中，瓦拉并未能够穷尽《君士坦丁赠礼》中存在的各种谬误，而且，在运用相关材料对《君士坦丁赠礼》进行解读时也出现过一些不够准确之处，但这些问题都应另当别论。[2]

瓦拉写成《〈君士坦丁赠礼〉伪作考》之后，其观点得到包括库萨、皮科洛米尼（Piccolomini，1405—1464，即后来的教皇庇护二世）[3] 以及那不勒斯国王阿尔丰索等在内的一些教俗人士的认可与支持，但是，距离西方社会普遍接受他的这一结论，还有一个较为漫长的变化过程。[4] 在庇护二世去世之后的几十年中，瓦拉的这部著作几乎被人遗忘。只是到了马丁·路德发起宗教

1　见《〈君士坦丁赠礼〉伪作考》，第60节。

2　关于瓦拉在运用材料论证其观点时的某些失误，可参阅Riccardo Fubini, "Humanism and Truth: Valla Writes against the Donation of Constantine," pp. 79–86 (p. 82)。

3　皮科洛米尼，人文主义者，后来成为教皇，称庇护二世，1458—1464年在位。1453年，他曾在自己的论著中提及瓦拉的《〈君士坦丁赠礼〉伪作考》并对之表示认可。参阅Rens Bod, "The Importance of the History of Philology, or the Unprecedented Impact of the Study of Texts," in Ton van Kalmthout and Huib Zuidervaart, eds., *The Practice of Philology in the Nineteenth-Century Netherlands*, Amsterdam: Amsterdam University Press, 2015, pp. 17–36。

4　在瓦拉写成《〈君士坦丁赠礼〉伪作考》15年之后，即1455年，英国柴郡主教雷吉纳尔德·皮科克（Reginald Pecock，约1395—1460）写成《对圣职人员滥施责难的阻抑剂》（*The Repressor of Over Much Blaming of the Clergy*）一书，其中，他对《君士坦丁赠礼》的真实性亦做出否定性判断。据研究，皮科克是在没有读过库萨以及瓦拉著作的情况下独立做出这一判断的。不过，皮科克在论证过程中，遵循的还是瓦拉之前的那种以推理为基本特征的"外证法"。参阅Joseph M. Levine, "Reginald Pecock and Lorenzo Valla on the Donation of Constantine," *Studies in the Renaissance*, Vol. 20 (1973), pp. 118–143。

改革之后，它才又重新得到世人关注，随后，马丁·路德本人于1537年又将之译为德文，其传播变得更为广泛。虽然罗马教廷在16世纪中叶将瓦拉的这本书列入"禁书目录"，但时隔半个世纪之后，即1600年前后，身居枢机高位的著名教会史学家凯撒·巴罗尼乌斯（Caesar Baronius，1538—1607）在其名著《教会年代记》（*Annales Ecclesiastici*）中终于明确承认：《君士坦丁赠礼》是伪造的。[1]不过，巴罗尼乌斯还是想方设法试图证明：虽然《君士坦丁赠礼》这个文件是假的，但君士坦丁当年给教皇送礼却是真的。[2]在此之后，尽管还有个别人仍然坚持认为《君士坦丁赠礼》实有其事，但就总体而言，由罗马教会主导构建、普通民众集体呼应的这个"文化记忆传统"已经基本消解。[3]

3. 证伪之后围绕《君士坦丁赠礼》的相关存疑问题

对于《君士坦丁赠礼》，瓦拉最大的贡献就在于他解决了其是真是假这个根本问题。此外，围绕这个伪件的其他问题，瓦拉也做出过一些判断。比如，关于造假者：他认为，"这个东西"是教皇们"自己一手炮制出来的"，"这个骗局其实就是他们当中的某个人一手策划的"。[4]又如，关于造假意图：他认为，教会之所以要炮制这么一个文件，其目的就是为了"享有染指他人的自由"，就是希望"通过欺骗而占有他人财产"。[5]不过，瓦拉的这类论点并非直接得自伪件本身，而是基于"外证法"而得出的推理性结论。

实际上，围绕这个材料，尚未解决的问题要远远多于已经解决的问题。

1　参阅Rens Bod, "The Importance of the History of Philology, or the Unprecedented Impact of the Study of Texts," p. 21。

2　参阅本书"英译本导言"。另外，对于君士坦丁一世给教皇送过东西一事，瓦拉在《〈君士坦丁赠礼〉伪作考》中不仅没有否认，而且明确予以确认，但他同时指出，君士坦丁"送的也只是一些小礼物，就是几处房子，好让教皇有个安身立命之所"，而且，君士坦丁送礼的对象并不是西尔维斯特，而是西尔维斯特的前一任教皇。见《〈君士坦丁赠礼〉伪作考》，第5节。

3　参阅Henry Charles Lea, "The 'Donation of Constantine'," *The English Historical Review*, Vol. 10, No. 37 (Jan., 1895), pp. 86-87。

4　见《〈君士坦丁赠礼〉伪作考》，第4节，第81节。

5　见《〈君士坦丁赠礼〉伪作考》，第90节，第92节。

虽然瓦拉认为造假者的造假水平极为拙劣，并曾以戏谑的口吻说这个造假者"肯定是有计划、有预谋地想把自己的马脚露出来"，而且"就是想从方方面面给人提供把柄，好让别人抓住他"[1]，但是，单就这个材料本身而言，除了能够确认它是造假的之外，人们并不能够直接从中读出造假者身份、造假时间和地点等等关键信息，也就是说，造假者的"马脚"露得很不充分，甚至说隐藏得还极为隐蔽，在这种情况下，对造假意图的解读自然也就大相径庭。关于这些问题，近代以来的西方学术界，特别是19世纪以来的德国学术界，曾提出过很多不同的观点，但时至今日，当年悬而未决的，如今依旧悬在那里。[2] 围绕《君士坦丁赠礼》的来龙去脉，虽然假说不断、论点纷呈，但就总体而言，还是大致可以将之归纳为两大派别。一是罗马派，即《君士坦丁赠礼》应该是由南方的罗马教廷炮制出来的。二是法兰克派，即这个伪件应该是由北方的法兰克僧俗贵族编造出来的。[3]

第一，关于罗马派。在《君士坦丁赠礼》起源考察史上，罗马派的历史最为悠久，如果从15世纪中叶瓦拉那个时代算起，如今已有近六个世纪之久。从朴素的直接观感来说，人们将这个伪件的始作俑者归诸罗马教廷是非常自然的，因为就其高度外显的文字表述而言，没有一处不是在维护罗马教皇和罗马教会的权益。而且，罗马派学者们认为，这份伪件所用材料

---

1 见《〈君士坦丁赠礼〉伪作考》，第60节。

2 20世纪初，卢森堡著名教会史学家、考古学家约翰·基尔什（Johann Kirsch，1861—1941）为《天主教百科全书》（*Catholic Encyclopedia*）撰写长篇词条"君士坦丁赠礼"，对学术界围绕这一伪件而出现的各种观点做了颇为详尽的梳理，详见Johann Peter Kirsch, "Donation of Constantine," *The Catholic Encyclopedia*, Vol. 5, New York: Robert Appleton Company, 1909, pp. 271–277. 尽管基尔什的这个词条写于一个多世纪之前，但在过去这一百多年间，围绕《君士坦丁赠礼》而进行的各种讨论及其基本观点总体上并未超越基尔什当年梳理的那些内容。

3 初期还有一个"东方派"。在近代早期，凯撒·巴罗尼乌斯等学者曾坚持认为，《君士坦丁赠礼》这份伪件应该是源于东方的拜占庭帝国，是由希腊人炮制出来，然后传到拉丁世界的。这一观点如今已无人信奉。参阅Johann Peter Kirsch, "Donation of Constantine," pp. 272–273. 研究表明，《君士坦丁赠礼》只是在11世纪才从拉丁世界传到君士坦丁堡。参阅Paul J. Alexander, "The Donation of Constantine at Byzantium and Its Earliest Use against the Western Empire," in idem, *Religious and Political History and Thought in the Byzantine Empire*, London: Variorum Publishing, 1978, pp.11–26a。

基本上也都是罗马教会方面的。虽然说自18世纪以后罗马派的观点不断受到挑战，但就过去几十年西方学术界的反应来看，这一派的维护者依然不在少数。[1]

罗马派学者人数众多，所持观点也纷繁复杂。如前所述，这份伪件的初始名称叫作《君士坦丁敕令》，其内容由"告白"和"赠礼"两部分组成。在19世纪中后期，有部分学者认为，这两个部分是在不同的历史时期由不同的人编造出来的。至于其具体情形，不同的学者又有不同的说法。例如，德国历史学家约翰·弗里德里希（Johann Friedrich）认为，第一部分中的主体内容出现于638—653年之间；第二部分出现于教皇斯蒂芬二世（Stephen II，752—757年在位）时期，由斯蒂芬二世的哥哥保罗（Paul，即后来的教皇保罗一世）编造而成。而法国历史学家夏尔·拜耶（Charles Bayet，1849—1918）则认为，第一部分出现于保罗一世（Paul I，757—767年在位）时期；第二部分出现于阿德里安一世时期，具体时间大约是在774年。[2]不过，这类"二分法"的观点在学术界并未得到太多的支持。

总体而言，罗马派中的大多数学者都认为，《君士坦丁敕令》（《君士坦丁赠礼》）是由同一个人在同一时期编造完成的，时间大致应该是在8世纪中后期，但是，在具体编造时间问题上，则有多种不同的看法，其中，较有代表性的观点有三种。其一，斯蒂芬二世时期，即752—757年之间。这类观点认为，编造这一文件的目的在于，为教皇在与法兰克君主矮子丕平（Pepin the Short，751—768年在位）的谈判中提供历史依据，同时也可将之用于反对东方的拜占庭帝国。其二，保罗一世时期，即757—767年之间。这类观点中，有的是从保罗一世时期意大利的政治局面中寻找依据，有的则是基于这

---

1 关于这一学术生态，可以参阅乌尔曼（W. Ullmann）为《新编天主教百科全书》所写的词条"君士坦丁赠礼"，W. Ullmann, "Donation of Constantine," *New Catholic Encyclopedia* (Second Edition), Vol. 4, Detroit: Gale, 2003, pp. 860–861。另可参阅Dabney G. Park, "Dante and the Donation of Constantine," pp. 67–161。

2 关于本部分涉及的研究者及相关文献信息，可详见Johann Peter Kirsch, "Donation of Constantine," pp. 271–277。

份伪件中给予教皇西尔维斯特一世以极为崇高的地位这一现象而进行推理的，因为保罗一世本人对历史上的这位教皇是极为崇敬的。其三，阿德里安一世时期，即772—795年之间。这类观点认为，阿德里安一世一直希望扩张罗马教会在意大利半岛的世俗权力，并试图在意大利建立一个强大的教会国家，而这一伪件的功用即在于为之提供支持。[1]

除了将造假的时间限定在8世纪中后期这个时段之外，罗马派中，也有部分学者将这一时间进一步提前或进一步推后。提前者认为这一伪件可能出现于8世纪早期，甚至更早；而推后者则认为它应该出现于800年查理曼加冕称帝之后，甚至是出现于虔诚者路易（Louis the Pious，814—840年在位）当政初年。以上所有这些观点虽然人言人殊，但它们都是以《君士坦丁赠礼》的显性特征为判断基点，以罗马教皇以及罗马教会在意大利的宗教权威和世俗权益作为讨论路径，只不过是在范围和程度上，各种观点的认知存在差异而已。实际上，不论哪一种观点，都是依据某些外围材料而做出的推断或假设。

第二，关于法兰克派。和罗马派相比，法兰克派的历史相对较晚，其早期代表人物是18世纪意大利著名神学家和历史学家佛朗西斯科·扎卡里亚（Francesco Zaccaria，1714—1795），他认为，《君士坦丁赠礼》的肇始源头不应该在罗马，而应该在北方的法兰克。19世纪，德国教会史学家约瑟夫·赫根罗特尔（Joseph Hergenröther，1824—1890）以及德国历史学家赫尔曼·格罗埃特（Hermann Grauert，1850—1924）在前有基础上，对《君士坦丁赠礼》"法兰克起源说"进行深入论证，其中，格罗埃特更进一步，他认为，《君士坦丁赠礼》这个伪件应该是在巴黎北郊的圣德尼修道院（St-Denis）编造出来

---

1 关于8世纪中后期意大利半岛的政治格局及纷争，可参阅David S. Sefton, "Pope Hadrian I and the Fall of the Kingdom of the Lombards," *The Catholic Historical Review*, No. 2 (Apr., 1979), pp. 206–220; David Harry Miller, "Papal-Lombard Relations during the Pontificate of Pope Paul I: The Attainment of an Equilibrium of Power in Italy, 756-767," *The Catholic Historical Review*, No. 3 (Oct., 1969), pp. 358–376; Peter Llewellyn, "The Popes and the Constitution in the Eighth Century," *The English Historical Review*, No. 398 (Jan., 1986), pp. 42–67。

的。不过，在随后一个多世纪中，罗马派的观点一直占据主导地位，对于法兰克派的观点，人们似乎既不肯定也不否定，而通常是将之当作"过时"的观点而直接予以忽略。[1]

及至21世纪初，德国著名历史学家、法兰克福大学中世纪史讲席教授约翰尼斯·弗莱伊德（Johannes Fried，1942年生）重拾这一论题，于2007年出版《〈君士坦丁赠礼〉与〈君士坦丁敕令〉》一书。在该书中，他广泛运用文献学、语言学、历史学方法，甚至运用了类似瓦拉当年使用的那种"内证法"，对《君士坦丁赠礼》的传承演化及具体内容展开详细辨析。他认为，这个伪件不可能是源自罗马，而应该是源自加洛林帝国皇帝虔诚者路易治下的法兰克，其地点很有可能就是圣德尼修道院，而且，其主要操刀者很有可能就是当时的重要政治人物之一、圣德尼修道院院长伊尔杜安（Hilduin，约785—约860）。[2]

传统上，法兰克派的学者们之所以认为《君士坦丁赠礼》的肇始地不可能在罗马而应该在法兰克，也是基于种种外围证据而做出的一个推理性判断，其中，比较重要的大致有以下几点。其一，这份材料最早是在某位法兰克人编纂的文献集（即9世纪中前期出现的《伪伊西多尔教令集》）中出现的，其最早可见的抄本也是在法兰克的圣德尼修道院中发现的。其二，最早在自己的著作中提及或援引这份材料的是生活于9世纪下半叶的三位教会人士，即维埃纳主教阿多（Ado）、巴黎主教埃涅阿斯（Aeneas）和兰斯大主教安克马尔（Hincmar），而他们都是法兰克人。其三，在11世纪中叶之前，罗马教廷从未使用过这个材料；而1054年首次明确援引这个材料的罗马教皇利奥九世是个德意志人，在1049年当选教皇之前的几十年中，他一直是在北方的阿尔萨斯度过的。[3]相比之下，弗莱伊德在论证这一问题时，则关注到了《君士坦丁赠礼》文本内部的某些"非罗马"倾向，比如，文本编造者对罗马教廷使用的某些规范性表述缺乏基本的了解，对罗马人的情感认知缺乏基

1　详见Johannes Fried, *"Donation of Constantine" and "Constitutum Constantini"*, p. 73。

2　详见Johannes Fried, *"Donation of Constantine" and "Constitutum Constantini"*, p. 106。

3　详见Johann Peter Kirsch, "Donation of Constantine," p. 273, p. 275。

本的感受，对君士坦丁洗礼仪式的描述也都是按照法兰克地区流行的仪轨进行编排的，如此等等，假如文本编造者真的是个罗马人，这类问题原本都不应该出现。[1]

正是基于《君士坦丁赠礼》在流传轨迹上所展示出的某些法兰克印记，加之这份材料中所言的世俗政权是个"帝国"（尽管是罗马人的帝国而不是法兰克人的帝国），因此，法兰克派的学者们自然将这份材料与法兰克本土上的加洛林帝国联系起来。加洛林帝国起步于查理曼800年加冕，而《君士坦丁赠礼》最早现身于9世纪三四十年代的《伪伊西多尔教令集》，因此，法兰克派认为，《君士坦丁赠礼》只能是在这两个时间节点之间的某个时候产生的。近年来，弗莱伊德又从历史语言学角度，对上述论点予以强化。他指出，这份伪件中多次提到了"拉特兰宫"（Palatium Lateranense），但是，将之用作教皇宫殿的名称，应该是在教皇利奥三世和皇帝查理曼去世几年之后才出现的事。此外，弗莱伊德还认为，在《君士坦丁赠礼》开篇中描述的君士坦丁一世作为得胜者而拥有的那一系列头衔，在830年或831年之前，似乎尚未流行。结合当时的历史背景，他得出的结论是，这个伪件应该出现于9世纪30年代初。[2]

至于炮制这一伪件的意图问题，法兰克派的解读和罗马派相比也是截然不同的。传统的法兰克派学者们认为，"帝国转移论"（translatio imperii）在中世纪早期的政治理论、历史阐释、现实溯源中居于特别重要的地位[3]，而9世纪的法兰克之所以需要编造这么一个"言之凿凿"的历史文件，其主要目的就是为了证明查理曼称帝、帝国由罗马"转移"到法兰克是公正合理的，新生的加洛林帝国的存在是于理有据的，东方的拜占庭帝国对此是没有资格进行质疑的，简而言之，就是为了给法兰克人的这个帝国提供"历史"和"法

---

1 详见Johannes Fried, *"Donation of Constantine" and "Constitutum Constantini"*, pp. 63–69。

2 详见Johannes Fried, *"Donation of Constantine" and "Constitutum Constantini"*, pp. 74–88, pp. 112–113。

3 关于欧洲历史上的国家构建理论及"帝国转移论"，可参阅Cary J. Nederman, "Empire and the Historiography of European Political Thought: Marsiglio of Padua, Nicholas of Cusa, and the Medieval/Modern Divide," *Journal of the History of Ideas*, No. 1 (Jan., 2005), pp. 1–15。

理"依据。[1]

弗莱伊德虽属坚定的法兰克派，但他的观点和以上这类传统解读却存在巨大差异。他认为，应该从加洛林帝国内部存在的问题入手，去探寻《君士坦丁赠礼》出笼的触发缘由。具体而言就是，虔诚者路易主政中后期，即9世纪30年代初，加洛林帝国内忧外患，且已濒临分崩离析，以圣德尼修道院院长伊尔杜安为核心的一批反对派人士希望改变现状，重建帝国秩序，而《君士坦丁赠礼》中构建的强大而统一的神权帝国形象便是这批反对派人士现实心声的曲折映照。而且，弗莱伊德认为，编造《君士坦丁赠礼》的和炮制整部《伪伊西多尔教令集》的，都是"同一个圈子里的人"，他们的目标是一致的。[2]

由以上所述可以看出，在对《君士坦丁赠礼》内涵的解读上，不论是罗马派的"直读法"，还是法兰克派的"曲读法"，它们都有相应的时代和史实与之相互关照，而这也正是模棱两可的《君士坦丁赠礼》给后世解读和利用此件时留下的可以左右逢源的自由空间。其实，不论《君士坦丁赠礼》编造者来自哪里，也不论其进行编造的最初动机是什么，在其之后的历史进程中，利用它来论证某些问题、解决某些问题的，并非只有拉丁世界的罗马教廷和法兰克国家，东方的拜占庭帝国在用，甚至更远的俄罗斯也在用。[3]虽然说由《君士坦丁赠礼》制造出来的种种遗留问题"可能永远也解决不了"[4]，但

---

1 参阅Johann Peter Kirsch, "Donation of Constantine," p. 273, p. 275。关于"帝国"概念在法兰克国家中的滋生与养成，可参阅Jan Clauß, "Imports and Embargos of Imperial Concepts in the Frankish Kingdom," in Christian Scholl, Torben R. Gebhardt, and Jan Clauß, eds., *Transcultural Approaches to the Concept of Imperial Rule in the Middle Ages*, New York: Peter Lang, 2017, pp. 77–116。

2 详见Johannes Fried, *"Donation of Constantine" and "Constitutum Constantini"*, pp. 88–109, pp. 111–112。

3 关于拜占庭方面对《君士坦丁赠礼》的使用，可参阅Paul J. Alexander, "The Donation of Constantine at Byzantium and Its Earliest Use against the Western Empire," in idem, *Religious and Political History and Thought in the Byzantine Empire*, pp.11–26a。关于俄罗斯方面对《君士坦丁赠礼》的使用，可参阅Joseph L. Wieczynski, "The Donation of Constantine in Medieval Russia," *The Catholic Historical Review*, No. 2 (Jul., 1969), pp. 159–172。

4 Nicholas of Cusa, *The Catholic Concordance*, p. 217.

是，对这个伪件的传播史、运用史、解读史进行深入研究，不仅有条件有可能，而且有价值有意义。可以说，《君士坦丁赠礼》有如一个多棱镜，可以多层次、多角度地映射出欧洲文明的千年春秋。

三、《〈君士坦丁赠礼〉伪作考》的基本面貌及中文译本

有了对洛伦佐·瓦拉所处时代、其人其事、价值取向和写作风格的大致了解，有了对《君士坦丁赠礼》历史面貌、证伪历程及相关争议的基本把握，再来看一看瓦拉的《〈君士坦丁赠礼〉伪作考》这本书的基本面貌以及中文译本的翻译之事，应该说是一件相对轻松但又并非多余的事情。之所以说它并非多余，其中一个重要因素在于，瓦拉的这部作品在文体上是以驳论的形式呈现的，基于修辞学的内在要求，它需要具有直击话题的现场感、不容置疑的说服力、强大而充盈的感染力和一气呵成的连续性，因而和许多常规的学术论著不同，其每个部分或每个论题并没有配以一个总结性或提示性的标题。对于初读者或者耐心稍有不足的读者来说，要想在短时间内理清其头绪，可能多少有些费力。另外，《〈君士坦丁赠礼〉伪作考》这本书在此之前尚无中文译本，人们对它的了解较为有限，在这种情况下，不论是对这部作品的介绍和评价，还是对从西文版本中截取的个别词句的翻译和解读，都存在不少误读、误解和误判，张冠李戴、关公战秦琼之类的现象并不鲜见。因此，在这里，有必要对相关问题做个简要说明。

1.《〈君士坦丁赠礼〉伪作考》的基本特征

在瓦拉的学术生涯中，其所涉领域众多，留下的论著也不算少。不论是早年的《论快乐》，还是中年的《论拉丁语的优雅》，抑或是晚年的《圣托马斯·阿奎那颂》，虽然主题不同、写法有异，但都有着极为浓郁的修辞学色彩，《〈君士坦丁赠礼〉伪作考》一书也是同样如此。实际上，修辞学是瓦拉最为看重、最为醉心的一种表达工具，在他看来，不会修辞就不应开口说话，不懂修辞就不该写书写文章，而且，论表述、论气势、论效果、论灵

活，修辞学都要胜过其他一切学问，尤其要胜过那种靠三段论推理过日子的所谓"哲学"。[1]正因如此，不论是什么样的主题，以修辞学为写作底蕴的瓦拉几乎都会毫无例外地把它弄得咄咄逼人，甚至会动用嘲讽羞辱、信口谩骂的手段，以此来增强驳论的成效。

通过修辞为自己的作品增势添彩的这种写作特点和风格，在《〈君士坦丁赠礼〉伪作考》一书中可谓展现得淋漓尽致，而且，这一特点贯穿全书始终。只需随手翻阅便可发现，在他这本书里，到处都是感叹句、疑问句、质问句和反问句，即便是陈述性的语句，也都往往充满着诘难性的蕴涵。而且，全书到处是极具侮辱性的用词用语，不论是对于真对手，还是对于假想敌，他都可以信手拈来"无赖""恶棍""白痴""畜生""蠢驴""两脚驴""猪""狗""狼"等诸如此类的帽子扣在其头上，然后再将其体无完肤地揶揄痛骂一番。

瓦拉这种滥用修辞的写作方法的确让他的作品显得不太干净，而且也使得他处处树敌，一辈子也没有交到几个真心朋友。另一方面，也应该看到，在文艺复兴时期的意大利乃至整个欧洲，滥用修辞也并非瓦拉一个人特有的毛病，其实，和瓦拉长期相互攻讦的那些人，比如波吉奥以及法齐奥等人文主义作家，也都在自己的作品中留下不少在今人看来极不斯文、极不雅观的篇章，只不过是他们的名声被瓦拉淹没了而已。

2. 关于瓦拉写作《〈君士坦丁赠礼〉伪作考》的基本动机

包括本书英译者格兰·鲍尔索克在内的一些学者认为，瓦拉之所以要写作《〈君士坦丁赠礼〉伪作考》这本书，是其个人的学术兴趣使然，与现实政治没有什么关联。[2]这种说法或许是瓦拉本人最愿意听到的，事实上，在此

1　瓦拉特别反感别人把他称作"哲学家"。关于瓦拉对修辞学的重视和对其他学问的贬低，可参阅 Linda Gardiner Janik, "Lorenzo Valla: The Primacy of Rhetoric and the De-moralization of History," pp. 389–404; John Monfasani, "Renaissance Argument: Valla and Agricola in the Traditions of Rhetoric and Dialectic," *Rhetorica: A Journal of the History of Rhetoric*, No. 1 (Winter 1995), pp. 91–97。

2　关于鲍尔索克的观点，详见本书"英译本导言"。

书流传出去并对其本人产生严重的负面影响之后，瓦拉也的确曾为自己做过一些辩解。应该说，瓦拉对于证伪这个事抱有浓厚的学术兴趣，这一点本身并没有什么疑问，如果真的没有任何学术兴趣，恐怕他也很难把他的这本书写成人们如今可以看到的这个样子。但是，单就瓦拉围绕《君士坦丁赠礼》证伪问题而产生的这个特定的学术兴趣而言，它与现实政治的联动关系恐怕是撇不清的。

关于1440年瓦拉写作此书前后的意大利政局，特别是这一时期阿拉冈国王与罗马教皇围绕那不勒斯王国归属问题而产生的争斗，还有瓦拉与阿拉冈国王的关系以及瓦拉与罗马教皇的关系，前文已有较为详细的描述。如果说这些历史事实尚属不足为凭的"外围证据"的话，人们也完全可以走进《〈君士坦丁赠礼〉伪作考》的文本内部，看一看瓦拉是如何处理学术研究与服务现实这两者之间关系的。

在此书开篇的几个自然段，瓦拉并不急于辨伪，而是宣布他要"死人""活人"一起批，而仍然活在人世的这个"教皇就是其中的一个"。在文中，瓦拉也时常从历史走向现实，对当时的罗马教会及其首脑进行抨击，比如，他曾指名道姓地质问"还活着的"现任教皇尤金四世"为什么要声嘶力竭地宣扬并维护《君士坦丁赠礼》这个东西"，为什么要对"那不勒斯及西西里王国的国王"发出威胁和不断施压，如此等等。在全书的结尾，瓦拉更是完全撇开证伪之事，以大量的文字集中讨论现实中的罗马政治，规劝现任教皇要"主动回到宁静的港湾"，并鼓动一直拥有"自由"传统的罗马人民，如果教皇"固执己见，拒不放手"，那就要行动起来，要把自己"从教皇的奴役中解放出来"。[1]

由此应该不难看出，尽管瓦拉通过他的这本书彻底解决了《君士坦丁赠礼》的真伪问题，但他的写作出发点却是为了服务现实政治。简而言之，他是充分运用自己的学术专长，做了一件阿拉冈国王希望他做的事情，至于他在做了这件事之后所取得的其他成果或成效，在当时来看，似乎都只是副产品。

1　引文详见《〈君士坦丁赠礼〉伪作考》，第1—5节，第33节，第92—93节，第97节。

3. 关于《〈君士坦丁赠礼〉伪作考》的辨伪内容

尽管瓦拉写作此书的动因主要不在学术，但通过他的这部作品，近代西方文献学的学术生态终究开始出现与此前不同的新面貌，可以说，他这本书留给后世的核心文化遗产还是在于文献辨伪方面的学术创见。至于辨伪的范围和内容，有的学者认为瓦拉只干了一半的活，也就是说，《君士坦丁赠礼》（本名《君士坦丁敕令》）这份材料包含"告白"和"赠礼"两大部分，而瓦拉的考证只涉及"赠礼"部分，而对"告白"这个部分却"只字不提"；而且，瓦拉在这本书中还干了不该干的活，他竟然用了五页篇幅来讨论教皇西尔维斯特在罗马山洞"斩杀"蟒蛇的故事是否属实，而这个故事与《君士坦丁赠礼》的文本毫无关系。[1]实际上，以上这些说法会对读者造成比较严重的误导。

自近代以来，西方文献学界对《君士坦丁赠礼》的证伪范围的确包含"告白"和"赠礼"两个部分。但是，有一点必须注意："告白"这个部分的主要内容可以概括为两个方面，一是申明对包括三位一体、原罪、救赎等在内的基督教核心教义的信仰，二是讲述教皇西尔维斯特的各种神迹以及他为罗马皇帝君士坦丁一世治疗麻风病并引导其皈依基督教的故事。对于"告白"中援引的这些教义，文献学界没有也不可能有太多异议，那是整个基督教世界的正统信仰信条，对于这些内容，他们至多只是对其排列顺序等细节问题有过一些质疑。相比之下，他们对"告白"这部分内容的质疑和证伪主要集中在和西尔维斯特相关的那些故事身上，通过检索拉丁和希腊两地的"权威材料"并和"告白"中的那些故事进行对比对勘，从而认定那些故事都是编造的。

至于瓦拉，他对于"告白"这部分内容的质疑和辨伪，其实和当时文献学界的通行做法并无太大差别。也就是说，他也是将焦点集中在了西尔维斯特身上。"告白"当中和西尔维斯特有关的各种故事主要取自《圣西尔维斯

---

1 详见米辰峰：《瓦拉批驳〈君士坦丁赠礼〉的学术得失》，《史学月刊》2006年第3期，第98—103页。

特传》，而在瓦拉所处时代，人们还没有意识到这份传记材料是在君士坦丁一世去世很久以后才出现的，因此，人们还只能就材料本身展开证伪工作。西尔维斯特降服蟒蛇，是《圣西尔维斯特传》中着力铺陈的核心故事之一，而这也正是瓦拉在《〈君士坦丁赠礼〉伪作考》一书中选择这个故事作为矛头来展开质疑和辨伪的基本原因。[1] 正是通过证明这个故事的不可靠、不可信，瓦拉完成了对"告白"的证伪任务。

因此，不能因为"告白"当中没有提到蟒蛇这个事，就简单认为瓦拉在他这本书中讨论这个事是偏离主题，实际上，他这样做，不仅没有离题，而且非常切题。另外需要注意的一点是，在《〈君士坦丁赠礼〉伪作考》这本书中，瓦拉的辨伪程序并没有完全遵从《君士坦丁赠礼》本身的文本逻辑，即他并没有按照从"告白"到"赠礼"的顺序来展开辨伪，在他这里，以蟒蛇问题为主题的对"告白"的辨伪是置于对"赠礼"的辨伪之后的。

4. 关于《〈君士坦丁赠礼〉伪作考》中的论证方法

在瓦拉对《君士坦丁赠礼》进行辨伪方面，最为后人所津津乐道的当然是他在文献鉴别领域初步开创了"内证法"之先河。[2] 从西方近代文献学形成和发展史角度来说，将注意力集中在这一关键点上，当然没有问题，但是，如果就《〈君士坦丁赠礼〉伪作考》这本书而言，则必须意识到，在论证方

---

1 《圣西尔维斯特传》的文本演化史是比较有意思的一个现象。从5世纪这份圣徒传记出笼一直到瓦拉生活的那个年代，西尔维斯特降服蟒蛇的故事就一直是其核心内容之一。16世纪以后，随着瓦拉《〈君士坦丁赠礼〉伪作考》一书的广泛传播，在新编的西尔维斯特传记中，蟒蛇这个故事就被删掉了。关于未经删改的《圣西尔维斯特传》，有兴趣的读者可以参阅15世纪英国出版商威廉·卡克斯顿（William Caxton，约1422—1491）于1483—1484年由拉丁文翻译而成的《黄金读本》（*The Golden Legend*）英译本（在互联网上可以全文检索阅读）。该书原编者是13世纪意大利神学家、编年史家雅各布·达·沃拉吉纳（Jacopo da Voragine，约1229—1298）。

2 瓦拉对西方近代文献学的形成有着重要贡献，但他尚未就文献学提出系统化的理论阐释。初步提出文献学研究原则的是意大利人文主义者、古典学研究者、诗人安吉洛·波利齐亚诺（Angelo Poliziano，1454—1494）。详见Rens Bod, "The Importance of the History of Philology, or the Unprecedented Impact of the Study of Texts," in Ton van Kalmthout and Huib Zuidervaart, eds., *The Practice of Philology in the Nineteenth-Century Netherlands*, pp. 17–36。

法上，瓦拉是"外证法"和"内证法"兼而用之，而且，"外证"的篇幅要远远多于"内证"的内容。

在运用外围材料进行论证方面，和前人相比，瓦拉的取材范围更为广泛、更为综合，不仅有人们通常使用的那些"权威"著作，而且有在证伪方面不为常人所关注的文学、地理学、民俗学等方面的材料。除了文字材料之外，瓦拉还利用了古钱币等实物材料。在对《君士坦丁赠礼》的文本进行证伪时，瓦拉则运用自己在古代语言学方面的专长，同时又将语言学和历史学、逻辑学等学科知识充分融合在一起。

瓦拉的论证方法以及所取得的实效是得到后世学术界高度认可的，但是，也有人认为，瓦拉的这本《〈君士坦丁赠礼〉伪作考》没有什么学术性，不是一篇"严肃的学术论文"。对于这类说法，需要辩证看待。按照如今的学科划分标准，瓦拉的这本书或许应该划归历史学或文献学范畴，但在瓦拉所处时代，现代意义上的文献学刚刚萌芽，现代意义上的历史学也还没有成型。关于《〈君士坦丁赠礼〉伪作考》这本书究竟应该算作什么类型的作品，瓦拉本人曾给过一个明确的结论。他认为，自己的这个作品就是一篇"演说词"，而且，"和自己过去写的所有文字相比"，他的"这个作品更加具有修辞色彩"。[1]

也就是说，瓦拉是在古典修辞学理念支配之下写作他的这个作品的，他写的既不是历史学论文，也不是文献学论著。如果认识到这一点，大概也就多多少少可以理解在他的这部作品中为何会出现那些断章取义、故意曲解的文字了，简言之，这主要应该不是他不懂自己所用材料的原文原义所致，而是他所热衷的那种修辞学写作风格使然。当然，瓦拉的这本书离今天人们心目中的"完美"概念可能相距颇远，而且，他并没有也不可能在他的这个作品中解决和《君士坦丁赠礼》有关的所有问题，甚至说，在证了伪之后，他都没有想过要去进一步深究这个伪件究竟应该编造于何时何地等问题。实际上，他写这篇"演说词"的目的非常直接，就是要通过证明《君士坦丁赠

---

1 《洛伦佐·瓦拉书信集》，第23封信，第252页；见本书"英译本导言"。

礼》是伪造的来让罗马教廷知趣识趣，不要在攫取世俗权力的道路上迷途不返。对于抱有特定目的进行写作的瓦拉而言，把"演说词"写到这个程度，似乎也就完成使命了。

5. 关于本书的中文译本

于我个人而言，翻译瓦拉这本书，应该说是一个偶然的意外。几年前，大约是2017年底，陈恒教授找我，希望我为他物色一位合适的人选，把瓦拉的《〈君士坦丁赠礼〉伪作考》（含《君士坦丁赠礼》）翻译出来。从市面上看，似乎人人都能做翻译、人人都敢做翻译，但是，学术著作特别是经典名著的翻译，却几乎一向是个比较费力而又不太容易讨好的事，这一点，我本人深有体会。因此，拉别人下水做这个事，我还真的下不了这个狠心。陈恒同志倒是干脆：看不得别人下水，那就你自己干。于是，这个事就在比较暧昧的状态下被扣到了我的头上。

在随后两年中，一方面要忙于手头的其他项目，同时又有繁杂的行政事务和教学工作，翻译瓦拉这本书的事也就一直搁置在那儿。我曾几次和陈恒同志说，是不是可以另外找个人去做这个事，但他总是说他愿意等下去。2020年春节前后，国家突发疫灾，不出门、不走动、不会客，成为普通百姓为社会做贡献的基本途径。就是在这一特殊背景下，从那一年的大年初一早上开始，《〈君士坦丁赠礼〉伪作考》的翻译之事才终于落实到行动之中。好在瓦拉这本书篇幅不长，经过一个多月、每天十几个小时的连续劳作，到2020年3月，这项工作终算了结，然后又花了一点时间，给这个译稿写了个两三千字的"中译本说明"。

本以为这个事情不会再有后续，但判断显然不准。2020年10月中旬，教育部历史学类教学指导委员会在长沙岳麓书院开会。会议期间，陈恒同志和我说，那个"中译本说明"写得过于简单，对于瓦拉这个人、《君士坦丁赠礼》这份伪件、《〈君士坦丁赠礼〉伪作考》这本书，国内学术界以及普通读者的了解还比较有限，应该写一篇比较详细的导论。对于陈恒同志的批评和建议，我当然连连称是，不过，由于手头事务的原因，这项工作的真正落实也还是一拖再拖，直到2021年暑假，才真正下定决心集中一段时间把它写出来。不过，写完之后，我又产生另外一个感觉，这个导论是不是又走向另一个极端，是不是写得太长了。

至于文本翻译，自然会遇到各种各样的问题，但这当中有很多都是翻译者们老生常谈的共性问题，这里不再啰唆。不过，有一个非共性的问题必须交代几句，这就是《君士坦丁赠礼》与《〈君士坦丁赠礼〉伪作考》之间的相洽问题。尽管《君士坦丁赠礼》写得比较粗糙，用词用语以及文法都有一些问题，但一般来说，假如单单翻译《君士坦丁赠礼》而不考虑它与其他文献之间关系的话，人们可能还是会尽量让它显得文字通顺一些的，尽管说这样做有点违背"信"之原则。另一方面，在《〈君士坦丁赠礼〉伪作考》这本书中，有相当大的篇幅是以《君士坦丁赠礼》中的字词句章作为靶子的，甚至瓦拉还会利用一词多义的便利对这个文本中的某些表述予以曲解式的嘲讽。既然把这两个文本放在了同一本书中，而且还要让一个文本为另外一个文本服务，那么，对《君士坦丁赠礼》的翻译就必须因陋就简。因此，如果有较真的读者去追究《君士坦丁赠礼》中的有些词句怎么说得那么别扭、那么不合常规，其基本原因就在于其文本本身就是那个样子，或者是因为需要配合瓦拉在《〈君士坦丁赠礼〉伪作考》一书中的行文，而不是因为翻译者词不达意。

此外还有一些与本书翻译直接相关的小问题也需做个说明。比如，关于天主教会首脑的译称，究竟应该叫"教皇"还是叫"教宗"。且不论是基于哪些因素，如今人们往往倾向于使用"教宗"这一称谓来称呼天主教会的最高首脑。但是，对于中世纪的天主教会来说，甚至说对于1870年教廷退居梵蒂冈之前的天主教会来说，罗马教会的世俗色彩以及对世俗权力的渴望和掌握是无可辩驳的。如果从《〈君士坦丁赠礼〉伪作考》这本书的写作目的来看这个问题，答案应该更清楚。在瓦拉看来，罗马教会的首脑本来应该安分守己，应该心无旁骛地履行好自己的属灵职责，但在现实当中，这个人却不仅要做基督的代理人，而且还要做皇帝的代理人。在这种情况下，把天主教会的首脑称为"教皇"，其实是再恰当不过了。再如，关于注释。原英译本的注释极为简略，但对于身处东方文化环境下的中国读者来说，文本中的不少内容需要有更多的解释方可理解。因此，在本书中译本中，为便于读者更好地阅读文本正文，中译者增补了不少注释。当然，这样做，有些时候可能也会有画蛇添足之嫌。

从外在形式上看，翻译瓦拉这部作品，似乎就是中译者一个人在单打独斗，其实不然。商务印书馆的编辑团队以其精深的专业素养，对译稿提出很多极具建设性的修改建议，从而使中译本的严谨性、规范性和可靠性有了进一步保障。正在英国留学的华南师范大学世界史专业在读博士研究生臧震，通过多种途径，为译者提供了许多宝贵资料，为化解在翻译、做注以及撰写中译本导论过程中遇到的难题贡献良多。从前的学生、如今的同事刘虹男博士作为此书中译本的第一位读者，对初稿做了细致校对，并为译稿的进一步完善提出了不少很有见地的建议。在把译稿提交给出版社之前，我的夫人康宛竹女士不辞辛劳，又逐字逐句地对全部文字通读通校一遍，并就其中存在的字词、格式以及行文规范等方面的问题提出了具体的修改建议。可以说，如果没有以上各位的支持和帮助，这部译稿就不可能以如今这个样子呈现在读者面前。当然，不论工作做得如何细致，译稿中可能还是会存在种种尚未发现的问题。如果真有问题，责任肯定全部归于译者本人。

陈文海

2021年8月19日

于广州华南师范大学

目
录

英译本导言[*]

在1440年4月2日至5月25日这段时间里，洛伦佐·瓦拉挥笔成章，对所谓的《君士坦丁赠礼》做出毁灭性的揭批。[1] 在他的这本书中，瓦拉明确提到了枢机维特莱斯奇（Vitelleschi）[2] 之死，而这位恶魔般的枢机是在

---

* "英译本导言"中的原注释见文末，脚注为中译者所加。

1　关于《〈君士坦丁赠礼〉伪作考》的写作时间，学术界一般认为是在1439—1440年间。"英译本导言"作者鲍尔索克以发生在1440年4月2日和5月25日的两件事为依据，将瓦拉写作此书的时间限定在这两件事之间，也就是说，瓦拉是在一个多月时间内完成此书写作的。对于这一说法，需要辩证分析。关于写作起点：瓦拉是在《〈君士坦丁赠礼〉伪作考》的最后一部分（第六部分，第86节）中提到维特莱斯奇之死（1440年4月2日）这件事的，但这并不足以表明此前的五大部分文字都是在4月2日之后写成的。关于成书时间：瓦拉给朋友寄书的时间是在1440年5月25日，而当时的书籍都还是手抄本（欧洲的活字印刷术是在1450年以后出现的），从书稿完成到抄本制作，中间颇费时日，因此，瓦拉完成此书的时候，距5月25日应该已有一段时日。另外，在《〈君士坦丁赠礼〉伪作考》的第二部分，瓦拉提到了由巴塞尔会议推选出来的对立教皇菲利克斯五世（Felix V，1439—1449年在位），而这个菲利克斯五世是在1439年11月5日才被推选出来的。从此事发生到瓦拉掌握相关信息，还需要一段时间。因此，可以认为，瓦拉写作此书的开始时间不会早于1439年11月中旬，完成时间不会晚于1440年5月中下旬。

2　即吉奥瓦尼·维特莱斯奇（Giovanni Vitelleschi，1396—1440），教皇国军队首领，先后为教皇马丁五世（Martin V，1417—1431年在位）和尤金四世（Eugene IV，1431—1447年在位）效力，曾采取残酷手段镇压教皇的反对势力；因军功卓著，维特莱斯奇获得阿奎莱亚大教长（Patriarch of Aquileia）荣衔，并拥有佛罗伦萨大主教实衔，1437年被擢升为枢机。据称，维特莱斯奇的权势已经超越教皇，最终引发教皇猜忌。1440年3月，尤金四世设计将维特莱斯奇拘捕。这一年的4月2日，维特莱斯奇死于狱中。

这一年4月2日死去的。同是在这一年的5月25日，瓦拉给自己的朋友吉奥瓦尼·托特利（Giovanni Tortelli）[1]写了一封信，同时还捎去一本他刚刚写成的这部篇幅不算太大的作品。[1]教廷曾经宣称，它对西部地中海区域拥有政治上的主导权。而《君士坦丁赠礼》估计是在8世纪编造出来的，因此，至少从那个时候起，这份文件就已在为教廷的上述说法提供支持，以证明其所言合情合理。337年5月，君士坦丁大帝（Constantine the Great）[2]在尼科米底亚（Nicomedia）[3]去世。据称，在去世前不久，他写下这份文件，将帝国西部的所有权赠送给了教皇西尔维斯特（Sylvester）[4]。

在15世纪早期以前的漫长历史时期里，君士坦丁本人一直被当作是《赠礼》这份文件的始作俑者。也正因如此，人们一直认为，对于一个又一个的教皇在世俗权力方面出现的腐败问题，君士坦丁本人负有不可推卸的责任。[2]不过，在瓦拉的相关著作出现之前不久，库萨的尼古拉（Nicholas of Cusa）[5]已经撰文，对《赠礼》发起进攻。[3]在1438年的费拉拉（Ferrara）大公会议以及1439年的佛罗伦萨（Florence）大公会议[6]期间，

1　吉奥瓦尼·托特利（约1400—约1466），意大利人文主义者，在古希腊文化研究领域具有较高的建树。

2　即君士坦丁一世（Constantine I），罗马帝国皇帝，306—337年在位，其中，306—324年间为共治皇帝，324—337年为唯一的皇帝。

3　尼科米底亚，古代城市，位于小亚细亚西北部，曾为比提尼亚王国首都，在罗马共和国、罗马帝国、拜占庭帝国时期，该城一直居于重要地位，今属土耳其，名曰伊兹米特（İzmit）。

4　指罗马教皇西尔维斯特一世（Sylvester I），314—335年在位。关于这位教皇的生平，后世所知甚少，只是知道他在位时间很长（21年）。在《君士坦丁赠礼》中，教皇西尔维斯特一世和皇帝君士坦丁一世是中心人物。围绕二者的关系，后人编有很多传说。

5　库萨的尼古拉（1401—1464），即尼古拉·库萨（Nicolaus Cusanus），文艺复兴时期德意志著名的哲学家、神学家、法学家、数学家、天文学家和外交家，其哲学思想对近代德国古典唯心主义辩证法的形成具有重要影响。尼古拉曾长期为教廷服务，1448年被擢升为枢机。其作品数量宏富，涉及众多领域，其中影响深远的作品有《论天主教的和谐》（De concordantia catholica）、《论有学识的无知》（De Docta ignorantia）以及《论隐秘的天主》（De Deo abscondito）等。

6　在费拉拉和佛罗伦萨召开的大公会议是前后相连的，是"巴塞尔—费拉拉—佛罗伦萨大公会议"（1431—1445）的组成部分。15世纪早期，围绕大公会议与教皇二者之间何方更具权威性问题，

（转下页注）

与会者围绕教会权威问题展开旷日持久的争论。在这些争论中，尼古拉的那本著作[1]肯定是出尽了风头。对《赠礼》这份文件真实性的否定或许可以意味着，可以把教皇政权出现腐败的时间顺势往后推延，也就是说，可以将之推延到这份伪托之作出现的那个时候。对于洗白君士坦丁身后名誉而言，这当然是有所助益的，不过，正如罗伯特·布莱克所言，事实上，君士坦丁主政的那段时间依然算得上是"历史上的一个关键转折点"[4]。

瓦拉是在担任阿拉冈及西西里国王阿尔丰索（Alfonso）[2]的秘书这一职位期间向这份文件的真实性问题发起猛攻的。当时，这位国王正试图从安茹家族（Anjou）手中夺取那不勒斯（Naples）的控制权[3]，而来自这

（接上页注）

天主教会内部发生严重争执。1431年，"大公会议至上论"代表在巴塞尔召开大公会议。在随后几年中，双方展开激烈争斗。1437年9月，教皇尤金四世下令，将巴塞尔会议转至费拉拉继续召开。1438年1月，费拉拉会议正式开始。1439年1月，会议转至佛罗伦萨继续进行。1443年，会议地址又从佛罗伦萨转移到罗马拉特兰宫。1445年，教皇宣布大公会议结束。在此期间，秉持"大公会议至上论"的少数教会人士继续坚守巴塞尔。1447年，德意志国王腓特烈三世（Frederick III，1440—1493年为德意志国王，1452—1493年为神圣罗马帝国皇帝）下令巴塞尔城当局，将这些留守者驱逐出城。

1 指《论天主教的和谐》。1432年，库萨的尼古拉参加在巴塞尔举行的大公会议，在参会期间，他写成以"大公会议至上论"为基调的《论天主教的和谐》一书，其中，对《君士坦丁赠礼》的真实性发表强烈质疑。后来，尼古拉倾向于强调大公会议与教皇之间的平衡与协调，而且，在教廷的对外交往中发挥了重要作用。

2 即"雅君"阿尔丰索（Alfonso the Magnanimous，1396—1458），文艺复兴初期西欧著名的君主之一，1416年继位时，身兼多国君主（1416—1458年在位），因此其称谓多有不同：在阿拉冈（Aragon），称阿尔丰索五世（Alfonso V）；在瓦伦西亚（Valencia），称阿尔丰索三世（Alfonso III）；在马略卡、萨丁和科西嘉（Majorca, Sardinia and Corsica），称阿尔丰索二世（Alfonso II）；在西西里（Sicily），称阿尔丰索一世（Alfonso I）。1442年，此人成为那不勒斯国王，亦称阿尔丰索一世（Alfonso I，1442—1458年在位）。

3 15世纪30年代初，那不勒斯王国王室绝嗣，阿拉冈国王阿尔丰索试图获得那不勒斯统治权，但那不勒斯女王在去世前却将王国转给了法国安茹公爵勒内（René of Anjou，1409—1480），结果引发有多方卷入的长达数年之久的战争。1442年，勒内离开那不勒斯返回法国，阿尔丰索的愿望终于变为现实。

个家族的那些统治者又恰恰都是教皇的附庸。[1] 在此之前，亦即1431年和1434年，瓦拉曾两次毛遂自荐，想从教皇尤金（Eugenius）[2] 那里谋个差事，结果均未能如愿。后来，他终于找到了一位不仅欣赏他而且愿意养活他的恩人，此即阿尔丰索。实际上，在自己身边，阿尔丰索豢养了一大批文人。此前，瓦拉对西塞罗（Cicero）以及昆体良（Quintilian）[3] 等人的作品有过研究，事实证明，在拉丁文体研究和古典学研究方面，他的确是个人才。而且，他还写过一部专门论述快乐的著作，后来，这本书经过修订，取名为《论真善》[4]。

瓦拉对文学和哲学原本就有浓厚的兴趣，与此同时，阿尔丰索又在和尤金四世进行斗争。那么，瓦拉向《赠礼》发起进攻，究竟是属于其个人学术兴趣的自然延伸，还是说是为了给阿尔丰索提供一个政治武器？两相比较，前一个原因应该说更为合理。那是一个险象丛生的时代。在意大利，尤金四世处于朝不保夕之境。在东方，由于奥斯曼土耳其人的进逼，拜占庭正教的生存也已经是危如累卵。抱着寻找盟友之目的，君

---

1 这里所述的这种关系比较复杂。按照当时的封建关系，罗马教皇尤金四世名义上是那不勒斯王国的领主。对于那不勒斯女王将王国转给安茹公爵一事，教皇最初是持反对立场的。随着战事的推进以及阿拉冈方面的大举扩张，教皇开始转而支持安茹公爵并为之提供军事支援，阿拉冈国王阿尔丰索与罗马教皇的矛盾也就随之激化。也正因如此，才有了阿尔丰索找瓦拉写书羞辱教皇这么一个"文战"事件。

2 即教皇尤金四世，见上一个注释。

3 西塞罗（公元前106—前43），古罗马著名政治家、哲学家、演说家、雄辩家和法学家。昆体良（约35—约100），古罗马著名教育家和修辞学家。

4 瓦拉的这本书最初完成于1431年，在随后近20年时间里，作者本人又对之做过多次修订，书名亦随之有过多次变化，其名称最初叫作《论快乐》（De Voluptate），随后将之改为《论真善与伪善》（De vero falsoque bono），后来又将之改为《论真善》（De vero bono），最终又将之改回《论真善与伪善》（De vero falsoque bono）。不过，在论及这本书时，人们通常还是使用其最初的书名，即《论快乐》。该书已有中文译本，见洛伦佐·瓦拉：《论快乐》，李婧敬译，北京：人民出版社，2017年。

士坦丁堡牧首¹来到费拉拉和佛罗伦萨。就连莫斯科大公²也从斯拉夫教会中派了一位代表来到这里。到了1440年这个时候，《赠礼》的真实性问题几乎已经不再是个新话题。

当然，如果要说这个话题是新的，也未尝不可，它新就新在瓦拉对这个话题的处理方式与众不同。他把自己的这部作品分成两大部分，其中，一部分从修辞学角度来展开，另一部分则从历史语言学角度来论述。在开篇部分，他虚拟了一个王公法庭场景，并把以下这些人集中到了这里：君士坦丁的几个儿子；一位演说家，此人代表罗马元老院和罗马民众；教皇西尔维斯特，此人代表那些请求皇帝给予赠礼之人。面对在场的陪审员，他们一一发表讲话，而这些讲话都是瓦拉精心设计出来的，其目的全都在于证明，君士坦丁放弃半个帝国这个事，于情于理根本说不通。在第二部分，瓦拉从文字、文体、文风角度对《赠礼》文本所用的拉丁文展开彻底检视，以此表明，这个文本绝不可能是出自君士坦丁之手。这一论证过程充分展示出瓦拉的过人才华，而且，其结论也具有无可辩驳的说服力。一直以来，人们通常认为，瓦拉对语言以及文体文风所做的分析，标志着严谨的文献校勘学由此诞生。这种观点应该说是正确的。不论是从敏锐程度而言，还是从不留情面来说，理查德·本特利（Richard Bentley）和A. E. 豪斯曼（A. E. Housman）³都可算是瓦拉当仁不让的传人。

---

1 指君士坦丁堡牧首（宗主教）约瑟夫二世（Joseph II，1360—1439），1416—1439年在任。为了寻求西方的军事支持并推动东西方教会的重新合一，1438—1439年，约瑟夫二世与拜占庭皇帝约翰八世（John VIII，1425—1448年在位）率众参加在费拉拉和佛罗伦萨召开的大公会议。1439年6月，已近八旬高龄的约瑟夫二世病逝于佛罗伦萨。

2 指莫斯科大公（Grand Prince of Moscow）瓦西里二世（Vasily II，1415—1462），1425—1462年在位。

3 理查德·本特利（1662—1742），英国人，著名的古典学专家、神学家、文献校勘学家。A. E. 豪斯曼（1859—1936），即阿尔弗雷德·爱德华·豪斯曼（Alfred Edward Housman），英国人，著名的古典学专家、诗人、文献校勘学家。

由瓦拉设计的那些讲话和论点都是以《赠礼》作为靶子的，它们充分体现出此人作为一位修辞学大师所掌握的修辞技巧。[5]不过，事实最终表明，在把《赠礼》这份文件的真实性彻底驳倒方面，和修辞学相比，更为强大的工具还是文献学，或者说是历史比较语言学。值得注意的是，

viii 瓦拉完全没有想从另外一个方面来对这个话题展开申论，也就是说，他根本没有想过还要站在为《赠礼》说点好话的角度来对这个话题进行一番辩证。仅凭这一点便可断定，把瓦拉的这部作品视为雄辩词肯定是不对的。这是因为，对于雄辩术，昆体良有一个经典的判断标准：对于一个问题，只有从正反两个方面都做出论证，方可被归入雄辩术的范畴。16世纪早期，乌尔里希·冯·胡腾（Ulrich von Hutten）[1]在自己编校的两个印刷版本中，给瓦拉这部作品加上了"雄辩词"（Declamatio）这么一个标题。给这部作品加上这样的标题，冯·胡腾是第一人，而瓦拉本人从未使用过这个说法。

在写给托特利的信中，瓦拉谈到，他在这本小册子里讲的虽然是教会法和神学，但他讲的这些东西与所有教会法学家以及所有神学家们讲的那些东西都不一样，可以说都是和他们对着干的。[6]教会法有一套基本的文献集成，其主体部分便是格拉提安（Gratian）[2]的《教令集》（Decretum）；而《赠礼》是以附录的形式出现在这个《教令集》之中的，因此，它对教皇制度所具有的神学蕴涵自然也就是源于这个《教令集》。既然他的这个作品讨论的是这么一份和《教令集》密切相关的文件，那

1　乌尔里希·冯·胡腾（1488—1523），德意志人，16世纪早期著名学者、诗人、讽刺作家，在拉丁语研究领域造诣深厚。冯·胡腾是马丁·路德的信徒，曾积极推动新教改革。

2　格拉提安，12世纪意大利法学家，本笃会修士，"12世纪文艺复兴"的代表人物之一，人称"教会法研究之父"。其主要作品便是人们通常所说的《格拉提安教令集》（Decretum of Gratian），其成书时间是在1140年前后。他的这部著作并不是教皇谕令和大公会议教规教令的简单汇编。除了这些内容之外，该书还收录有大量的教父著作片段。该书在编排上是有一定体系的，对于所录文献，也都配有详细的评注。实际上，他的这部著作是当时的一部法学教科书。正因如此，有学者认为，将这部著作称为《教会法汇要》可能更为恰当。

么，其上述表述也就并非没有道理了。[7]三年后，在写给其希腊语老师吉奥瓦尼·奥理斯帕（Giovanni Aurispa）[1]的信中，瓦拉干脆把自己的这部作品叫作演说词，他说，和自己过去写的所有文字相比，他的这个作品更加具有修辞色彩。[8]的确，在他的这部作品中，到处都是假想的听众，到处都是面向这些听众的慷慨陈词，到处都是充满修辞色彩的疑问句和感叹句。瓦拉甚至还虚拟出编造《赠礼》这个文件的那个造假者，并与之进行辩论，从而以这种方式来详细展开他的语言学分析。在行文末尾，他还向教皇们直接发出了一通充满进攻色彩的长篇演说。

瓦拉这部作品对《赠礼》的批驳可谓酣畅淋漓，对教皇制度本身的进攻也是极其犀利，到了16世纪下半叶，这本书似乎完全就等于一枚可以燎原的燃烧弹。正因如此，1559年，它被列入"禁书目录"之中。[9]不过，在瓦拉写作此书的那段日子里，人们对此书的评价显然还不是这个样子。当时，围绕《赠礼》的真伪问题，早就有很多争论。特别是在1433年库萨的尼古拉对这份文件的真实性做出否定之后，相关的争论更为热烈。只是在此之后，瓦拉才加入到这场争论中来。[10]瓦拉的这部作品于1440年面世，随后不久，和他一起在阿尔丰索宫廷中共事的人文主义者格里高利·蒂福纳特（Gregorio Tifernate）[2]就有机会看到了这本书，读完之后，他说了这样一句话：瓦拉写这本书，目的在于支持基督教会，而不是为了反对教会。[11]

尽管如此，从现有材料来看，1443年末，特莱维桑（Trevisan）和朗德里亚尼（Landriani）[3]这两位枢机似乎的确开始劝说瓦拉，让他要么

1　吉奥瓦尼·奥理斯帕（1376—约1459），生于意大利西西里岛，文艺复兴时期著名学者、历史学家，在希腊语以及希腊古典文献研究领域具有很深造诣。

2　格里高利·蒂福纳特（1414—1462），意大利人文主义者、古希腊语专家、翻译家。

3　特莱维桑（1401—1465），全名路德维科·特莱维桑（Ludovico Trevisan），意大利人，1440年由教皇尤金四世擢升为枢机。朗德里亚尼（？—1445），全名杰拉尔多·朗德里亚尼（Gerardo Landriani），意大利人，1439年由教皇尤金四世擢升为枢机。

收回他的这部作品，要么将之重新修改一下。瓦拉一直渴望能够重返罗马，或许正是基于这一原因，两位枢机才会提出上述建议，他们可能认为，只有这样，瓦拉才能遂愿。瓦拉和两位枢机之间互有通信，但如今保留下来的只有瓦拉方面的信件，尽管如此，人们还是可以非常清楚地看出瓦拉对于此事的想法。实际上，在1443年11月写给特莱维桑的信中，瓦拉本人就直接抛出了这么一个问题："当初我为何要写《论君士坦丁赠礼》[1]这本书？"他说，按照他的本意，他并不想在尤金当政期间写这本书，如果换一个教皇，他再来写这本书，那就好了。他之所以要写作此书，纯粹就是为了求真去伪，此外别无他图。至于收回此书或对之进行修改，他说，即使他必须这样做，他也不会这样做；即使他可以这样做，他也觉得没有必要这样做。[12] 在1444年1月写给朗德里亚尼的信中，瓦拉承认，正是由于他的这部作品，他在罗马树敌甚众，但是，要不是因为他的母亲还住在那里，他根本就不会去理会他们发出的那些威胁。[13]

瓦拉和上述两位枢机之间的通信分别出现在1443年末和1444年初，不过，让人颇感奇怪的是，在此之后很长一段时期里，根本看不出还有什么人对他这部有关《赠礼》的作品还抱有什么兴趣。只是到了15世纪80年代，市面上才重新出现此书的一些抄本。在尤金四世身边的那些人当中，的确有一些人是瓦拉的死对头，在他们的唆使下，1444年，那不勒斯异端裁判所对瓦拉进行审判，不过，弄到最后，对他的各项指控全都是针对他的其他作品的。具体而言就是，瓦拉曾著书立说，对亚里士多德和波伊提乌（Boethius）[2]等人大加挞伐，而异端裁判所对他的指控也

1　即《〈君士坦丁赠礼〉伪作考》。对于这部著作，瓦拉本人在不同时期、不同场合有不同的叫法，后世对之的称谓也多有不同。

2　波伊提乌（约477—524），亦译波爱修斯，罗马人，中世纪早期著名的政治家、哲学家，在逻辑学、哲学、神学、数学、文学和音乐等方面均有卓越的建树，曾将亚里士多德和柏拉图等人的著作翻译为拉丁文，其代表作是《论哲学的慰藉》（De Consolatione Philosophiae）。524年，波伊提乌因莫须有的"谋反罪"被东哥特王国当局处死。

都集中在这个问题上。因此，就如今所能接触到的材料来看，可以说，异端裁判所对他的那些指控与《赠礼》没有任何关联。而且，在前一年的6月份，阿尔丰索在泰拉齐纳（Terracina）[1]与教皇订立条约，通过该条约，阿尔丰索对那不勒斯的权利要求已经得到认可。在他的干预下，对瓦拉的审查不了了之。尤金四世去世后，新任教皇尼古拉五世（Nicholas V）[2]把瓦拉召到罗马，并在1448年给他安排了一个教廷书吏（scriptor）的职位。1455年，加利斯特三世（Calixtus III）[3]又让他做了教皇秘书。实际上，在尤金四世的宫廷里，对瓦拉的种种敌意基本上都停留在私人层面。尽管说他把《赠礼》批得体无完肤，但没有任何迹象表明当时的教皇政权曾为这个事而大动肝火。

瓦拉这部作品真正变得恶名昭彰，那还是后来的事。前文有言，到了15世纪晚期，市面上又重新出现了一些此书的手抄本。1506年，有人以这些手抄本为基础，出了一个印刷本。此乃瓦拉这本书的第一个印刷本，虽然这个本子在当时也曾引起一些关注，但其影响面终究很小。如今，人们已经很难见到当年的这个版本了。值得注意的是，1518年和1519年，乌尔里希·冯·胡腾接连把瓦拉的这本书印了两次。随后，各种印刷本开始泛滥，其中，既有原来的拉丁文本，也有欧洲近代语言译本。到了1546年，人们已经可以读到此书的捷克语、法语、德语、英语以及意大利语等多种语言的译本。对于新教改革宣扬的那套神学而言，瓦拉这本书的价值随即便显现出来。然而，对于天主教会而言，则是另外一番光景。一个世纪以前，它对此书的态度可以用泰然处之来形容，但到了这个时候，这本书却很快成了让它困窘不堪的东西。瓦拉这本书之所以能够广为传播，与冯·胡腾密不可分。在这之后不久，路德开始

———————

1 泰拉齐纳，意大利城市，位于罗马东南，两城相距数十公里。

2 尼古拉五世，罗马教皇，1447—1455年在位。

3 加利斯特三世，罗马教皇，1455—1458年在位。

发表言论，为瓦拉的这本书热情欢呼，大唱赞歌。这一点应该是众所周知的了。后来，枢机巴罗尼乌斯（Baronius）[1]继续为捍卫《君士坦丁赠礼》文本的真实性而摇旗呐喊，在此过程中，他对瓦拉这本书严加痛斥。在这件事上，巴罗尼乌斯可以说是费尽心机，不遗余力。当年，教廷决定，将位于梵蒂冈的原先那座圣彼得大教堂拆掉，然后让米开朗基罗（Michelangelo）[2]在原址重新设计一座大教堂。巴罗尼乌斯煞有介事地说，在拆除老教堂的时候，他曾看见砖头上刻有一些文字。他声称，那些砖花（brickstamps）明确提到了君士坦丁本人的名字。在此基础上，他又进一步发挥，说这毫无疑问就是君士坦丁支持教皇政权的证据。实际上，如此行事的达官要员绝不止巴罗尼乌斯一个人。不过，如今我们知道，巴罗尼乌斯是存心说谎，他之所以宣称自己看到了所谓的砖花，其目的就是要想方设法把教皇的权利诉求和君士坦丁的支持嫁接在一起。[14]现如今，虽然说洛伦佐·瓦拉的灵魂可以安息了，但是，天主教会依然不停地对他口诛笔伐，说他道德败坏，说他品行不端。[15]

要想全面理解他的这本小册子，当然就必须要关注到它在后来是如何变得声名狼藉的这一过程，否则，就很难对它有一个准确的认识。不过，单就其文本本身而言，它也当之无愧地算是修辞学和古文字学领域的华美篇章。即便单纯从这一角度来阅读他的这本书，那也同样会让人受益匪浅。跟随瓦拉的步伐并与之同行，是一种激荡人心的体验。阅读他的作品，会让人不由自主地浮想联翩：能够写出如此这般的文字，这个人该是何等的博学，其大脑该是何等的强大！瓦拉对拉丁语的掌握可谓炉火纯青。假如要对其同时代人的拉丁语水平做出评价，估计他会第一个冲出来，说那些人基本上都是野蛮人。对于这么一位伟大的作家而

---

1 即凯撒·巴罗尼乌斯（Caesar Baronius，1538—1607），近代早期著名教会史学家，1596年被擢升为枢机，其代表作是《教会年代记》（*Annales Ecclesiastici*）。

2 米开朗基罗（Michelangelo，1475—1564），意大利文艺复兴时期的绘画家、雕塑家、建筑师和诗人，文艺复兴时期雕塑艺术的代表，与拉斐尔和达·芬奇并称为文艺复兴后三杰。

言，让他改说英语同时又不要让他带上老古董、老学究的腔调，实在是难上加难。[1] 要知道，让他古里古气地拿腔作调，就意味着疏远他，就意味着背叛他。在论证《君士坦丁赠礼》这个文件乃后人伪托之作时，他的论点是掷地有声的。在对这个文件的拉丁文本进行文献学解剖时，他的论据是入木三分的。在此过程中，其行云流水的行文风格并未受到影响，它依旧脉动如常，充满活力。

在阅读瓦拉这部作品的英译本的时候，有些读者总想着要拿译文和原文字斟句酌地比对比对。对于这些人来说，比较受用的办法或许就是，在译文中要大量地夹杂以拉丁文单词。然而，如果真的这么做的话，肯定会让这个文本失血殆尽，最终呈现出来的将是一具冷冰冰的尸体，而此前那种激情似火的状态就将消失得无影无踪。比如，瓦拉在书中曾对伪造《赠礼》之人的措辞大加嘲讽。他发现，这个造假者的文风极为夸张，在肆意铺陈的过程中，此人使用的那些词语非常矫揉造作，例如，用"存在"（*extat*）代替"是"（*est*），用"的确"（*nempe*）代替"当然"（*scilicet*），用"床伴"（*concubitores*）代替"同伴"（*contubernales*），如此等等。对于此人的这一做派，瓦拉可谓怒火中烧，但是，假如我们真的把这类拉丁文单词全都塞进译本当中的话，其原有的那种冲击力肯定会严重消减。对于瓦拉的这段话，如果将之对译为当今的语言[2]，就可以形成下面这样一段话：

> 不论是什么东西、什么事情，他都要给它附上"朕下令""朕要对什么什么进行装饰""皇帝的""大元帅的""权力""荣光"等诸如此类的字眼。此人用"存在"代替"是"，这是因为，用了"存在"二字，似乎就意味着更为杰出，更为高人一等。这个人还用

1　这里是指，将瓦拉的作品由拉丁文翻译成英文之后，瓦拉原有的文字风格会受到损害。

2　"当今的语言"，原文是"英文"（"English"）。考虑到中译本的行文逻辑，做此改动，特此说明。

"的确"来代替"当然"，用"床伴"来代替"同伴"。床伴是些什么人？那是要睡在一起的，是要苟合的。人们自然而然地会想到，那肯定是娼妓。

这里还可再举一个类似的例子。在《赠礼》伪造者的笔下，君士坦丁做出规定，圣职人员所乘坐骑必须配白色马鞍。在讲这个事的时候，其原文中有这么几个单词："ut clerici sancti...equos equitent."[1] 出版于1922年的由克里斯托弗·科尔曼翻译的英译本是非常出色的，在这个译本中，他将这几个单词对译为 "that the holy clergy...should mount mounts"。[2] 可以说，科尔曼的这个对译非常精准，天衣无缝。[16] 不过，并不是每一个英文对译都可以做到如此贴切且悦目。尽管如此，我们还是要为英语世界的读者尽可能提供最为贴近的对译，此乃读者应该享有的权利。

瓦拉勤于阅读，而且，不论是深度还是广度，均令人叹为观止。对于《圣经》中的文字，他可以做到信手拈来，而其所引文字在词序或行序上往往会和《圣经》原文稍有出入，由此也就清楚地表明，他一直都是凭着自己的记忆来引用《圣经》的。他也经常从拉丁和希腊古典作家的作品中援引一些例子，其中包括诸如李维（Livy）、瓦莱利乌斯·马克西姆斯（Valerius Maximus）、马克罗比乌斯（Macrobius）以及荷马（Homer）[3] 等人的那些卷帙浩繁的作品。和对《圣经》的援引相似，在引

---

1 这几个拉丁语单词直译为英文就是 "and the holy clergy...ride horses"，直译为中文就是"圣职人员……骑马"。

2 这几个英文单词的意思是：圣职人员……应该骑什么样的马。在英语中，"mount"可以指"骑"，"mounts"可以指"马"，这两个英文单词恰好可以和拉丁语单词 "equos equitent"（骑马）形成精准的对译关系。

3 李维（约公元前59—约公元17），古罗马历史学家，其代表作是《建城以来史》（通常称《罗马史》）。瓦莱利乌斯·马克西姆斯，古罗马作家，活跃于公元1世纪早期，其代表作是《嘉言善行集》（Facta et dicta memorabilia）。马克罗比乌斯，古罗马作家，活跃于5世纪初，代表作是《关于〈西庇阿之梦〉的评注》（Commentarii in Somnium Scipionis）。荷马，古希腊诗人，约公元前9世纪—前8世纪，代表作为《荷马史诗》。

用古典作家们的作品时，他也同样挥洒自如，可以随时随地从中摘出一些相互对立、相互矛盾的语句。对于维吉尔（Virgil）的《埃涅阿斯纪》（*Aeneid*）[1]，他显然也是熟烂于心，可以轻松自如地援引其中的某些词语乃至整个句子。对于《新约全书》中提到的"矶法"（Kephas）[2]这个名字，他在书中也有讨论，其文字虽然不多，但非常准确，这也就表明，他对希伯来语是颇有研究的。他灵巧地舞动笔尖，经过简单勾勒，共和制以及帝制史上的罗马组织机构和相关官衔便跃然纸上。关于元老院议员（senator）和勋贵（patrician）的社会地位孰高孰低问题，他也做过讨论，其见地极其深刻。对于君士坦丁统治时期的行省组织机制，他是颇为熟悉的，正因如此，对于《赠礼》中存在的那些荒诞不经的时空错乱问题，他可谓洞若观火。在这类问题中，最为离谱的就是，《赠礼》伪造者竟然把"塞特拉普"（satraps，行省总督）这样的名头用在君士坦丁时期某些高级官员的身上。

　　如今，人们一般认为，《赠礼》这份伪件最初出现于8世纪中后期。不过，约翰尼斯·弗莱伊德（Johannes Fried）[3]的观点与此不同。在中世纪，对《赠礼》"真实性"的维护是有其特定意义的。近年来，围绕这类意义以及这份伪件得以产生的历史背景，弗莱伊德做了不懈探索。他认为，法兰克人起来反对他们的皇帝虔诚者路易（Louis the Pious）[4]，这才是这份伪件之所以出笼的背景。[17]在豪斯特·福尔曼（Horst Fuhrmann）

1　《埃涅阿斯纪》，古罗马著名诗人维吉尔（公元前70—前19）的代表作。

2　矶法（Kephas，亦写作Cephas），阿拉姆语（Aramaic），其含义等同于拉丁文中的彼得（Petrus），意为"磐石"。按照《新约全书》的说法，"矶法"是耶稣为西门（Simon）起的新名字。《圣经》言："你是约翰的儿子西门，你要称为矶法。"见《约翰福音》，1:42。

3　约翰尼斯·弗莱伊德（1942年生），德国历史学家，曾任德国史学会会长（1996—2000），在中世纪史研究领域成果卓著。

4　虔诚者路易（778—840），加洛林帝国皇帝，813—840年在位。约翰尼斯·弗莱伊德将《赠礼》的出笼背景置于虔诚者路易时期，也就意味着，他认为《赠礼》这份伪件出现于9世纪前期，而不是人们通常认为的8世纪中后期。

编校的版本中，这份文件的名称叫作《君士坦丁诏令》（Constitutum Constantini）。[18] 对于《赠礼》抄本的流传历程，福尔曼也曾做过梳理，从中可以发现，在这份伪件出现后的几个世纪中，一代又一代的抄写者曾对其文本做了广泛的改动和不断的校订。如果把瓦拉手里的那个文本和福尔曼编订的这个文本进行比较，就可以发现，瓦拉那个文本是经过格拉提安加工过的，其文字水准已有显著提高。尽管如此，它还是显得相当粗鄙，正因如此，瓦拉还是可以运用其锐利的文献学武器，将之批得体无完肤。

此外，还有一件让人颇为称奇的事情。在《赠礼》这份文件的末尾，有文件颁行者的署名。按照这份文件的说法，文件是由罗马的两位共同执政官一同签署的，一位是第四次出任罗马执政官的君士坦丁，另一位则是一个叫作加利卡努斯（Gallicanus）的人。有了执政官们的签名，文件自然也就有了与之对应的年代。然而，也正是这个签名，让造假者原形毕露。对于这个事情，如今的罗马史专家们都已知晓，只是当年的瓦拉对此却并不知情。[19] 现如今，借助于各种相关材料，学者们是可以把罗马执政官的更替情况梳理清楚的。从罗马执政官名录中可以看出，君士坦丁和加利卡努斯这两个人从未在同一年份中出任罗马执政官。君士坦丁担任执政官的时间是在329年，而加利卡努斯则是在330年。另外，在329年，的确有个名曰君士坦丁的人第四次担任执政官，但是，这位君士坦丁并不是皇帝君士坦丁，而是皇帝之子君士坦丁。[1] 在那一年，皇帝君士坦丁已是第八次兼任罗马执政官。在这里，让我们怀着崇敬的心情，把这个新发现献给洛伦佐·瓦拉的在天之灵吧。

---

1 君士坦丁一世（约306—337年在位）的儿子当中，也有一位叫作君士坦丁。君士坦丁一世去世后，这个儿子继任为皇帝，此即君士坦丁二世（337—340年在位，和其两位弟弟一起出任共治皇帝）。

对于初次接触瓦拉这部有关《赠礼》的作品之人，最好的问候语莫过于阿普列尤斯（Apuleius）[1]在其小说《变形记》中的开篇语："读者诸 xiii 君，好好读读吧，您会喜欢上它的！"

格兰·鲍尔索克

---

1 阿普列尤斯，古罗马作家、哲学家、修辞学家，其著作主要有《论柏拉图及其学说》（*De Platone et eius dogmate*）、《论苏格拉底的神》（*De Deo Socratis*）、《论宇宙》（*De Mundo*）、《辩护辞》（*Apologia*）以及长篇小说《变形记》（*Metamorphoses*，亦称《金驴记》，*The Gold Ass*）和后人摘录的他的演说词《英华集》（*Florida*）。《金驴记》是用拉丁文写成的世界上最古老的小说，其主要内容是：贵族青年鲁齐（Lucius）在远游途中，寄宿于友人家，误以魔药涂身，变成了一头驴。此后，这头驴饱受磨难，但同时亦常有风流艳事相伴。后来，这头驴得食埃及女神的玫瑰花环，最终复现人形。阿普列尤斯的这部小说有中文译本，见阿普列尤斯著：《金驴记》，谷启珍、青羊译，哈尔滨：北方文艺出版社，2000年。

注　释

[1]　关于瓦拉这部著作的写作背景以及长盛不衰的具体情形，居于基础地位的研究成果依然是 W. 塞茨的《洛伦佐·瓦拉驳论〈君士坦丁赠礼〉》（W. Setz, *Lorenzo Vallas Schrift gegen die Konstantinische Schenkung*）一书，该书位列"罗马德意志历史研究所文存"（Bibliothek des Deutschen Historischen Instituts in Rom）第44卷，蒂宾根（Tübingen），1975年。由塞茨编校的瓦拉这部著作收录于《德意志史料集成·中世纪思想史文献》（*Monumenta Germaniae Historica, Quellen zur Geistesgeschichte des Mittelalters*）第10卷，魏玛（Weimar），1976年。在这个编校本前言中，塞茨对这部著作的写作情况做了简要梳理，同时列出了该书抄本及印刷本版本清单。至于瓦尔特·驰瓦汗（Walther Schwahn）编校的那个本子（莱比锡［Leipzig］，1928年），则令人无法卒读，因此不提也罢。关于驰瓦汗的那个本子，参阅塞茨编校本的前言，第46页，注释146。1994年，陶伯纳出版社（Teubner）重印了驰瓦汗的那个本子。

[2]　参阅罗伯特·布莱克：《〈君士坦丁赠礼〉：推动文艺复兴观念得以形成的新材料》（Robert Black, "The Donation of Constantine: A New Source for the Concept of the Renaissance"），载埃里森·布朗（Alison Brown）主编：《文艺复兴时期意大利的语言与形象》（*Languages and Images of Renaissance Italy*），牛津，1995年，第51—85页。布莱克的这篇文章引经据典，对《赠礼》在中世纪的浮沉做了详细描述，特别是其中的第63—67页更是值得一读，在这里，作者引述了帕多瓦的马西利

乌斯（Marsilius of Padua）、但丁（Dante）以及彼特拉克（Petrarch）等人对君士坦丁的种种责难。

[3] 在《论天主教的和谐》一书中，库萨（即库萨的尼古拉）对《赠礼》这篇文字的真头性提出强烈质疑，见《论天主教的和谐》3:2。

[4] 布莱克，前引书，第70—71页。

[5] 参阅萨尔瓦多·I. 坎波雷阿莱：《洛伦佐·瓦拉与他的〈论伪赠礼〉：公元400年前后的修辞学、自由与教会学》（Salvatore I. Camporeale, "Lorenzo Valla e il *De falso credita donatione. Retorica, libertà ed ecclesiologia nel '400*"），《多明我会集刊》（*Memorie domenicane*），第19期（1988），第191—293页。此外，他还就这个问题写过综述，详见坎波雷阿莱：《洛伦佐·瓦拉关于君士坦丁伪赠礼所做的驳论：文艺复兴早期人文主义中的异议与创新》（"Lorenzo Valla's *Oratio* on the Pseudo-Donation of Constantine: Dissent and Innovation in Early Renaissance Humanism"），《思想史杂志》（*Journal of the History of Ideas*），第57期（1996），第9—26页。

[6] 详见《洛伦佐·瓦拉书信集》（*Laurentii Valle Epistole*），奥塔维欧·贝索米（Ottavio Besomi）和玛丽安吉拉·莱格里奥西（Mariangela Regoliosi）编校，帕多瓦（Padua），1984年，第12封信，第192页。

[7]《格拉提安教令集》中原本并没有《赠礼》这份文件，它是后来加进去的。对于这个问题，瓦拉不仅一清二楚，而且还做过详细的讨论。实际上，在瓦拉之前，已有一些教会法学家认为《赠礼》这份文件的真实性是值得怀疑的。详见鲁道夫·魏刚（Rudolf Weigand）：《〈格拉提安教令集〉赝文拾趣》（*Fälschungen als Paleae im Dekret Gratians*），《德意志史料集成·文集》（*Monumenta Germaniae Historica, Schriften*），第33辑，第2卷：《中世纪伪书》（*Fälschungen im Mittelalter*），第二部分，汉诺威（Hannover），1998年，第301—

318页。另可参阅D. 马菲（D. Maffei）:《中世纪法学家笔下的〈君士坦丁赠礼〉》（*La Donazione di Costantino nei giuristi medievali*），米兰（Milan），1964年。

［8］详见《洛伦佐·瓦拉书信集》，第23封信，第252页。

［9］参阅塞茨:《洛伦佐·瓦拉驳论〈君士坦丁赠礼〉》，第100—101页，第151—194页。另可参阅吉奥瓦尼·安东纳奇（Giovanni Antonazzi）:《15—17世纪未刊文献中的洛伦佐·瓦拉与〈君士坦丁赠礼〉之争》（*Lorenzo Valla e la polemica sulla Donazione di Costantino, con testi inediti dei secoli XV-XVII*），罗马（Rome），1985年。

［10］详见里卡多·富比尼（Riccardo Fubini）:《15世纪围绕〈君士坦丁赠礼〉真伪问题的争议：尼古拉·库萨与洛伦佐·瓦拉》（"Contestazioni quattrocentesche della Donazione di Costantino: Niccolò Cusano, Lorenzo Valla"），载《君士坦丁大帝的形象嬗变：从古代到人文主义时代》（*Costantino il Grande dall' antichità all' umanesimo*），G. 博纳门特（G. Bonamente）和F. 弗斯科（F. Fusco）主编，马切拉塔（Macerata），1992年，第1卷，第385—431页。在《人文主义与真伪问题：瓦拉著文批驳〈君士坦丁赠礼〉》（"Humanism and Truth: Valla Writes against the Donation of Constantine"）一文中，富比尼再次回到这个话题，详见《思想史杂志》，第57期（1996），第79—86页。他认为，对于库萨在《论天主教的和谐》一书中所做的分析，瓦拉是知道的。他推测说，瓦拉"之所以想到要著文讨论《君士坦丁赠礼》真伪问题，其真正的原因"可能就在于他此前已经知悉库萨的那一分析。富比尼认为，瓦拉对库萨所持论点是熟知的，尤其是对库萨在教会法领域所持论点更为熟知。可以说，富比尼的论据是强有力的。

［11］详见《洛伦佐·瓦拉书信集》，第12a封信，第193页。

[12] 详见《洛伦佐·瓦拉书信集》，第22封，第247页："当初我为何要写《论君士坦丁赠礼》这本书？……我绝非恶意为之。虽然说写这个东西很有必要，但我原本真的不想在尤金当政时期写这个东西，假如要是换上另外一位教皇，那就好了。……我的这本书早已完成，而且已经对外公布。就算我应该修改或重写，我也不能这样做。就算我能这样做，我也不该这样做。真实之事会自我捍卫，虚假之事会不攻自破。"

[13] 详见《洛伦佐·瓦拉书信集》，第25封，第255页："我的案由，我想您是了解的，就是那本书，那本关于《君士坦丁赠礼》的书。就是因为这本书，我受到了神圣宗座的众多权贵们的嫉恨，我被他们视为罪人，甚至还被我的对手和冤家们追杀。"他说，人们指责他，恐吓他，说他不仅攻击活着的人，而且攻击死去的人。"如果不是因为我的母亲还住在那里，我肯定不会去理会这种指责和恐吓。"

[14] 关于"证据"，详见鲍尔索克（G. W. Bowersock）的论文《彼得与君士坦丁》（"Peter and Constantine"），第10页配图。该论文载于特伦佐（W. Tronzo）主编的《梵蒂冈圣彼得大教堂》（*St. Peter's in the Vatican*）一书，剑桥（Cambridge），2005年；并参阅该书第14—15页的注释36和38。

[15] 例如，读者可以参阅一下如今的《天主教百科全书》（*Catholic Encyclopedia*）中"洛伦佐·瓦拉"词条下的那篇文章。

[16] 克里斯托弗·科尔曼（Christopher B. Coleman）：《洛伦佐·瓦拉论〈君士坦丁赠礼〉》（*The Treatise of Lorenzo Valla on the Donation of Constantine*），纽黑文（New Haven），1922年，第117页。让-巴蒂斯特·吉亚尔（Jean-Baptiste Giard）曾经为"书轮"译丛（La roue à livres）翻译过瓦拉的这部著作，在他的这个法文译本中，他提供了一个同样非常贴切的法文对译："*que les saints clercs … chevauchent*

des chevaux"（直译为：圣职人员……骑马）。见该书，巴黎
（Paris），1993年，第66页，第73页。

[17] 约翰尼斯·弗莱伊德：《〈君士坦丁赠礼〉与〈君士坦丁敕令〉：对
一份伪件的误读以及该伪件的原始含义。附：沃尔弗拉姆·布兰
德斯的论文〈君士坦丁手下的官员"塞特拉普"〉》（"Donation of
Constantine" and "Constitutum Constantini". The Misinterpretation of a
Fiction and Its Original Meaning. With a contribution by Wolfram Brandes:
"The Satraps of Constantine"），柏林（Berlin），2007年。前文注释中
提到，吉亚尔曾将瓦拉的这部作品翻译为法文。卡罗·金兹伯格
（Carlo Ginzburg）曾为这个法文译本写了序言。要想了解瓦拉之所
以写作这部作品的思想文化背景，金兹伯格的这个序言还是值得读
一读的。

[18] 在本书后文，收录有福尔曼编校的这个文本，读者可以参阅。对于
这个文本，本书配有英文译本，借助这个译本，读者可以将之与瓦
拉从《赠礼》那份文件中摘录的引文做一对比。

[19] 关于相关参考文献以及此事的具体细节，详见本书所附《君士坦丁
敕令》英译本的最后一个注释。有一种观点认为，《赠礼》这份伪
件的造假者心里想的或许是315年或317年。参阅前文注释中提及的
萨尔瓦多·坎波雷阿莱的相关论著。按照这种推定，造假者可能真
的就是将文件出台时间设定在君士坦丁第四次兼任罗马执政官的那
一年，而且，在那一年，可能也有一位名曰加利卡努斯的执政官。
值得注意的是，把时间前移的这种做法是十分荒谬的。即便在造假
者看来，这种做法肯定也是极为荒诞的。

英译本致谢 xvi

有四位博学多才的友人需要予以特别感谢。在我翻译这部作品过程中，是他们给我鼓励，给我支持。第一位是詹姆斯·汉金斯（James Hankins），他是"塔蒂文艺复兴文丛"（I Tatti Renaissance Library）的主编。[1]很久以来，对于瓦拉将《君士坦丁赠礼》这份文件彻底批倒这个事，我是一直充满敬意、非常钦佩的。在得知这一消息之后，汉金斯便向我建议，希望我能把瓦拉的这部作品译为英文，然后将之纳入由他主编的文丛之中。当时来看，这个事似乎不大可能完成。瓦拉的拉丁文水平很高，从事古典学及古代史研究的学者在阅读他的拉丁文作品时会倍感舒畅，比如，我本人就有这种感受。不论是在宏观上还是在细节上，汉金斯教授都曾给过我很多支持，可以说，没有他的支持，就没有如今的这个成果。作为文丛主编和版本目录学家，他对本书质量的提升功不可没。

---

1 塔蒂，即"塔蒂别墅"（Villa I Tatti），位于意大利佛罗伦萨东郊，是哈佛大学意大利文艺复兴研究中心所在地。该处地产原为美国艺术史家伯纳德·贝伦森（Bernard Berenson，1865—1959）于1907年购得。贝伦森去世前，将该处地产及所藏艺术品和图书全部捐赠给哈佛大学。1961年，哈佛大学以此为基地，设立哈佛大学意大利文艺复兴研究中心。"塔蒂文艺复兴文丛"由该研究中心编辑，出版方为哈佛大学出版社。文丛的取材范围是意大利文艺复兴时期的拉丁文学作品，在将之翻译为英文之后，以拉丁文和英文对照的形式出版。詹姆斯·汉金斯（1955年生），美国人，思想文化史专家，哈佛大学历史系教授，自1998年起担任"塔蒂文艺复兴文丛"主编。

　　第二位是克里斯托弗·琼斯（Christopher Jones）。琼斯是我的挚友，我们之间的友谊已经历了近半个世纪之久。他是詹姆斯·汉金斯的同事，都在哈佛大学历史系工作。他不仅详细审阅了本书导言，而且一字不漏地通读了整部译稿。他眼光犀利，而且其拉丁文水平无可挑剔。在他的协助下，我对文本不断完善，具体改了多少处，连我自己都数不清。他太了解我了，深知我对瓦拉这部作品的痴迷程度。

　　第三位是让-巴蒂斯特·吉亚尔[1]。吉亚尔是一位古钱币学家，他曾将瓦拉的这部著作译为法文，卡罗·金兹伯格还为他的这个译本写了一篇激励人心的序言。1993年，此书刚一出版，吉亚尔便给我寄了一本。正是吉亚尔的这一举动，让我又来了兴致。当时，曾有人劝我围绕君士坦丁和圣彼得大教堂之间的关系写一篇论文。我之所以答应写这个论文，其主要原因可能也正是因为我收到了吉亚尔的赠书。在这篇论文中，我提出了一个颠覆性的观点，我认为，最早的梵蒂冈大教堂应该是由康斯坦斯（Constans）[2]下令建造的。[3]

　　最后一位是约翰·谢尔曼（John Shearman）[4]。谢尔曼已经作古，他是我深切怀念的一个人。对于我在梵蒂冈大教堂问题上所持的观点，他不仅深表认同，而且还为我提供佐证材料。在我对君士坦丁展开研究的过程中，我的思绪总会转向瓦拉。在我为瓦拉这部作品的英译本所写的导言中，读者应该会看到这种碰撞的种种痕迹。

格兰·鲍尔索克

1　让-巴蒂斯特·吉亚尔（1932—2018），法国著名史学家、古钱币学家。

2　康斯坦斯，君士坦丁一世之子。君士坦丁一世去世之后，康斯坦斯和其两位兄长一道，成为共治皇帝。康斯坦斯在位时间是337—350年。传统观点认为，最早的梵蒂冈大教堂是由君士坦丁一世下令建造的，时间在319—333年之间。

3　鲍尔索克的这篇论文题为《彼得与君士坦丁》，收录于特伦佐主编的《梵蒂冈的圣彼得大教堂》，第5—15页，剑桥大学出版社，2005年。

4　约翰·谢尔曼（1931—2003），英国著名艺术史家，曾长期任教于哈佛大学，对文艺复兴时期的绘画艺术有着精深研究。

《君士坦丁赠礼》伪作考[*]

论起我写的那些著作，实可谓名目繁多，而且，几乎每个学术领域 1
都有涉猎。在这些作品中，我是和某些久负盛名的名家大师唱反调的。
有些人觉得自己遭到了我的虐待，于是就开始讨伐我，说我生性鲁莽，
说我不忠不敬。既然如此，他们接下来会干什么？他们会使出多大的力
气冲我咆哮？一旦有机会，他们会何等急迫、何等迅猛地把我拿下，让
我受罚？诸如此类的事，还用我们去揣测吗？我这个人写东西，批的不
只是死人，活人我也批，而且，批的不只是他们当中的一两个人，而是
很多人。我批的并不只是那些无官无职的普通人，即便是身居高位的那
些人，我也照批不误。你要知道，他们都是些什么样的官老爷哦！当然，

---

* 本书英文版依据德国历史学家沃夫兰·塞茨编校的该书拉丁文版本译成。该拉丁文本见《德
   意志史料集成》（*Monumenta Germaniae Historica*，以下简称*MGH*）之《中世纪思想史文献》
   （*Quellen zur Geistesgeschichte des Mittelaters*）第10卷，魏玛，1976年。全书除"序言"和"结
   语"外，由篇幅悬殊的六个部分组成，这一文本结构为瓦拉本人确定。另外，在历史上，该书
   不同版本的段落划分极不统一。塞茨在编校这部作品时，对全书重新进行段落划分，本书边码
   即是塞茨所划段落的序号。本书英译者对该书段落划分又有自己的一套理解。因此，本书中，
   不带边码的段落是英译者自己划分出来的。为对塞茨表示尊重，英译者在编写本书索引时，还
   是按照塞茨的段落划分原则来编排。相关说明参阅 Lorenzo Valla, *On the Donation of Constantine*,
   trans., G. W. Bowersock, Cambridge, Massachusetts: Harvard University Press, 2007, p. 185。

教皇就是其中的一个。[1] 此人不仅像国王、君主那样握有世俗之剑，而且还拿着一把教会之剑。因此，假如说你想跑到某个君王那里躲一躲，以为这样就可以避免被绝罚、咒逐和诅骂所击垮，那你就错了，因为你根本逃脱不了教皇的掌控。假如有个人宣称，"我不愿写东西去和有权发布禁令的那些人对着干"[2]，而且，假如这个人言行一致，真的做到了言既谨行则慎，那么，对于我这样的人，如果真的也要遵循说多少就要干多少这个原则，那样的话，对于某个根本不考虑什么颁布禁令而是准备直接下手之人，我得多干多少事啊！他是会动用其隐形的权力飞镖来追杀我的，因此，我只能老老实实地说："我往哪里去，躲避你的灵？我往哪里逃，躲避你的面？"[3] 当然，我们偶尔也会臆想一下，以为和其他人相比，教皇可能会更加大度一些，更能忍受人们对他的这类攻击。不过，这几乎就是不可能的事。说这话，是有例为证的。例如亚拿尼亚（Ananias），此人是个大祭司，他就曾当着履行审判官之责的千夫长（tribune）的面，命令手下人大扇保罗的嘴巴，起因就是保罗说自己一直是凭着良心去做人做事的。[4] 又如巴施户珥（Pashur），此人和亚拿尼亚职位相同，他曾把耶利米（Jeremiah）囚禁起来，原因就在于耶利米直言不讳。[5] 值得注意的

1　瓦拉写作此书的时间是在1439—1440年间。当时的罗马教皇是尤金四世。

2　这句话源于古罗马哲学家及语法学家马克罗比乌斯（Macrobius，370—431）的《农神节谈话录》（Saturnalia，该书中文译名多种多样，如《农神节》《萨图尔努斯节会饮》等。古罗马的这个农神节是在每年的12月份，因此，钱钟书将书名译为《冬夜谈》），其原句是："写东西去和有权发布禁令的那些人对着干，不是件容易的事。"见《农神节谈话录》第2卷第3章第21节。该书记载，在"后三头政治"期间，著名政治家、军事家、作家、演说家和历史学家阿西尼乌斯·波里奥（Asinius Pollio，公元前75—公元4）曾写过不少作品反对屋大维；但是，在屋大维取得全面胜利之后，波里奥决定保持中立，不再发声。

3　见《诗篇》，139: 7。

4　关于保罗因言被打之事，详见《使徒行传》，23: 1—5。文中的"千夫长"，在罗马史中，又译为保民官或护民官。

5　关于耶利米因为大胆预言而被巴施户珥（Pashur，亦写作Pashhur）囚禁之事，详见《耶利米书》，20: 1—6。在《耶利米书》中，巴施户珥是耶和华殿的总管（chief officer），这个职位和大祭司相当，或仅次于大祭司。

是，对于保罗来说，不论是千夫长还是巡抚（governor）[1]，他们都是既有权力又有愿望去保护他免遭祭司们虐待的；而至于耶利米，则有国王[2]对之施以援手。然而，对于我这样的人，如果那个最高祭司真的把我给抓起来，哪里还会有什么千夫长、什么巡抚、什么国王能从那个人的手中把我给救出来？即使他们想这么干，又哪里能做得到？

面对双重危险、双重威胁，我就会变得愁眉苦脸吗？我就会放弃我 2
的既定计划吗？没理由的！要知道，即便是教皇，他也不可违背世俗人伦和天主律法，绝对不是他想绑谁就绑谁、他想放谁就放谁。[3] 为了捍卫真理和正义而献出自己的生命，已成为一种符号，是最高尚、最光荣的，是最死得其所的。实际上，为了保卫自己在尘世上的那个祖国，许多人已经做到了舍生忘死。而有些人则不同，他们要取悦的是天主，而不是凡人。我的奋斗目标和这些人一样，就是要进入我的那个天堂里的祖国。既然如此，即便用死亡来威胁我，我就会被吓回去吗？不要再忧心忡忡了！让恐惧远遁！让焦虑消散！让我们鼓起勇气，充满信心，带着美好的希望，一起捍卫真理、捍卫正义、捍卫天主的事业！不论是谁，如果他只是知道如何把话讲好，那是不够的，他还必须有胆量把话讲出来，否则，没有人会把他视为一名真正的演说家。因此，不论是谁，只要他干了该受谴责的坏事，我们就大胆地去谴责他！不论是谁，只要他对所有人作恶犯罪，那就让能够为所有人说话的人代表大家对之发起声讨！当然，我或许不应在公开场合去训斥某个兄弟，而应在兄弟俩之间利用私下场合说一说他。[4] 但是，如果一个人是在公开场合犯的罪，而且还根

---

1 关于巡抚腓力斯（Felix）对保罗的解救，详见《使徒行传》，23：23—35，24：1—27。

2 指犹大国王西底家（Zedekiah）。详见《耶利米书》，21：1—2。西底家，希伯来王国分国时期南国犹大的末代王。西底家在位期间（公元前597—前586），犹大国亡于巴比伦，耶路撒冷被毁，众民被掳去巴比伦。

3 见《马太福音》，16：19："我要把天国的钥匙给你，凡你在地上所捆绑的，在天上也要捆绑；凡你在地上所释放的，在天上也要释放。"（此为耶稣对门徒彼得讲的话。）

4 见《马太福音》，18：15："倘若你的弟兄得罪你，你就去趁着只有他和你在一处的时候，指出他的错来。他若听你，你便得了你的弟兄。"

本不接受私下里的劝告，那么，对于这样的人，就必须要公开谴责，"叫其余的人也可以惧怕"[1]。还是以保罗为例吧，刚刚我已经使用过他说的一些话了。他不就曾在信众在场的情况下当面斥责过彼得吗？其原因就在于，彼得"有可责之处"[2]。保罗的这一举动已落诸文字，存留至今，从而成为我们的行动指南。需要提醒诸位的是，只有像保罗那样的人才能够去斥责像彼得那样的人，而我并不是那样一个保罗。我是谨遵天主之命的，因此，更恰当一点来说，我要做的这种保罗，其实就是要以这么一种方式来仿效保罗，从而使我能够"与主成为一灵"[3]。可以说，相比之下，我的这个做法要伟大得多。不论是谁，并不会因为他地位高，就可以高枕无忧，就可以免遭攻击。彼得就曾遇到这种情况，此外，还有其他很多拥有同样地位的人也是这样。例如马塞卢斯（Marcellus），就是因为他曾向众神祭酒，便遭到责罚。[4]再如西莱斯廷（Celestinus），就是因为他

1　见《提摩太前书》，5: 20: "犯罪的人，当在众人面前责备他，叫其余的人也可以惧怕。"

2　见《加拉太书》，2: 11: "后来矶法到了安提阿，因他有可责之处，我就当面抵挡他。"

3　见《哥林多前书》，6: 17: "但与主联合的，便是与主成为一灵。"

4　关于瓦拉所说的马塞卢斯向众神祭酒而被责罚这个故事，鲍尔索克的英译本（2007年）和科尔曼的英译本（1922年）均做过解读和辨误，但解释得并不是很清晰。关于这个问题，这里做一简要交代。第一，马塞卢斯向众神祭酒，此事有基本史料依据，但与基督教会史无关（当时尚无基督教）。马塞卢斯（约公元前270—前208），古罗马共和国著名政治家、军事家。普鲁塔克（Plutarchus，约公元46—120）在其《希腊罗马名人传》中写道，马塞卢斯曾让人用白银制成祭酒（libation）的酒具，并将之奉献给罗马众神。在马塞卢斯生活的公元前3世纪，信奉并祭拜罗马神灵，乃官方认可的正常行为，因此，并不存在马塞卢斯向众神祭酒而遭责罚的前提。第二，瓦拉在文中是以基督教内部问题为行文主线的，而且，所列举的人物在职务上与彼得一样，都是"教皇"。因此，应该在基督教历史中来寻找瓦拉所言故事的线索。和瓦拉所言比较接近的故事来自罗马教皇玛塞利努斯（Marcellinus，公元304年去世）。当时有传言称，因不堪罗马皇帝戴克里先的恐怖政策，玛塞利努斯一度"背教"，并向罗马众神"上香"。他因此遭到教会内部人士的严厉抨击，但是，奥古斯丁认为此人没有"背教"行为。因此，如果将瓦拉在文中的那句话改成"例如玛塞利努斯（Marcellinus），就是因为他曾向众神上香，便遭到责罚"，就说得通了，至于所言是否属实，则另当别论。另外，在玛塞利努斯去世之后，罗马教会一度陷入混乱，数年之后，接任教皇的是马塞卢斯一世（Marcellus I）。马塞卢斯一世，4世纪早期罗马教皇，在位时间不确，一说为306年12月—308年1月，另一说为308年5月或6月—309年1月。

赞同异端分子聂斯托里（Nestorius）的那些说法，便遭到抨击。[1] 又比如，我们都知道，就在我们身处的这个时代，也有一些诸如此类的人物曾经受到过斥责，至于受到严厉谴责乃至被罢黜的那些人，就更不用说了，大家对此都是一清二楚。[2] 发起这些行动的都是地位比他们低的人。当然，还能有谁的地位不比教皇低呢？

现在，我之所以要采取行动，并不是想对什么人穷追猛打，也不是想针对哪个人来写一篇讨伐檄文，否则，我也太猥琐恶劣了。我可不想沾染上这类没道德没品行的恶习。我的愿望是，通过我的这一行动，能把谬误从人们的大脑中清除出去，同时，通过劝诫和谴责，能让某些人不再作恶、不再犯罪。教皇的那个职位就是"基督的葡萄园"，如今，这个园子杂草丛生。不过，尽管有我的指点，最终有没有人真的会拿起刀具对园子进行修剪，进而让它结出丰满的葡萄，而不是那种干瘪的杂果？对此，我还真的没有把握。在我采取这一行动的时候，难道没有人希望我闭嘴？难道没有人想把自己的耳朵捂起来？更进一步说，难道没有人希望我受到惩罚？难道没有人希望把我弄死？如果真有这样的人，那么，不论他是谁，哪怕他就是教皇本人，我该说他是哪种人？是"好牧人"，还是"聋的毒蛇"？聋的毒蛇"是听不见弄蛇者的声音"的，它只会爬到弄蛇者的肢体上猛咬一口，使其中毒。[3]

3

---

1 西莱斯廷，罗马教皇，422—432年在位。聂斯托里（约380—约450），早期基督教神学家，428年被东罗马帝国皇帝任命为君士坦丁堡主教。其主要神学主张是耶稣基督"二性二位说"，认为是神性本体附在人性本体上，因此，马利亚只能是基督之母而不是天主之母。在431年的以弗所大公会议上，聂斯托里被开除教籍，随后被革除教职。后来，他的追随者东逃，形成"聂斯托里派"。瓦拉关于教皇西莱斯廷和聂斯托里二人关系的说法并不准确。西莱斯廷和聂斯托里之间有过多次通信，在信中，西莱斯廷对聂斯托里的观点做出了全面批驳。在如何处置聂斯托里问题上，西莱斯廷较为温和，曾希望他能够改过自新。因此，西莱斯廷遭到教会内部强硬派的谴责。
2 15世纪初，天主教会内部四分五裂，甚至同一时期出现两位乃至三位教皇并立的局面。1417年，马丁五世当选教皇，西方教会大分裂（1378—1417）宣告结束。
3 见《约翰福音》，10：11："我是好牧人，好牧人为羊舍命。"《诗篇》，58：3—5："恶人一出母胎就与天主疏远，一离母腹就走错路，说谎话。他们的毒气好像蛇的毒气，他们好像聋的毒蛇塞住耳朵，听不见弄蛇者的声音，也听不见魔术师的咒语。"

4　　　我知道，很长一段时间以来，人们一直在等待，希望能够听到我对罗马教皇们的揭批。可以肯定地告诉大家，我的这个揭批将是非常广泛、非常严厉的。我会详细展示他们是何等的苟且偷生，何等的愚蠢无知，何等的贪得无厌，而所有这些，无不是因为他们醉心于偶像崇拜而带来的结果。我还会深入揭批他们那种居高临下、颐指气使的统治，要知道，这种统治从来都是与残暴相伴相随的。《君士坦丁赠礼》这份文件完全就是个谎言，是个编造。在长达几个世纪的时间里，他们竟然一直都没有意识到这个事？要不然，只能说这个东西是他们自己一手炮制出来的。在最初几代人铺就的欺骗之路上，其徒子徒孙一直不偏不离，他们明明知道是假的，但还是要坚持说它是真的。这完全就是对教皇职位权威性的羞辱，是对古代教皇高尚人品的羞辱，是对基督信仰的羞辱，而且，把所有事情都和屠杀、灾难以及犯罪行为搅和在了一起。他们宣称，罗马城是他的，西西里及那不勒斯王国也是他的，整个意大利都是他的，高卢、西班牙、德意志和不列颠的各族民众都是他的，一句话，整个西部地区都是他的。他们说，所有这些内容，都在《赠礼》那份文件中摆着呢。请问教皇大人，是不是就是因为有了那个文件，所有这些地方就都是你的了？你有没有打算把它全部收复过来？你有没有想过，把西部地区所有君王的城市都抢过来，然后强迫他们年年给你纳贡？我的想法和你恰恰相反。我认为，那些君王更有权利把你掌控的整个这个帝国给夺回去。理由何在？接下来我会告诉你，对于教皇们试图从中获取合法权利的那份《赠礼》，不仅西尔维斯特[1]不知道，而且，君士坦丁[2]也没听说过。

5　　　《赠礼》这个文件是那些人据以为凭的唯一法宝，它不仅是伪造的，

1　西尔维斯特，即罗马教皇西尔维斯特一世（Sylvester I）。

2　君士坦丁，即罗马帝国皇帝君士坦丁一世（Constantine I）。

而且还伪造得极为粗鄙。在对这个文件进行批驳之前，从行文结构方面考虑，我还是要把这个问题往回追溯得远一点。第一，我要说的是，不论是君士坦丁还是西尔维斯特，两个人都不是有些人所说的那样。实际上，君士坦丁并没有想过要去做这么一个赠予行动，他的法律地位也不允许他这么做，而且，在其权力范围内他也没有能力把这些领土送给别人。至于西尔维斯特，他并没有想过要得到这些领土，而且，就其法律地位而言，他也没有资格这样做。第二，即使以上所说的这几点还不是绝对准确、非常清晰的话，那么，我还是要说，对于据称已被赠送出去的那些东西，一方并没接受，另一方也并没有送出，它们一直处在皇帝们的管辖和掌控之下。第三，我要说的是，君士坦丁并没有给西尔维斯特送过任何东西，倒是在他受洗之前，他曾给西尔维斯特之前的那位教皇[1]送过东西，不过，送的也只是一些小礼物，就是几处房子，好让教皇有个安身立命之所。第四，有人宣称，在皇帝[2]所颁御令中，曾经有人找到过一份《赠礼》文本；还有人宣称，从《西尔维斯特传》中，可以摘录出一份《赠礼》文本。我要告诉大家的是，这类说法都是骗人的鬼话。不论是在那本传记中，还是在其他什么传记中，都找不到这个东西。而且，这个《赠礼》在内容上前后矛盾，漏洞百出，昏话、蠢话、荒唐话比比皆是，就连遣词造句也都是俗不可耐。除了以上四点之外，我还会讲一讲其他几位皇帝的赠予之事，不论这些说法是别人编造的，还是说赠送的东西不值一提，我都还是要提一下。在掌握充分证据的基础上，我还要补缀几句：哪怕西尔维斯特真的收过这个礼，但是，一旦他本人或其他某个教皇被剥夺了这个拥有权，那么，在中断了如此漫长的一段时期之后，教皇都无法凭借任何的法律借口将之收回，不论是世

1　指米尔提亚德斯（Miltiades），罗马教皇，311—314年在位。君士坦丁皇帝曾将拉特兰宫（the Lateran）送给米尔提亚德斯，作为其生活起居之所。

2　指罗马帝国皇帝君士坦丁一世。

俗法，还是教会法，一律无效。最后我还要告诉大家的是，尽管教皇目前占有这么多地方，但是，在历史上，这些地方肯定不归他统治。

一

6   言归正传，首先来看第一个问题。我们先讲君士坦丁，然后再讲西尔维斯特。这是一个公案、大案，或者更精准一点说，这是和皇帝直接相关的一个案子，既然如此，对于这么一个案子，如果采用针对普通案件的那种常规呈现方式，那肯定是让人无法接受的。因此，这回我就破个例。在这里，先假设一个场景：各国国王及各路君主聚在一起开会，我在这个会议上充当辩护人，他们全都坐在我面前，听我讲话。实际上，我坚信，我的这个演讲稿肯定会传到他们手中的。

7   我要对在座诸位说，你们都是国王，都是君主。对于一个见不多识不广的普通人来说，要想揣摩君王的所思所想，那是很难的。因此，我必须要了解你们的真实想法，必须要知晓你们的内心世界，必须要获得你们的证词证言。就你们各位而言，不论是其中的哪一位，假如说他处在当年君士坦丁的那个位置，他会考虑温文尔雅、慷慨大方地采取行动，把罗马城送给另外一个人吗？要知道，罗马城是他祖祖辈辈生活的地方，是世界的中心，是城市之王；而且，罗马城的人民是所有民族中最强大、最高贵、最富有的，他们鹤立鸡群，从相貌上看就显得颇为神圣。他会考虑搬家，迁往一个条件很普通的城镇，或者说，在那之后，他又决定迁往拜占庭（Byzantium）吗？[1]他会连同罗马城，把整个意大利一起送给别人吗？要知道，意大利并不只是个普通的行省，它可是战胜

---

1 早在罗马帝国晚期，就已有人认为，君士坦丁的最初计划是要在位于小亚细亚的特洛伊城（Troy）附近兴建一座新城。古希腊历史学家索佐门（Sozomen，生活于5世纪）在其所著的《教会史》（*Ecclesiastical History*）中对此事有描述（第2章第3节）。

其他所有行省的胜利者。[1]他会考虑把三个高卢[2]、两个西班牙[3]、众多的日耳曼人和不列颠人，或者说把整个西部世界，全都拱手让给他人吗？他的这个帝国就那么两只眼[4]，他会自己动手把其中的一只给挖掉吗？神智正常的人会干这种事？无论如何我都不会相信。对于你们来说，在正常情况下，除了开拓帝国或王国的版图、尽可能地扩大自己的势力范围之外，还有什么其他事情能够让你们更向往、更快乐、更乐此不疲呢？在我看来，你们不分白天黑夜，时时刻刻所关心的、所思考的、所为之奋斗的，似乎全都是这个事。你们对光荣的特殊企盼也就随之产生。仅仅是为了这个东西，你们就可以抛弃尘世的欢乐。仅仅是为了这个东西，你们就甘冒千难万险。仅仅是为了这个东西，你们就可以淡然地放弃你们所钟爱的人，哪怕失去你们自己的胳膊大腿，你们也在所不惜。就我听到的那些说法或读到的那些材料来看，在你们当中，有人——绝不仅仅是一两个人——并不会因为担心自己会失去一只眼、一只手、一条腿或身体的其他什么部位而放弃开疆拓土的努力。恰恰相反，原本已经无比强大的那些人，对于扩大统治范围，依旧有着超越一切的炽热追求，

1　在古代罗马，行省制度是为统治征服地区而建立的一种领土管理制度。意大利属于"本土"，不在行省范畴。

2　在罗马共和国时期，已先后设置三个含有"高卢"之名的行省，即公元前203年设立的山南高卢（Gallia Cisalpina，大约在公元前42年并入意大利本土）、公元前120年设立的山外高卢（Gallia Transalpina，后更名为纳尔榜高卢［Gallia Narbonensis］）和公元前51年设立的科马塔高卢（Gallia Comata）。科马塔高卢，大致位于今天的法国，但比今日法国稍大。公元前22年，屋大维将科马塔高卢一分为三，分别是阿奎丹高卢（Gallia Aquitania）、比利时高卢（Gallia Belgica）和鲁格敦高卢（Gallia Lugdunensis，鲁格敦，即后来的里昂）。文中所说的三个高卢，当指由科马塔高卢拆分出来的这三个高卢。

3　公元前197年，罗马共和国在伊比利亚半岛设立近西班牙（Hispania Citerior）和远西班牙（Hispania Ulterior）两个行省。大约在公元前13年，屋大维将远西班牙拆分为贝提卡（Baetica）和卢西塔尼亚（Lusitania）两个行省。瓦拉在文中所说的两个西班牙，当指较早设立的近西班牙和远西班牙。

4　指罗马帝国的东部和西部。

正是这种追求，激励并驱动着他们继续向前。我们可以来看看亚历山大（Alexander）[1]这个人。虽然已经可以在利比亚的沙漠中信步闲逛，但他并不满足。虽然已经征服了东方大片土地而且已经打到了最远的海边，但他并不满足。虽然已经征服了北方地区，但他并不满足。在此过程中，死伤无数，灾难丛生，他的军队已经不愿前行，对于诸如此类的劳师远征、狂砍滥杀，他们已经深恶痛绝，然而，他却照样不为所动。在他看来，不论是通过武力方式，还是通过他个人的威望，都一定要让整个西方及其各族人等全部臣服于他，否则，对他自己而言，似乎就是一事无成。可以说，假如他原本已有踏足并经略大洋（the Ocean）[2]以及其他什么地方的计划，那么，在我看来，弄到最后，他一定会尝试一下，争取打到天上去。几乎每个国王都会有他这样的愿望，尽管说并不是所有的国王都会像他那样胆大包天。我忍而又忍，实在不想提及，在争夺帝国、扩张疆土这种事情上，究竟发生了多少罪恶勾当，究竟出现了多少令人恶心的变态行为。反正其结果就是，哥哥杀弟弟，弟弟杀哥哥，儿子杀父母，父母杀儿子，而且，他们从不会缩回他们那邪恶的嗜血之手。不需再做其他任何努力，仅此一点，人类的鲁莽天性就已得到了淋漓尽致的自我展示。当你看到以下现象时，你或许会感到惊诧不已：在头脑发热程度方面，老年人绝不亚于年轻人，无儿无女的绝不亚于为人父母的，做国王的也绝不亚于那些僭主暴君。

8　　如果说打江山很难，那么，守江山更难！未能把帝国变大，的确很可怜；但如果把帝国弄小了，那就更悲惨。未能把别人的领土收进你的地盘，的确不光彩；但如果你的领土被纳入别人的地盘，那就更丢人。我们在史书上会看到这样一些说法：某个国王或某国人民做出安排，让

1　亚历山大，即亚历山大大帝（Alexander the Great，公元前356—前323），马其顿王国（亚历山大帝国）国王，世界古代史上著名的军事家和政治家。

2　这里的"大洋"，即如今所说的大西洋。

某些人掌管一个（二级）王国或掌管某些城市。需要注意的是，这个时候，交给他们掌管的那些地方既不会是帝国的主体部分，也不会是帝国中最大的那一块，而是地方不大、地位不高的某个部分。这样做的目的在于，要让接收者永远记着，给你地盘的人是你的主人，而你自己则是他的仆人。

如果说还有人坚持认为君士坦丁的确把帝国中更好的那部分送出去 9
了，那么，现在，我就要问问诸位，持这种想法的人是不是显得太卑微、太低三下四了？这里我就不拿罗马、意大利以及其他什么地方来说事了，我只说一说高卢这片土地。这是他亲自率领军队浴血奋战的地方，这是他长期独自主政的地方，这是他为自己的辉煌以及自己的帝国奠定基础的地方。大家知道这是个什么样的人：他有着极其强烈的统治欲，正是在这种欲望的驱使下，他对一个又一个国家发动战争；在内战期间，他对自己的亲朋好友不断进行围追堵截，最终把他们从帝国中清理出去；反对派虽已不成气候，但还有一些残余势力需要征服和解决；他之所以要对那么多国家发动战争，一方面当然是为了追求伟大光荣、为了营建自己的帝国，但另一方面，他也认为，这些仗不得不打，因为他几乎天天都要受到蛮族的侵扰；他有很多子女，家族也很庞大，而且还有很多关系密切之人；他知道，元老院和罗马人民有可能会和他开战；几乎每次罗马皇帝易人，那些被征服的国家都会乘机起事，对于这种动荡不安的局面，他是亲身经历过的；他也不会忘记，和过去那些皇帝一样，他并不是通过元老院推选和平民集体认可的方式而执掌统治大权的，他靠的是军队、武器和战争。还有什么更重要、更迫切的原因，偏偏能让他全然不顾以上所说的所有这些事情，非要以这么一种方式去展示自己的慷慨大方？

他们会这么回答："因为他已成为一个基督徒。"难道成了基督徒他 10
就要放弃帝国当中最好的那个部分吗？如果真是如此的话，那我应该就可以这样认为：做了基督徒之后，如果还继续行使统治权，那就成了一种邪恶，那就是犯罪，就是信仰不虔诚；他的国家和基督信仰不能相生相容。有的人和他人通奸，有的人通过放高利贷来发财，有的人把别人的财产占为己有，那么，这些人一旦受了洗，按照常理来说，他们该做的，就是要把本属别人的妻子、金钱、财产还回去。君士坦丁，假如你遵循的也是这个思路，那么，你应该做的，就是要把自由还给那些城市，而不是要替他们更换主人。当然，你会说，这是两码事——你之所以动了心，要去做这些事，就是为了对信仰表达敬意。听这口气，好像是说，与其通过经管自己的领土来保护信仰，还不如把领土弃而不要，那样就可以显得更加虔诚！就那些接收者而言，在他们眼中，你赠送给他们的那些东西既不得体，也无益处。实际上，如果你真的想表明你是个基督徒，如果你真的想证明你信仰虔诚，如果你真的想为天主的教会——在这里我不想用"罗马教会"这个说法——献上供养，那么，你现在就应该好好担当起君主的角色，其他任何事情都在其次。你要起来战斗，要为那些上不了战场的和不可以上战场的人提供保护。你要运用你的威力，让那些饱受算计、饱受伤害的人得享安全。天主的确希望能让尼布甲尼撒（Nebuchadnezzar）[1]、居鲁士（Cyrus）[2]、亚哈随鲁（Ahasuerus）[3]以及其他许许多多的君王知晓真理之奥义，但是，他并没有要求他们当中任何一个人放弃自己的帝国，也没有要求他们从自己的领土中拿出一块做礼物送出去，他只是要求，必须把自由还给希伯来人，必须为他们提供保护，

---

1 尼布甲尼撒，即尼布甲尼撒二世（Nebuchadnezzar II，约公元前630—约前562），古代新巴比伦王国国王，约公元前605—前562年在位。在位期间，他攻陷耶路撒冷，灭亡犹大王国（Judah），大量犹太人被掳至巴比伦，史称"巴比伦之囚"。
2 居鲁士，即居鲁士二世（Cyrus II，约公元前600或前576—前530），古代波斯国王，公元前550—529年在位，古代波斯帝国的缔造者。
3 亚哈随鲁，古代波斯帝国国王，其具体生平不详。有人认为，此人应该就是薛西斯一世（Xerxes I，公元前485—前465年在位），但此说并无史料支撑。

使之免受邻敌的伤害。对于犹太人来说，这就足够了。对于基督徒来说，这肯定也就够了。君士坦丁，你真的已经成了基督徒了吗？不过，对于你来说，作为一个信奉基督的皇帝，你现在的统治范围竟然比你未信基督的那个时候还要小，这是极为不妥的。统治权是天主赐予的特殊礼物，人们认为，即便是信奉异教的那些君王，他们之所以获得统治权，也都是由天主挑选出来的。

"要知道，他的麻风病被治好了啊。因此，可能的情况就是，他想充分表达自己的感激之情，滴水之恩，涌泉相报嘛。"话真的可以这么说吗？当年，以利沙（Elisha）把叙利亚人乃缦（Naaman the Syrian）的病治好了，但是，乃缦并没有要把自己的家产拿出一半来送给他，而只是想给他送一些礼物而已。[1] 难道君士坦丁就那么大方，非要把半个帝国都献出来？对于这么一个非常无耻的谎言，我在这里却还要郑重其事地来回应，弄得好像这是一段无可挑剔的信史似的，对此我真的感到很悲哀。实际上，这个荒诞不经的故事就是以乃缦和以利沙的那个故事为底本炮制出来的。与此相似的还有另外一个故事，是关于蟒蛇的，而这个故事实际上又是以贝勒神（Bel）[2] 的那条神秘蟒蛇的故事为模板编造出来的。[3] 哪怕就算西尔维斯特降服蟒蛇的故事真有其事，那么，在一开始的这个

———

1 乃缦和以利沙均为《旧约全书》中的人物。乃缦是亚兰国的一名位高权重的军事将领，但患有麻风病。以利沙是以色列国的一位"神人"先知。按照以利沙的指示，乃缦在约旦河中浸洗七次，身体得以完全康复。事后，乃缦想给以利沙送点礼物，但以利沙坚辞不受。详见《列王纪下》，第5章。

2 贝勒神，古代两河流域神话系统中的主神之一，"贝勒"一词的本意在当地语言中即是"主""主神"。在不同时期，其指代的具体神灵是不同的。瓦拉在这里所说的贝勒神，指的是巴比伦守护神马杜克（Marduk）。在巴比伦神话中，马杜克拥有诸多神兽，其中包括马、狗以及蟒蛇（Srepent，Dragon，"龙"）。

3 贝勒神与蟒蛇的故事与《旧约全书》中的先知、犹太政治家但以理（Daniel）有关，但这个故事并没有收录在"正典经书"之中。关于贝勒神与蟒蛇的故事，详见《圣经后典》，张久宣译，北京：商务印书馆，1996年，第309—314页。另，西尔维斯特降服蟒蛇的故事在基本套路上和但以理杀死蟒蛇的故事基本一致。

故事中，有任何一个地方提到过"赠礼"这个事吗？绝对没有！然而，后来却有人将之附会其中，而且，各式各样的说法越来越多。

12   他的麻风病被治好了，于是，他就信了基督；他对天主既充满畏惧，又满怀热爱。他希望向天主表达敬意。尽管可以罗列出很多诸如此类的理由，但我无论如何还是无法相信他真的想放弃这么多东西，因为据我所知，不论是信奉异教诸神的异教徒，还是信奉永生之天主的基督徒，都还没有任何一个人真的会放弃自己的帝国并将之送给那些祭司或神父。实际情况的确就是这样，比如，以色列[1]的民众曾起来造反，最终摆脱了犹大国王的统治。此后，对于以色列的那些国王而言，不论别人如何游说，他们当中都从来没有任何一个人会准许其臣民前往耶路撒冷并按照老传统去圣殿献祭，很显然，他们有一种担心：老百姓一旦被那一神圣的宗教仪式以及圣殿的威严壮观所感动，说不准就会重新投奔犹大国王。[2]如果说君士坦丁真的那么干了，那么，和以色列国王的做法相比，那他可真的是伟大至极了！还有，你们万万不要自我欺骗，不要被治愈麻风病那套说辞给蒙蔽了。耶罗波安（Jeroboam）[3]的地位原本是很低的，但天主耶和华却首先就选中了他，让他做了以色列国王。[4]在我看来，天主给予他的这个恩典远远不是治愈麻风病这种事所能比拟的，然而，他

1　这里所说的以色列，是指以色列联合王国分裂之后在其北部形成的那个以色列国家（北国）。关于这个以色列国以及下文提到的犹大国，可参阅下一个注释。

2　关于地中海东岸的古代以色列国家，其基本演变过程如下：公元前11世纪晚期，原本各自独立的以色列十几个支派形成统一的以色列联合王国，其中，位于南部的犹大支派掌控统治大权，首都为耶路撒冷。公元前10世纪晚期，国家分裂，北方的十个支派在耶罗波安一世（Jeroboam I）的主导下组建以色列国（北国），首都定在撒玛利亚（Samaria）；南方的两个支派在犹大支派的主导下形成犹大国（南国），首都依然是耶路撒冷。公元前722年，以色列国被亚述帝国所灭。公元前586年，犹大国被新巴比伦王国所灭。

3　耶罗波安，即前一个注释中提及的耶罗波安一世（公元前910年去世），原为所罗门手下的军事将领，后来率领北方各支派反抗所罗门的统治，最终成为北国的开国君主。

4　关于耶和华"选中"耶罗波安为北方十个支派之王的说法，见《列王纪上》，11: 29—32。

并没有因此而贸然行事，并没有把自己的王国交托给天主。对于君士坦丁而言，他的国家又不是从天主那里领来的，但你却要他将之献给天主？可以肯定地说，如果真是那样的话，他的那些儿子肯定不干，而人家耶罗波安就没有遇到这样的问题。而且，如果真是那样的话，那他就是在羞辱他的那些朋友，就是对他的那些亲戚不闻不问，就是要让他的国家毁于一旦，就是要让每一个人陷入痛苦之中，当然，他本人也还要做到全然忘我。

　　如果说他真的就是那个样子，并由此而变成了一个与常人不同的人，那么，毫无疑问，前去进谏的人肯定少不了，尤其是他的那些儿子、亲戚和朋友会更为迫切。可以想见，他们会毫不迟疑地去面见这个皇帝。对于这一点，不会有人持不同意见吧？诸位可以想象一下这样的场景：这些人就在你们的眼前，他们紧张惶恐，战战兢兢；他们刚一听说君士坦丁有那个打算，便跌跌撞撞地挤上前去，匍匐在这位君主的脚下，哀号震天，痛哭流涕；他们说道：

　　"作为一个做父亲的，你一直以来都是深深地爱着你的这几个儿子的。然而，事到如今，难道你就真的要剥夺他们的财产，取消他们的继承权，把他们扔到一边不管了吗？你就这么渴望把你这个帝国中最好的、最伟大的那一部分从你手中剥离出去吗？对于你的这个想法，我们当然感到悲哀，但更多的还是迷惑不解。首先，悲哀是肯定的，这是因为，你把它送给别人，这就是不顾我们的死活，就是让我们颜面扫地。按照传统，你的孩子将来是要继承你的帝国的，而且，就你本人而言，当年你也是和你的父亲共同统治国家的，既然如此，你竟然还要要弄心机，让你的孩子不再享有继承权，理由何在？我们做过什么对不起你的事吗？我们是不是在哪个方面犯了罪，做了什么有辱我们的祖国、有辱罗马的英名、有辱帝国尊严的错事？你要把这个国家最美、最好的那个部分从我们这里剥离出去，如果这样，我们就要被驱逐出去，就再也不能留在我们世世代代生活的家园，就再也看不到生我养我的这个地方，就再也呼吸不到我们曾天天呼吸的家乡之空气，就再也无法遵循我们的传统生活方式。我们是不是真的要成为流浪者，是不是真的要舍弃我们的家舍、我们的圣坛、我们的身后墓地，然后跋涉到地球上某个无人知晓的地方栖身立命？我们可都是你的亲属和朋友啊。想当年，我们时常和你一起共战沙场，共同迎敌的有我们的兄弟、我们的父母、我们的儿子，当他们即将被敌人的刀剑刺穿的那一刹那，我们曾眼睁睁地看着，他们的身躯不由自主地轻微颤抖。尽管眼看着他人战死，但我们并没有被吓到，为了你，我们已经做好准备，随时可以献出自己的生命。如今，你却要把我们全都抛弃？我们这些人都在罗马承担着各种行政职务，管理着意大利、高卢、西班牙以及其他各个行省的许多城市，我们有的是现职，有的是将来要承担这个职责的。是不是要把我们全都召回来？是不是要下个命令，把我们全都免职？要么，为了弥补这个损失，你给我们另找一块地方？不过，当你把这么大的地盘送给别人之后，你还能有多大本事以合适又体面的方式做到这一点？皇上，你要知道，有的人以前是要管理上百个人群的，现在你肯定也不能让他只负责管理一个人群吧？这种想法究竟是怎么进入你的大脑的？你怎么就这么突然变得如此忘我，进而对你的朋友、对你的族人、对你的儿子不存一丝怜悯之心？皇上，如果可以从头再来，我们宁可在你声誉无瑕、胜利无虞的那个时候战死沙场，也不愿看到如今这个局面！当然，对于你的帝国，甚至说对于我们这些人，你想怎么处置，你都可以说了算。但是，有个例外，而且，我们将誓死坚守这个例外。这就是，我们要继续崇拜我们那些永生不朽的神灵，以此给其他人树立一个伟大的榜样。这样的话，你或许就会明白，尽管有人把你的慷慨大方吹得天花乱坠，但你的这个行为究竟会给基督信仰带来什么。我们的意思就是，如果你不把帝国送给西尔维斯特，我们就愿意和你一道成为基督徒，而且，其他很多人也会纷纷效仿我们。

相反，如果你真的要把帝国送出去，我们就将拒绝成为基督徒，而且，你的这个行为，会让我们痛恨、厌恶、诅咒'基督徒'这个名字。是你一手把我们弄成这样的，事到临了，你终究会想到应该体恤我们的生死，到那时，你就不会责难我们了，你只能责怪你自己，责怪你自己的顽固不化。"

　　君士坦丁本应主动反思、自我醒悟，但是，如果他没有做到这一点，那么，上面这一大段话还不能让他回心转意吗？如果依然没有效果的话，我们只能认为，他的人性已经从他身上被连根拔除了。如果他真的听不进上面这些人讲的话，是不是就没有别的人会以语言和行动来反对他的那个做法？面对这种局势，元老院议员和罗马人民会认为自己可以袖手旁观、不闻不问吗？难道他们不会去请上一位雄辩家，用维吉尔的话来说，就是找个"德高望重、受人尊敬"[1]的人，让他当着君士坦丁的面，向其发表如下讲话？

　　"皇上，如果你不拿你自己的家庭当回事，甚至不拿你自己当回事，那就意味着，你是希望你的那些儿子不要拥有任何继承权，你是希望你的那些亲戚不要拥有任何财富，你是希望你的那些朋友不要拥有任何的荣誉和地位，你是希望自己不要再拥有一个完整的帝国。对于这些，你倒是可以不当回事，但是，元老院和罗马人民却不能对自己的权利和声誉不当回事。这个罗马帝国，是用我们的鲜血而不是你的鲜血换来的，你怎么就可以这么不知天高地厚，把这么多东西都说成是你的呢？你会把一个躯体砍成两块吗？你会把一个国家分成两个国度，设立两个首都，并行两种意志吗？你会把刀剑之类的武器交给兄弟两人，让他们通过对决来确定谁有继承权吗？对于那些臣属国，只要它们尽心尽责地为罗马这个城市提供服务，我们就会赋之以公民权，其国民就可以成为罗马公

1　维吉尔：《埃涅阿斯纪》，杨周翰译，北京：人民文学出版社，2000年，第6页。（在维吉尔的诗体原著中，这句话位于第一卷第151行。）

15

16

民。如今，你却要把半个帝国从我们这里弄走，你这是要让那些人不再把这个城市视为他们自己的母邦？就拿蜂巢来说吧，如果一个蜂巢里出了两只蜂王，我们肯定会把弱一点的那只弄死。在罗马帝国这个蜂巢里，本来就已有了一个杰出的领头者，在这种情况下，你还会考虑在这里再安排一个领头的吗？而且，这个领头的赢弱至极，它甚至连蜜蜂都不是，它只是个寄生虫。陛下，我们深深感到，你在这个事情上太欠考虑。不论是在你有生之年，还是在你去世之后，假如那些蛮族向你打算送出去的这部分土地发动战争，或者向你准备留给自己的那一半领土发动战争，那会是一种什么样的局面？即使是现在，哪怕我们动用整个帝国的资源，打起仗来，我们都已感到勉为其难。那么，到了那个时候，我们就会有应对能力了吗？这半边和那半边会永远和谐相处吗？在我看来，这是不可能的事。如果说罗马这边希望一揽统治大权的话，另外那半边则肯定不愿寄人篱下。可以说，哪怕就在你还活着的这段时间，一旦原先的那些总督被召回、新的人选走马上任，一旦你动身前往你自己的那个王国，到了遥远的地方，而这边开始由另外一个人行使统治权，那么，这边难道不会在短时间内就天翻地覆？换言之，这边难道不会乱作一团、纷争迭起？通常来说，一旦把一个国家分给兄弟两人，老百姓的观念也会跟着发生分裂，还没等外敌来犯，他们自己就会先打起来。在这个帝国中，肯定也会发生这样的情况。关于这一点，应该没有人看不到吧？想当年，曾有人提议，可以把元老院部分议员和部分罗马平民划拨出来，让他们迁居到维埃城（Veii）[1]，通过这个方式，让罗马人拥有两座同质的城市。但是，罗马贵族们宣称，他们宁可死在罗马平民们的面前，也绝不能让

1　维埃，意大利半岛上的早期城市，位于罗马城西北约16公里处，曾是伊特拉斯坎人（Etruscan，亦译伊特鲁里亚人）的重镇，与罗马长期处于竞争和敌对状态。经过多次战争，公元前396年，罗马人彻底征服维埃城。详见李维：《罗马史》，第5卷，第8—10节，第24节。（英文版可参阅Livy, *The History of Rome*, Books 1–5, trans., Valerie M. Warrior, Indianapolis and Cambridge: Hackett Publishing Company, Inc., 2006, Book 5, pp. 332–404。）

这个提议通过。他们之所以做出如此反应，其主要原因也是一样的。关于这一点，你不会想不到吧？其实，原因很简单。如果说在同一个城市里都会有这么多的纷争，那么，放到两个城市，情况会变成什么样子？就目前来说，即使在同一个帝国内部，也都到处是矛盾，到处是冲突。我想，这种情况，你自己是很清楚的，而且，你本人也是为此操了很多心。既然同一个帝国内部都是这个样子，要是再分成两个帝国，那会发生什么情况？好了，不说别的了。就想问一下，你有没有想过，如果你要是和别人开战，这边还会不会有人想去帮你？即使有人想帮你，他们还会不会懂得如何帮你？这边肯定会重新安排一些人去管理军队和城市，但是，面对各式各样的战争和冲突，他们肯定会被打得落花流水，而且，给他们派发委任状的这个人也会落得同样的下场。这个人既是那么不善统治，又是如此弱不禁风，因此，人们肯定会认为，对于这样的人，无论怎么收拾他，他都无法还手，无法复仇。既然如此，请你告诉我，不论是那些罗马军团，还是那些行省本身，他们难道不会想方设法把这个家伙蹂躏得体无完肤吗？至于那些获得委任的官员，他们要是能够在自己的岗位上老老实实待上一个月就算不错了。我深信，他们一听说你已经启程，肯定就会立即造反。如果你同时面对两场甚至多场战争的巨大压力，你会怎么办？你还可以采取什么方案？即使是现在，对于已被我们征服了的那些民族，我们的控制已经有点力不从心。那么，当我们和不受我们控制的其他民族开战，原先的那些民族我们还能保住吗？

"皇上，你当然可以从自己的角度去考虑问题，但这个事，既关乎你，也关乎我们，而且，它对我们的重要性一点也不亚于它对你的重要性。你终有一死，但罗马人民的帝国必须长存。只要它和我们在一起，它就一定能够永生永存，而且，永生永存的不只是帝国本身，我们的荣誉感也会永远传续。你要知道，对于那些人信仰的那种东西，我们是鄙夷不屑的，你让我们去认可由那些人掌控下的帝国，我们会答应吗？我们可是这个世界上的精英骄子，要让我们去听命于这个极其卑劣下贱的家伙，可能吗？想当年，罗马城被高卢人攻占之后，得胜者碰到一帮罗马老人，他们想摸一摸老人的胡子，但遭到了老人们的断然拒绝。[1] 如今，出自元老院阶层的有那么多人，出自禁卫军阶层的有那么多人，出自保民官阶层的有那么多人，出自执政官阶层的有那么多人，出自军功阶层的有那么多人，你要让他们甘心去忍受那些人的统治，可能吗？他们可一直是把那些人当作为非作歹的奴仆来对待的，各种各样的羞辱，各种各样的惩罚，能用的都用过。那些人会不会自设各种官职，会不会在各个行省大权独揽，会不会发动战争，会不会对我们处以极刑？罗马贵族们会替他们去打仗吗？会渴望得到他们赋予的荣誉吗？会希望获得他们给予的犒赏吗？我们受到的伤害还能有比这更大的吗？我们受到的伤害还能有比这更深的吗？皇上，你不要以为罗马人的血统已经退化，不要以为人们会无声无息地承受这一切。你也不要以为，通过各种可以想到的手段，就可以避免那种事情发生。我必须要告诉你，对于有些事情，即便是我们的罗马女人，也都不会容忍的。如果遇到那种情况，她们会宁可抱着她们挚爱的孩子以及她们在家里供奉的神像一起自焚。要知道，迦太基（Carthage）的女人当年就是这么做的，但要论勇敢刚强，她们肯定还比不上罗马女人。[2]

18   "皇上，假如说当初是我们选择了你，让你做君主，那你也就的确

1　关于高卢士兵想摸罗马老人胡子但被拒的故事（公元前390年），详见李维：《罗马史》，第5卷，第41节。（英文版可参阅Livy, *The History of Rome*, Books 1–5, trans., Valerie M. Warrior, Book 5, p. 386.）根据李维的描述，拒绝高卢士兵摸胡子的是一位名曰马库斯·帕皮利乌斯（Marcus Papirius）的老年祭司，随后，这位祭司以及在场的其他罗马人全被高卢士兵屠杀。

2　公元前3世纪中叶至公元前2世纪中叶，罗马共和国与地处北非的迦太基（罗马称之为布匿，Punici）长期争霸，并发生三次大规模战争，史称布匿战争。瓦拉这里讲的是第三次布匿战争（公元前149—前146年）过程中的场景。在这次战争中，罗马主动进攻，长期困围迦太基城。迦太基奋起抵抗，但最终战败，惨遭屠城，其领土成为罗马共和国的一个省份（阿非利加行省）。

可以对罗马帝国享有很大的控制权，但是，这绝对不是说你就可以利用
这种权力来削减帝国的控制范围，哪怕是一丁一点也绝不可以。这个
事，反过来也可以这么说：既然是我们这些人把你推为君主的，那么，
我们也可以通过同样的程序，命令你让出君主的位置，这样的话，你就
无法分裂这个国家，你就无法把这么多的行省给放弃掉，你也就无法把
这个国家的首都送给一个无足轻重的外来人。我们找只狗来看守羊圈，
但是，如果这只狗非要扮演狼的角色，那么，我们要么把它换掉，要么
把它杀掉。在保卫罗马人的这个羊圈过程中，你在很长一段时间里是一
直扮演着狗的角色的，难道临到最后，你现在却要把自己变成一匹狼
吗？要知道，在罗马历史上，还从来没有过这样的先例。为了捍卫我们
的权利，我们只能实话实说，实际上，这也是被你逼的。你必须意识
到，对于罗马人民的帝国，从法律上来说，你是没有任何占有权的。尤
利乌斯·恺撒（Julius Caesar）[1]是通过军事手段而攫取统治权的，奥古
斯都（Augustus）[2]承袭这一恶行，在把所有的反对派除掉之后，他就把
自己弄成了统治者。提比略（Tiberius）、盖乌斯（Gaius）、克劳狄乌斯
（Claudius）、尼禄（Nero）、加尔巴（Galba）、奥托（Otho）、维特里乌斯
（Vitellius）、韦斯帕芗（Vespasianus）[3]以及其他所有的皇帝，也都是通过相
同或相似的途径，把我们的自由劫掠一空。而且，你也是在把别人赶跑
或灭掉之后，才成为统治者的。至于你是个私生子这个事，我是忍了又

1　尤利乌斯·恺撒（公元前100—前44），古罗马共和国政治家、军事家，公元前49年在罗马建立
　　独裁统治，公元前44年被暗杀。

2　奥古斯都（公元前63—公元14），原名屋大维（Octavian），恺撒的继承人和养子，恺撒遇刺后
　　登上政治舞台，成为罗马帝国的第一位元首（Princeps）。他是罗马帝国的开创者，统治罗马长
　　达40年。

3　这几个人都是早期罗马帝国的皇帝。提比略，公元14—37年在位；盖乌斯，别号"卡里古拉"
　　（Caligula），37—41年在位；克劳狄乌斯，41—54年在位；尼禄，54—68年在位；加尔巴，68—
　　69年在位；奥托，69年在位（不到半年时间）；维特里乌斯，69年在位（大约半年时间）；韦斯
　　帕芗，69—79年在位。

忍，还是不提算了。说来说去，皇上，我们还是要让你知道我们是怎么想的。你不是有好几个儿子吗？如果你本人对于继续保留罗马统治权这个事持无所谓的态度，那么，按照自然法，根据我们的建议，并经过我们的同意，你可以从你几个儿子当中挑选一位，让他来取代你的位置。如果你不答应，那我们就将采取行动，我们不仅要捍卫公共利益，而且还要捍卫我们自己的声誉。这就是我们的想法。如果说当年卢克蕾提亚（Lucretia）遭到奸污这个事是对罗穆路斯（Romulus）[1]后人的极大冒犯，那么，你要把半个帝国送给他人的这个事，对罗穆路斯后人的冒犯程度，只能说是有过之而无不及。而且，在恢复我们的自由这个事上，我们也不会缺少像布鲁图斯（Brutus）这样的人，他会自告奋勇，带领这个民族，和塔克文（Tarquinius）这样的人展开斗争。[2]我们会拔出刀剑，首先杀向你安置在我们头上的那些人，然后再去找你本人算账。实际上，我们对很多皇帝都这么干过，而且，都是为了一些小事。"

19　　可以肯定，以上所说的这几点应该可以打动君士坦丁，但如果还是不见效果，那我们只能认为，他肯定是个石头人，肯定是个木头人。这个话，即便人们没有说出口，但也还是可以想象得到，他们在私底下肯定是义愤填膺的，也肯定说过诸如此类的话。

1　罗穆路斯，古罗马神话传说中的罗马城奠基人，据称生活于公元前8世纪。罗马城市的具体开建时间不确，传统认为是在公元前753年。

2　瓦拉在这里借古喻今，讲的是古代罗马由王政时代（公元前753—前509年）向共和时代（公元前508—前27年）转变之际发生的一个著名事件，其基本线索如下：出身贵族世家的卢克蕾提亚是个绝世美女，后嫁给罗马将军克拉提努斯（Collatinus）。公元前509年，罗马国王的儿子塞克斯图斯·塔克文（Sextus Tarquinius）强闯民宅，将卢克蕾提亚奸污。卢克蕾提亚事后将此事告知自己的父亲、兄弟和丈夫，要求他们为自己复仇，随后她便自杀身亡。卢克蕾提亚的亲属随即发动兵变，将国王及其全家逐出罗马。为了从制度上阻遏暴政，在布鲁图斯（也是卢克蕾提亚的亲戚）等人的推动下，罗马废除王政，改行共和，并选出最初两位执政官，一位是布鲁图斯，另一位则是克拉提努斯。关于这个过程，可详见李维：《罗马史》，第1卷，第57—60节。（英文版可参阅Livy, *The History of Rome*, Books 1–5, trans., Valerie M. Warrior, Book 1, pp. 79–83。）

现在，我们接着往下说。我们暂且假定，君士坦丁是真的想通过前 20
面所说的那个方式来取悦于西尔维斯特。不过，他要是真的这么做，那
就等于是把西尔维斯特置于万人痛恨、刀剑齐来之境。在我看来，如果
真是那样的话，西尔维斯特恐怕连一天都挺不过去。按理说，针对此人
以及其他几个特殊人物，既然当时的罗马人已是怒火中烧、骂声不断，
那本应留下一些印迹，然而，我们却连一丝一毫都未曾见过，似乎这些
东西都已从罗马人的心绪中移除了。先不管那么多，我们还是来假定一
下可能出现的情况：对于君士坦丁而言，不论人们怎么恳求，怎么威胁，
怎么辩驳，一概不起作用，他依旧坚持己见；一旦做出决定，他就拒绝
悔改。假如西尔维斯特针对此事发表一通演说，估计每个人都会深有感
触。对于我的这个说法，应该没有人会不同意吧？如果他真的发表过这
么一个演说，那肯定应该像下面这个样子：

"皇上，你是我杰出的君主、杰出的神子。对于你如泉似涌、坚定 21
笃诚的虔敬之情，我肯定会珍视，我必须要接纳。不过，在向天主献礼
以及奉献祭品这类事情上，你有点误入歧途。对此，我并不会感到过分
惊讶，因为你毕竟还只是基督大军中的一名新兵。从前，对于神父来说，
不论是什么样的牲口、什么样的野兽、什么样的飞禽，如果拿它做祭品，
都是不合适的；同样，他也不可收受任何形式的礼物。我是个神父，同
时也是个教皇，甄定哪些东西可以作为祭品供奉在祭坛上，是我的职责
所在，其目的在于，防止有人把不洁的动物甚至把毒蛇或蟒蛇之类的东
西拿来当祭品。因此，你也要考虑一下你的这个行为。我们暂且假设，
你的确有权把你这个帝国的一部分转给其他某个人，而不是传给你的那
几个儿子；而且，你要送出去的这部分领土还包含罗马城，而你要知道，
罗马城目前还是这个世界的首都。当然，对于这个假设，我是绝对不会
信以为真的。我们也可以再把罗马这个民族假设一下，再把意大利假设
一下，再把其他各个民族全都假设一下。尽管说他们对我等恨之入骨，

尽管他们对我等的信仰一直唾弃鄙夷，但是，我们还是可以假设一下，在某些俗世利益的诱使下，他们全都同意接受我等的统治。当然，这个假设，绝无半点成立的可能。我挚爱的神子啊，即便以上这些假设都是真有其事，即便你真的认为你还欠我一些信仰上的凭据，但是，除非我不想忠于自己的本心，除非我想忘掉自己的身份，除非我想基本断绝和吾主耶稣的关系，否则，不论你怎么和我理论，不论你怎么诱惑我，我依然不会同意你的做法。你送给我的这些东西，不论是把它叫作礼物也好，还是如你所说是你给我的酬劳也罢，它都会玷污我本人以及所有继任者原本拥有的荣耀、清白和圣洁，而且，它会在顷刻之间把我们的这些品德一扫而光。对于那些前来追寻真理的人而言，你送这些东西，就是要挡住他们前行的道路。叙利亚人乃缦的麻风病被治好之后，他曾想给以利沙支付一笔酬劳，但以利沙并不愿意接受。既然人家以利沙是那样做的，那么，难道把你的病治好了，我就可以收受酬劳了吗？既然以利沙最终拒绝了乃缦所送的那些礼物，那么，难道我就可以答应收受几个国家的领土吗？作为先知，他是不愿败坏自己的名声的；而我是以基督的使命为己任的，难道我就可以去败坏基督的名声吗？他为什么认为收受礼物会败坏先知的名声？可以肯定，其原因就在于，如果他收了礼，那他给人留下的印象就是，把神圣的东西当商品来卖，拿天主的礼物来赚钱，而且还需要俗世之人的保护，这样的话，其善举的价值也就会大打折扣。正因如此，他宁可让君王们成为他的受益人，也不愿把自己变成君王们的受益人，甚至说，就连互利互惠的事情他也不愿干。[1]正如主耶稣所言，'施比受更为有福'[2]。这话同样适用于我，或者准确一点说，它更加适用于我，因为主曾教导我：'医治病人，叫死人复活，叫长大麻风

1　关于乃缦给以利沙送礼遭拒的故事，详见《列王纪下》，5: 15—19。

2　见《使徒行传》，20: 35。

的洁净，把鬼赶出去。你们白白地得来，也要白白地舍去'[1]。皇上，你说我能去犯如此深重的罪孽吗？要是那样，我不就是在违背天主的教诲吗？我不就是在玷污我本人的荣誉吗？正如保罗所言，'我宁可死也不叫人使我所夸的落了空'[2]。在天主面前敬重朕的职分，这是朕的光荣。其实，保罗也曾说过：'我对你们外邦人说这话，因我是外邦人的使徒，所以敬重我的职分。'[3]皇上，我可是信奉基督之人，是天主麾下的神父，是罗马教皇，是基督的代理人。像我这样的人，怎么能给别人做这么一种不道德的示范，怎么能给别人提供让其可以心安理得去作恶的理由？

"另外，作为神父，面对财富、官职以及俗务管理，他们如何能够 22 做到堂堂正正、无可指责？我们之所以发誓弃绝尘世俗物，难道是为了谋取更多这类东西吗？我们之所以放弃自己的私人财产，难道是为了去霸占他人财产以及公共财产吗？要把那么多的城市送给我们？贡金、赋税之类的，都归我们？如果我们真的这么做，那我们还有什么权利被称为圣职人员？每个人都有自己的那一份地、那一块地，用希腊语说，就叫作'克莱罗斯'（klēros，份地）。我们的这块地就是主，就是天主，而且，我们的这块地不在地上，而在天上。利未人（Levites）[4]也是属于祭司阶层，和他们的兄弟不一样，他们没有分到土地。既然他们是这样，难道你还要强行把我们兄弟的那一份分配给我们吗？对于我而言，财富有何意义？主的教诲时刻在我耳边回响，这就是，千万不要为了明天的事而思前想后。他曾告诫我说：不要在地上为自己积攒财宝，不要在你的钱袋子里积攒黄金、白银或金钱。他还告诫说：财主进天主的国，比骆

1　见《马太福音》，10: 8。

2　见《哥林多前书》，9: 15。

3　见《罗马书》，11: 13。

4　利未人，古代以色列人的一个支派，利未（Levi）的后人，按照当时的规定，利未人没有固定的封地，他们的主要职责是从事祭司工作。

驼穿过针的眼还要难。[1]正因如此，在安排司祭职位时，他挑的都是穷人，而且，只有放弃了一切俗事俗物，才可以跟随他。其实，他本人就是个守贫的典范。占有和控制金钱财富，就是对纯正品性的严厉打击，不仅如此，在很大程度上说，哪怕是摸一摸、碰一碰金钱财富，结果也都是一样的。犹大（Judas）是个另类，他弄了那么多钱袋子，把人们施舍的财物都装在里面，走到哪里带到哪里。他不仅爱说谎，而且很爱钱。爱钱已经成为他的一个生活习惯。就是为了这个东西，他竟然就指责并出卖他的主人、他的主宰、他的天主。因此，皇上，我实在有点担心，你会把我从彼得那样的人变成犹大那样的人。你还是再听听保罗是怎么说的吧：'我们没有带甚么到世上来，也不能带甚么去。只要有衣有食，就当知足。但那些想要发财的人，就陷在迷惑，落在网罗和许多无知有害的私欲里，叫人沉在败坏和灭亡中。贪财是万恶之根，有人贪恋钱财，就被引诱离了真道，用许多愁苦把自己刺透了。但你这属天主的人，要逃避这些事。'[2]皇上，对于有些东西，我是必须要像躲避毒药一样去躲避它的，难道你还非要我去接受它？

23　　"皇上，你还可以凭借你的智慧，好好考虑一下下面这个问题：我们所拥有的这一切东西，都是用来为天主服务的，在这些东西之间，哪里还能找到多余的空间？有些人曾对使徒们提出抱怨，说他们那里有一些寡妇，但是，使徒们在其日常服务过程中，对那些寡妇的生活缺乏关心。使徒们回答说，对于他们使徒而言，扔下天主的道不管，而去忙于管理饭食，那是不对的。[3]征收赋税，管理钱库，计算士兵的报酬，还有整天纠缠于成千上万的诸如此类的事务，这些事情和为寡妇管理饭食相比，

1　瓦拉这里对《圣经》文字的引用并非直引。在福音书中，有多处相关文字。参阅《马太福音》，6：19—20，19：23—24；《路加福音》，10：4，18：23—25；《马可福音》，10：23—25。

2　见《提摩太前书》，6：7—11。

3　见《使徒行传》，6：1—4。

有多大的不同吗？保罗有言：天主的战士绝不可参与世俗事务。[1]对于亚伦（Aaron）[2]以及利未支派的其他所有人而言，除了履行天主的会幕[3]工作之外，他们还要做别的什么事吗？他的两个儿子之所以被一场天火烧死，乃是因为这两个人把外来的凡火加进了他们的香炉。[4]俗世的财富也是一把火，这种火不仅是禁用的，而且是亵渎神灵的。既然如此，难道你还非要我们将这把火放进我们那些圣洁的香炉里面吗？换言之，你非要我们把它放进我们的祭司职务里面吗？对于伊莱贾撒（Eleazar）[5]、非尼哈（Phinehas）[6]以及会幕或圣殿中其他所有的教长或司祭人员来说，除了和他们的神职相关的事情之外，他们还管理过其他任何事情吗？我这里说的是'管理'，是真的管、真的理。如果他们真的想把自己的本职工作干好，那么，他们还有可能去管理别的事吗？不过，如果他们不想好好履行自己的分内职责，他们就会听到天主的诅咒：'懒惰为耶和华行事的，必受咒诅。'[7]这个诅咒虽说是针对每一个人的，但它更是针对教皇的。教皇的责任太大了！担当基督教会的首脑，这是何等特殊的一个角色！担任牧羊人，要照料如此庞大的一个羊群，这个担子是多么沉重！每一只迷途的小羊羔，每一只迷途的成年羊，其身家性命都掌握在他的手中。

1　这句话并非《圣经》中的原文。《圣经》中有类似的话："凡在军中当兵的，不将世务缠身，好叫那招他当兵的人喜悦。"详见《提摩太后书》，2: 4。

2　亚伦，《旧约全书》中的人物，摩西的兄长，属利未支派，曾协助摩西率领以色列人出埃及。摩西在旷野建立会幕后，亚伦被立为祭司，其四个儿子后来也都成了祭司。亚伦的最大弱点是：没有主见，不敢说"不"，容易受人摆布。

3　会幕（tabernacle），亦称帐幕、圣幕、约幕，古代以色列人在建造耶路撒冷圣殿之前安放约柜、举行祭祀的帐篷。

4　关于亚伦的两个儿子拿答（Nadab）和亚比户（Abihu）被天火烧死的故事，详见《利未记》，10: 1—2。

5　伊莱贾撒，《旧约全书》中的人物，亚伦的第三子，继承亚伦的司祭职，详见《民数记》，25: 7。

6　非尼哈，《旧约全书》中的人物，伊莱贾撒的儿子，亚伦的孙子，继承其父的司祭职，有着强烈的信仰热忱，详见《民数记》，25: 11。

7　见《耶利米书》，48: 10。

主对他说：如果你爱我比爱他人更深，那你就喂养我的小羊。主又一次对他说：如果你真的像你所说的那样爱我，那你就牧养我的羊。主第三次对他说：如果你真的像你所说的那样爱我，那你就喂养我的羊。[1]皇上，难道你非得要我再去喂养山羊、去喂养猪？你要知道，你面前的这个牧羊人是无法为这些山羊、这些猪提供保护的。

24   "你说什么？你真的要把我变成一个国王？甚至说，你真的要把我变成一个皇帝，变成一个统治着好多位国王的那种统治者？主耶稣基督既是天主又是人，既是祭司又是王，他的确承认他是个王，但是，关于他的那个王国，你要听一听他是怎么说的：'我的国不属这世界；我的国若属这世界，我的臣仆必要争战。'[2]他的宣讲是有其核心要义的，而且，他会反复提到这个要义。他所说的首要一件事是什么？难道不就是下面这些话吗？悔改吧！天国近了！天主的国近了！[3]那么，他的这个天国可以比作什么？[4]他讲这些话的时候，难道不就等于是在宣布世俗的王国与他没有任何关系吗？他不仅没有花心思要去获得这种王国，而且，当有人要送给他这么一个王国的时候，他也是不愿接受的。有一次，众多族群想把他带走，然后推他为王。当意识到他们有这个想法之后，他便立即逃走，躲进深山荒野之中。他曾这样说道：'你们知道外邦人有君王为主治理他们，有大臣操权管束他们。只是在你们中间不可这样。你们中间谁愿为大，就必作你们的用人；谁愿为首，就必作你们的仆人。正如

1　这段话并非《圣经》文字的直引。原文详见《约翰福音》，21：15—17。另，《圣经》中所说的"羊"是指绵羊（sheep），与下文提及的"山羊"（goats）形成对比。

2　见《约翰福音》，18：36。

3　见《马太福音》，4：17："天国近了，你们应当悔改！"《马可福音》，1：15："日期满了，天主的国近了！你们当悔改，信福音。"

4　关于天国的类比对象，见《马可福音》，4：30—32："天主的国，我们可用什么比较呢？可用什么比喻表明呢？好像一粒芥菜种，种在地里的时候，虽比地上的百种都小，但种上以后，就长起来，比各样的菜都大，又长出大枝来，甚至天上的飞鸟可以宿在它的荫下。"

人子来，不是要受人的服侍，乃是要服侍人，并且要舍命，作多人的赎价。'¹如今，我等就处在他那个位置。他的做法为我等提供了一个效法的榜样，而且，他的上述这番话也成为我等谨记在心的箴言。

"皇上，你肯定知道，从前，对于以色列，天主是委派审判官²来进行管理的，而并没有给它委派国王。但是，以色列民众却希望能有他们自己的国王，因此，天主对他们非常厌恶。既然他们坚持己见，天主就给他们立了一个王，实际上，他就是要以这么一种方式来表明他已放弃了以色列人。³不过，在后来的新律法中，他还是收回前述做法，不再放弃。如今，我已蒙允，差不多就要成为一名审判官了，到了这个时候，难道我还会去收受一个王国吗？保罗说：'岂不知圣徒要审判世界吗？若世界为你们所审，难道你们不配审判这最小的事吗？岂不知我们要审判天使吗？何况今生的事呢！既是这样，你们若有今生的事当审判，是派教会所轻看的人审判吗？'⁴作为审判官，他们只是负责审理讼案，而不会索取报酬。既然这样，难道我就要索取报酬？我知道，主曾经问过彼得：尘世上的君王在征收关税或丁税的时候，是向自己的儿子征收，还是向外人征收？彼得回答说：'是向外人。'于是，主就宣布：'既然如此，儿子就可以免税了。'⁵需要提醒皇上的是，如果所有子民都是我的儿

---

1 见《马太福音》，20: 25—28。

2 对于古代以色列的这种"审判官"（judge），在不同的《圣经》中译本中，天主教会将之译为"民长"，新教（基督教会）将之译为"士师"。为与下文表述相统一，这里将之译为"审判官"。

3 关于以色列人要求立王的故事，详见《撒母耳记上》，8: 1—22。按照《旧约全书》的说法，耶和华此前之所以不给以色列人立王，意在表明他自己就是他们的王，为此，他曾向撒母耳说："百姓向你说的一切话，你只管依从，因为他们不是厌弃你，乃是厌弃我，不要我作他们的王。自从我领他们出埃及到如今，他们常常离弃我，侍奉别神。现在他们向你所行的，是照他们素来所行的。故此你要依从他们的话，只是当警戒他们，告诉他们将来那王怎样管辖他们。"详见《撒母耳记上》，8: 7—9。

4 见《哥林多前书》，6: 2—4。

5 见《马太福音》，17: 24—26。

子，当然不用说如果，他们肯定都是我的儿子，这样的话，他们全都可以免税，任何人都不用缴纳任何东西。因此，我根本不需要你的这个礼物，如果拿了这个礼物，那就意味着要干一份工作，而对于我来说，既干不了这个事，也不能干这个事，干这个事就等于干坏事。

26 "如果我要是真的接受这个礼物，我就必须拥有生杀予夺之权、惩治罪犯之权、发动战争之权、摧毁城市之权，而且可以去破坏蹂躏他国领土，可以放火，可以屠戮。为什么这么说？这是因为，如果我想把你交给我的这个东西保护好，那我就必须拥有这些权力，除此之外，不会有任何其他办法。但是，如果我真的这么干，那我还能算是个神父吗？还能算是个教皇吗？还能算是基督的副手吗？如果那样的话，我肯定会听到基督对我的厉声呵斥：'我的殿必称为祷告的殿，你们倒使它成为贼窝了。'¹主还说：'我来本不是要审判世界，乃是要拯救世界。'²我是其继承者，难道你还要让我成为导致生灵涂炭的罪魁祸首？主曾借彼得之口对我说：'收刀入鞘吧！凡动刀的，必死在刀下。'³甚至说，我等是不可以使用武器来保护自己的，你要知道，当年彼得之所以拿刀削掉那个奴仆的一只耳朵，那是想保护主耶稣。⁴难道你非要我等拿起武器，去攫取财富，去保护财富？我等的权力只在于锁钥之权，正如主所言：'我要把天国的钥匙给你，凡你在地上所捆绑的，在天上也要捆绑；凡你在地上所释放的，在天上也要释放。阴间的权柄不能胜过他。'⁵对于这个权力，不可再加任何东西。对于这个职位，不可再加任何东西。对于这个国，不

---

1 见《马太福音》，21: 13。

2 见《约翰福音》，12: 47。

3 见《马太福音》，26: 52。

4 "那个奴仆"是指犹太大祭司的仆人马勒古（Malchus）。关于耶稣被犹大出卖以及耶稣被抓的场景，详见《马太福音》，26: 45—51；《约翰福音》，18: 1—13。

5 见《马太福音》，16:18—19。瓦拉在援引这段文字时，对经文顺序做了颠倒，在原经文中，"阴间的权柄不能胜过他"这句话位于"我要……"之前。

可再加任何东西。不论何人，只要是他对这一权力还不满足，那他就是在从魔鬼那里为自己谋取其他东西，而那个魔鬼可是个胆大妄为之徒，他甚至敢对主说：'你若俯伏拜我，我就把世上的万国都赐给你。'¹ 因此，皇上，请允许我说句实在话——先声明，没有冒犯你的意思——，你拿出俗世的这些王国，让基督，换言之也就是让我，来接受它们；对我而言，你这就是魔鬼的行为；你就不要使用魔鬼的方式对我下手了。对于那些王国，我不愿拥有，我只想拒绝。至于那些不信基督之人，我希望他们将来能够归信基督。我要对他们说，千万不要把我从光明天使变成黑暗天使。对于那些人，我是希望将其心灵引向虔诚的，我不想让他们的脖子被套在轭锁之下。² 我是要让他们归顺于我，但我用的是天主之道这把宝剑，而不是凭借用金属制成的那种刀剑。³ 这样的话，他们就不会变得更为暴烈，就不会踢人，就不会用角把我抵伤，就不会因为我的某些错漏而感到困惑，就不会亵渎天主之名。我要把他们变成我挚爱的儿子，而不是变成我的奴仆；我要悦纳他们，而不是收买他们；我要关爱他们，而不是压制他们；我要把他们的灵魂作为祭品献给天主，而不是把他们的躯体当作祭品献给魔鬼。主说过：'我心里柔和谦卑，你们当负我的轭，学我的样式，这样，你们心里就必得享安息。因为我的轭是容易的，我的担子是轻省的。'最后，在我结束讲话之前，我们就听一听主是怎么说这个事的吧：'恺撒的物当归给恺撒；天主的物当归给天主。'⁴ 既然如此，你作为恺撒、作为皇帝，你就不可放弃本属于你的那些东西；对于本属恺撒的那些东西，我也不可接受。哪怕你给我送上一千回，我

---

1 《圣经》原文是："魔鬼又带他上了一座最高的山，将世上的万国与万国的荣华都指给他看，对他说：'你若俯伏拜我，我就把这一切都赐给你。'"详见《马太福音》，4: 8—9。

2 见《马太福音》，11: 29—30。

3 见《以弗所书》，6: 17。

4 见《马太福音》，22: 21。

也永远不会接受。"

27　　西尔维斯特算得上是一位名副其实的使徒式人物，对于他的这番讲话，君士坦丁还能做出什么反驳吗？既然如此，还说赠礼实有其事的那些人就要注意了。他们声称，君士坦丁就是想剥夺家人的继承权，就是想把罗马帝国一撕为二。他们的这种说法，难道不是在强暴君士坦丁吗？他们又说，元老院、罗马人民、意大利以及整个西部地区都同意改变帝国的现状。要知道，这种说法不仅违背世俗法，也违背教会法。他们的这种说法，难道不是在强暴元老院、罗马人民、意大利以及整个西部地区吗？他们还说，西尔维斯特的确接受了人家的赠礼。要知道，接受这样的礼物，与圣洁之人的身份是不相配的。他们的这种说法，难道不是在强暴西尔维斯特吗？此外，他们还发挥想象说，即便身居教皇这种职位，也是可以掌管世俗王国的，也是可以管理罗马帝国的。他们的这种说法，难道不是在强暴教皇这种职位吗？所有这些都表明，面对这么多的障碍，君士坦丁绝不可能像他们所说的那样做出那样的事，他绝不可能把罗马国家中的这么大一块地盘送给西尔维斯特。

二

28　　我们接着往下说。你们的那个文件当中的确提到了那个赠礼，但是，要想使人相信那个礼物真的送了出去，那就必须要找到一些证据，来证明西尔维斯特的确接受了那个礼物。目前来看，根本找不到这类证据。你们会说："尽管如此，他还是认可了这个赠礼，这一点是可信的。"你当然可以说它是可信的，要是这样说，在我看来，不仅他对赠礼的认可之说是可信的，甚至说，他挖空心思地想得到赠礼，他直接开口索要赠礼，他通过他的那些祈祷词来敲诈骗取赠礼，如此等等，统统都是可信的。对于已经超出人类想象的某些事情，你们凭什么说它是可信的？我们不要陷入下面这个思维模式：之所以说这个赠礼已被对方接受，仅仅就是因为，在那份有关赠礼的文件中提到过赠予这个事。实际上，这个事要倒过来看才行。我们应该这样来说：之所以说从来就没有发生过那个赠礼行动，其原因就在于，那个文件中根本就没有提到过接受礼物这回事。你们可以宣称有证据表明君士坦丁就是想要送这个礼，但是，让你们失望的是，也可以有更多的证据来表明西尔维斯特根本就不要这个礼。对于不需要你捐助的人而言，你的善款善物是捐不出去的。

我们必须做出以下假设：西尔维斯特是拒绝接受那份礼物的，而且，他还含蓄地表示，君士坦丁根本没有权利把那些东西拿去送人，而他西尔维斯特本人也无法名正言顺地收受那些东西。要知道，一旦贪婪起来，人会变得何等盲目莽行，何等不计后果！现在，我们可以来设定一下，围绕西尔维斯特同意接受赠礼这个事，你们还可以掏出一些真实的文件，也就是说，是那些没有经过任何篡改的、原原本本的真本文件。对于这些文件中提到的所有内容，肯定不会有人眼疾手快已经动了手脚，是吧？那么，在这些文件中，有哪个地方提到过他已经拥有那些礼物？有哪个地方提到过财产转交这个事？假如说君士坦丁只是写了一纸文书而没有实际行动，那就只能表明，他并不想逢迎西尔维斯特，而只是想戏弄戏弄他而已。你们会说："一个人既然已经说要捐赠，那他很有可能真的就会把东西捐赠出去。"看看，你们说的这都是什么话。那片土地肯定没有送，这是显而易见的，因此，剩下的问题就是，尽管没有送地，那有没有送名？一般来说，不论何人，如果他不想送实礼，那么，即使是有名无实的名头，他也不会送。

很显然，可以肯定地说，君士坦丁从来就没有送过领土。对于这一点，如果还有人拒绝承认，那就太反常了吧？君士坦丁把西尔维斯特带到朱庇特神殿（Capitol）那里去，让他在众多不信基督的罗马公民的欢呼声中，以类似于胜利者的那种姿态出现了吗？他当着元老院所有议员

29

30

的面把西尔维斯特送上黄金御座了吗？他命令官员们按照各自的级别，向他们的君主西尔维斯特请安，并匍匐在其脚下以示臣服了吗？通常来说，在新皇帝登基的时候，才会有这类仪式。如果仅仅是转交个小额财产，比如说把拉特兰宫送给别人这种小事，是不会举行这些仪式的。君士坦丁带着西尔维斯特巡游整个意大利了吗？他和西尔维斯特一起，视察过高卢、西班牙、日耳曼以及整个西部帝国吗？如果说这两个人不堪劳苦，无法亲自周游各地，那么，对于责任如此重大的这么一件事，他们能将其委托给何人去操办？这样的人，一个要能代表皇帝把领土给出去，另一个要能代表西尔维斯特把领土接下来。他们必须是拥有特殊权威的大人物，然而，我们并不知道他们是谁。一个"给"字，一个"接"字，这两个字的分量太重太重！如果一个人要受任为某个城市、某个地区或某个行省的主官，其操作方式应该是：把先前的那些行政官员换掉，替之以新的行政官员，在完成这一程序之后，那个受任主官才算真正掌握那方土地的管理权。远古的例子暂且放在一边不谈，根据我的学识所及，对于这类事情，除了上面这种做法之外，我们至今还没有见过任何其他的处理方式。就算西尔维斯特当时没有提出这一要求，那么，就君士坦丁这一方而言，出于维护自身尊严方面的考虑，君士坦丁也应该宣布：他正准备把领土让给他人，这个事不只是说说而已，他要将之付诸行动；他将撤回自己手下的那些地方主官，并下令由西尔维斯特委派其他人去接替他们的位置。如果某个地方依然掌控在原先那批人之手，土地转手之说也就无从谈起，而且，新的主官也没有那个胆量去把他们赶下台。当然，我们可以假设，以上所说的这些依然构成不了什么障碍。我们甚至也可以承认，不管怎么说，反正就应该认定，西尔维斯特已经拥有那片领土；而且，在那个时候，所有事情都是按照反传统、反自然的方式来处理的。如果真是这样的话，那么，在君士坦丁撤离之后，西尔维斯特是依靠什么人来管理各个行省和城市的？他发动过哪些战争？

对于武力反抗一触即发的那些族群，哪几个是他镇压下去的？他是动用什么样的臣属来处理这些事情的？你们的答案是："关于这类事情，我们一无所知。"因此，我就在想，所有事情肯定都是在夜深人静的时候干的，之所以没有人见过任何蛛丝马迹，原因就在于此。

好，就按你们的意思来说吧：西尔维斯特曾经拥有过领土。那么，31后来是谁剥夺了他对领土的所有权？不论是他本人，还是其诸多继承者中的任何一位，都未曾永久占有过领土，这种情形至少一直持续到格里高利一世（Gregory the Great）[1]那个时候。实际上，即便是格里高利一世，也未曾拥有自己的领土。不论什么人，如果他在当下没有领土，同时又无法以确凿的证据来证明自己过去有领土但是被人剥夺了，那就只能说，他从未有过自己的领土。如果他还要坚称自己以前有过，那他肯定就是在说胡话。如果你们不能告诉我后来究竟是谁剥夺了教皇的领土所有权，那我就会证明，你们也是在说胡话。这一点，你们是清楚的。剥夺教皇领土所有权的，难道是君士坦丁本人？难道是他的那几个儿子？难道是尤里安（Julian）[2]？难道是其他某个皇帝？是谁把他赶下台的？请摆出这个人的名字。他是在什么时候首次被赶下台的？请摆出具体的时间。后来还有第二次、第三次等等，它们都是在什么时候发生的事？人们是通过暴动和屠杀的方式把他赶下台的吗？还是说没有动用过这些手段？是众多民族合谋然后共同起来反对他的，还是说由某个民族先起的头？请你们告诉我，在所有那些民族中，是不是根本没有任何一个民族出来帮他？西尔维斯特或其他某个教皇之前不是委任了一批人来作为各个城市和行省的主官吗？在这些人当中，是不是也根本没有任何人前来协助他？他究竟是在某一天把所有东西都彻底弄丢的，还是说是在很长一段时间

---

1 格里高利一世，罗马教皇，590—604年在位。格里高利一世，即通常所说的大格里高利，但这里的"大"字实在有失"伟大"之本意。

2 尤里安，即"背教者"尤里安（Julian the Apostate），罗马帝国皇帝，361—363年在位。

里一点一点失去的？他本人和他手下的那些官员共同发起抵抗了吗？还是说，刚刚出现动乱的苗头，那些官员就都纷纷辞职不干了？在那些造反得胜者们看来，他们肯定觉得自己受尽了屈辱，而且他们会认为，那群人渣根本不配拥有帝国。那么，请你们告诉我，他们自己难道没有行动起来，没有手持刀剑去找那些人渣算账，没有去报仇雪恨？难道他们没有去把此前遭到篡夺的权力接管过来？难道他们没有对我们的信仰展开蹂躏？甚至说，难道他们没有准备为自己的子孙后代树立一个榜样？在被征服的那些人当中，绝对没有一个逃跑，没有一个人躲起来，没有一个人感到惶恐，是不是？这是多么令人称奇的一幅场景！罗马帝国是用无数人的鲜血换来的，是历经千辛万苦才建起来的。然而，对于这帮信奉基督的神父们来说，不论是获得这个罗马帝国，还是失去这个罗马帝国，竟然都可以把事情搞得这么平静祥和，这么悄无声息，在此期间，竟然没有任何流血，没有任何战争，没有任何争斗。而且，这些事都是谁干的，是什么时候干的，是怎么干的，持续时间有多长，所有这些事情，一概无人知晓。这些现象，肯定同样令人称奇！你们可能会认为，西尔维斯特是在林子里的树木中而不是在罗马城的人民中进行统治的；他是被冬雨和寒风而不是被人民赶跑的。不论是谁，只要他稍微认真读过一点书，怎么可能不知道罗马出过多少个君主、多少个执政官、多少个独裁官、多少个保民官、多少个市政官？尽管人数众多，时代久远，但没有一个人可以逃过我们的眼睛。与此类似，雅典人当中出过多少领导人，底比斯人（Thebans）[1] 当中出过多少领导人，斯巴达人当中出过多少领导人，我们也都一清二楚。甚至说，他们打了多少次陆战，打了多少次海战，我们也都记得明明白白。对于波斯人、米底人（Medes）[2]、迦

1　底比斯人，古希腊城邦底比斯（Thebes）的居民。

2　米底人，古代伊朗地区米底王国（Medes，公元前7—前6世纪）的居民。

勒底人（Chaldeans）[1]、希伯来人以及其他许许多多民族的国王，对于他们当中每一位国王是如何获得国家、如何维持国家、如何丢掉国家、如何收复国家的，我们也都不会一无所知。然而，西尔维斯特对他这个罗马帝国，或者往小里说，对他的这个罗马城，是以什么方式、在什么时候、通过什么人开始其统治的，又是以什么方式、在什么时候、经过什么人结束其统治的，没人可以说出一二。我就问你们：对于这些事情，你们能够举出证人吗？你们能够说出有哪些文人留下过与之相关的材料吗？你们的回答只能是："不能。"你们只会说，反正西尔维斯特可能有过自己的领土。你们说这种话的时候，竟然毫无羞耻之心。你们哪里还能算得上是人？你们简直就是畜生。

你们拿不出你们的证据，相反，我却要向你们展示，直到其生命的最后一天，君士坦丁都一直掌握着自己的领土，而且，在他之后的历任皇帝也都如此。我这样做的目的，就是要让你们无处可喷。不过，在我看来，做这个展示工作，难度实在太大，而且会很耗精力。不过，让我们还是把所有的拉丁文、希腊文历史著作全都摊开来看吧，把凡是提到过那些时代的所有文人的作品全都摆出来看吧。你们会发现，对于这个事情，没有一个人有不同的说法。证据有上千，一个就足够。这里仅以尤特罗庇乌斯（Eutropius）[2]为例。此人不仅见过君士坦丁，也见过君士坦丁的三个儿子，而这三个儿子在其父亲去世之后都成了罗马世界的主人。关于君士坦丁的侄子尤里安，尤特罗庇乌斯写过下面这段话："这个尤里安开始掌权，随后，他亲率大军，向帕提亚人（Parthians）发动

1 迦勒底人，古代生活在两河流域的居民。迦勒底人曾建迦勒底王国（即新巴比伦王国，公元前7—前6世纪）。

2 尤特罗庇乌斯（生活于4世纪中后期），古罗马历史学家，著有《罗马国史大纲》（*Breviarium*）一书。该书篇幅不大，文笔精炼。参阅尤特罗庇乌斯：《罗马国史大纲》，谢品巍译，上海：上海人民出版社，2011年。

战争。这次远征，我也参加了。"[1] 如果真的发生过把西部帝国当作礼物送人的事，他在书中肯定不会保持沉默。在这段文字之后，隔了几行，他开始讲到在尤里安之后继为皇帝的约维安（Jovian）[2]，对于这位皇帝割让领土之后，他并未隐而不谈："他和沙普尔（Sapor）[3] 签订了和约。签订此约，虽属局势所迫，但毕竟很不光彩。罗马帝国的部分领土被放弃，帝国的边界由此发生改变。从罗马帝国建立以来，直到此事发生之前，从未出现过这种情况。[4] 实际上，当年，在卡夫丁峡谷（Caudine Forks），我们的军队也曾遭到庞提乌斯·特雷希努斯（Pontius Telesinus）的羞辱，被迫从'轭形门'下通过[5]；在西班牙的努曼提亚（Numantia），在努米底亚（Numidia），我们的军队也曾有过此类遭遇[6]；尽管如此，我们的领土一寸

---

1 详见《罗马国史大纲》（*Breviarium*），10: 16。译文参阅尤特罗庇乌斯：《罗马国史大纲》，谢品巍译，第116页。另，尤特罗庇乌斯在这段话中说，尤里安率军远征帕提亚人，此说有误。尤里安征伐的是古代伊朗这个地方，当时，帕提亚人已被赶走，新的主人是萨珊波斯人（Sasanian Persians）。详见 Lorenzo Valla, *On the Donation of Constantine*, trans., G. W. Bowersock, p. 189。

2 约维安，罗马帝国皇帝，363—364年在位。

3 沙普尔（309—379），即沙普尔二世（Sapor II，通常写作Shapur II），波斯萨珊帝国君主，309—379年在位，出生伊始便继位，325年开始亲政，在其主政时期，萨珊帝国臻于鼎盛。

4 实际上，罗马皇帝哈德良（Hadrian，117—138年在位）当政时期，在与帕提亚（Parthia）的战争失利之后，曾割让过不少领土。详见 Lorenzo Valla, *On the Donation of Constantine*, trans., G. W. Bowersock, p. 189。

5 这里讲述的是公元前321年罗马军队在卡夫丁峡谷被萨莫奈人（Samnites）击败之事。按照当时的传统，败军必须从用长矛搭成的"轭形门"下走过去，这是对失败者的一种羞辱。卡夫丁峡谷，位于意大利南部，是亚平宁山脉中卡普亚（Capua）和贝内文托（Benevento）之间的一条狭窄通道。"卡夫丁峡谷"这个中文译名，并不是西文的字面直译。按照英文直译，这个地方应该叫"科丁岔路口"。"卡夫丁峡谷"拉丁文称为"Furculae Caudinae"。"卡夫丁"这种译称，属于"旧式"译法，它是将西文原名中的几个音符重新组合之后形成的中文译名。马克思在其书信中用过这个典故，而书信的中译本将这个地名译为"卡夫丁峡谷"，此名在中国得以流传。

6 努曼提亚，位于西班牙北部，罗马军队于公元前153年在此打了败仗。努米底亚，位于北非，罗马军队于公元前109年在这里打了败仗。

也没有丢失。"[1]

在这里，我还要问问你们几个，也就是要问问你们这最近几任教皇，33
虽然说你们现在都已经死了，但也不能放过。我还要问问你这个教皇，
也就是要问问你尤金[2]，你还活着，当然，这多亏有个菲利克斯[3]在保佑
你。[4]你们为什么要声嘶力竭地宣扬并维护《君士坦丁赠礼》这个东西？
你们为什么三天两头地要对某些君王发出威胁？给人的感觉就是，好像
你们有个帝国被人窃走了，你们要报仇雪恨？每当皇帝[5]不得不接受你
们为其加冕的时候，你们为什么总要千方百计地施压，让其在某种意义
上要臣服于你们？对于其他某些统治者，比如那不勒斯及西西里王国国
王，你们也都会采取这类行动，这都是为什么？古时候的罗马教皇没有
一个干过这种事，对吧？达马苏（Damasus）对狄奥多西（Theodosius）
没这么干过吧？[6]西利斯（Syricius）对阿卡迪乌斯（Arcadius）没这么干过
吧？[7]阿纳西塔斯（Anastasius）对洪诺留（Honorius）没这么干过吧？[8]约翰
（John）对查士丁尼（Justinian）没这么干过吧？[9]此外，还有很多圣洁的教

---

1 详见《罗马国史大纲》（*Breviarium*），10:17。译文参阅尤特罗庇乌斯：《罗马国史大纲》，谢品
　巍译，第117—118页。瓦拉在援引《罗马国史大纲》中的这段话时，有省略。

2 尤金，即罗马教皇尤金四世。

3 菲利克斯，即对立教皇菲利克斯五世，1439年11月5日被巴塞尔会议选为教皇；1449年从教皇
　职位上退下之后，他又接受枢机职位。

4 这是瓦拉在挖苦奚落罗马教皇尤金四世，意思是说他的教皇权力并不保险也不全面，有人在和
　他同台竞争。尤金四世继任教皇之后，一直与坚持"大公会议至上论"的巴塞尔会议（1431—
　1447）缠斗不休，双方相互宣布对方为"非法存在"。为了与尤金四世分庭抗礼，巴塞尔会议
　选出另外一位教皇，此即菲利克斯五世。

5 指神圣罗马帝国皇帝。

6 达马苏，指达马苏一世（Damasus I），罗马教皇，366—384年在位。狄奥多西，指狄奥多西一
　世（Theodosius I），379—395年在位。

7 西利斯，教皇，384—399年在位。阿卡迪乌斯，东罗马帝国皇帝，383—395年在位。

8 阿纳西塔斯，指阿纳西塔斯一世（Anastasius I），罗马教皇，399—401年在位。洪诺留，西罗
　马帝国皇帝，393—423年在位。

9 约翰，指约翰二世（John II），罗马教皇，533—535年在位。查士丁尼，指查士丁尼一世
　（Justinian I），东罗马帝国皇帝，527—565年在位。

皇，还有很多杰出的皇帝，这些教皇对这些皇帝，都没这么干过吧？不仅没有这么干过，他们反而是一直坚持认为，罗马城和意大利，连同我前面说过的那些行省，全都属于皇帝。正因如此，从君士坦丁时代开始，更准确一点说就是，在他成为基督徒以后，以及在他之后的几乎所有皇帝的统治时期，在社会上流通的各种金币上面，都铸有"CONCORDIA ORBIS"（"世界和平"）[1]这几个字，通常来说，这个铭文都是位于十字符号的下方。要注意的是，这几个字的铭文，用的都是拉丁字母，而不是希腊字母。目前，我手中就有很多当年留下来的这类金币。这里我只是说一说金币上的情况，至于罗马城内其他各种纪念物、各种圣坛的情况，我就不涉及了。如果说你们真的在罗马执掌过统治大权，那么，人们肯定会发现无计其数的由历任教皇下令铸造的钱币。然而，至今为止，没有人发现过这类钱币，不论是金币还是银币，一概没有。而且，没有任何人说过自己曾经见到过这类钱币。在那个时代，不论是谁，只要他在罗马执掌大权，就必须要拥有自己的铸币。如果是教皇在那里掌权，他甚至会在钱币上铸上救世主和彼得的图案。人类一旦无知起来，真的就太可悲了！你们也不想想，假如《君士坦丁赠礼》是实有其事的话，那

---

[1] 根据后世研究成果，瓦拉这里对古罗马钱币铭文的理解属于误读。首先要明确的一点是，古罗马神话系统中，有"和谐女神"（Concordia，或写作Concord）这么一个神灵，而且其图案和名字也经常出现在当时的钱币上，但没有"Concordia"和"Orbis"（世界的，罗马帝国的）二者连用的现象。瓦拉在文中所说的"CONCORDIA ORBIS"（"世界和平"或"帝国和谐"）是他本人对"CONOB"一词的擅自扩展。只是到了瓦伦提尼安一世（Valentinian I，364—375年在位）统治时期，帝国铸币上才出现"CONOB"或"COMOB"之类的铭文，而这个时候，君士坦丁一世（337年去世）已经去世几十年。至于"CONOB"和"COMOB"这两组铭文的含义，研究者指出："CONOB"中的"Con"，是"Constantinople"（君士坦丁堡）的简写，意指铸币地点是在东部帝国的君士坦丁堡；后面的"OB"是"obryza"一词的简写，意指"纯金"。而在西部帝国流通的金币上所铸的铭文"COMOB"中，"COM"可能是指负责管理黄金储备的官员"伯爵"（com或comes，即英文中的count）。参阅Lorenzo Valla, *On the Donation of Constantine*, trans., G. W. Bowersock, p. 189。

么，皇帝——我说的是拉丁西方的那个皇帝——就将一无所有。对于一个国家的任何一位拥有者而言，如果他仅仅就拥有这一个国家，而他在自己的这个国家里又什么都没有，那么，他会是什么样的一种罗马皇帝？他会是什么样的一种罗马君主？因此，对不起，以下所言都是明摆着的事：西尔维斯特未曾拥有过什么领土，换言之，君士坦丁并没有把领土送出去；而且，正如我前面说过的，他甚至连名义上的权利都没有给过对方，这一点是没有任何疑问的。当然，你们可能还是会说，权利是肯定给了，只是由于某种原因，领土的实际拥有问题没有落到实处。如果这样说的话，对于他明明知道根本不可能成为现实的东西，他真的明确给出去了？对于他无权转让的东西，他真的送出去了？对于某些东西，宁可让其不复存在，也不会拱手他人，难道他真的就把这样的东西给送出去了？是说要送礼，但这个礼要到五百年后才能生效，或者永远都不会生效，那他还真的把这样的礼物送出去了？要是像这样去谈事情、想问题，那就只能说你是精神错乱。

三

　　到此为止，对手们的这个案子，已被我砍得落花流水，血肉模糊。　34
我不想扯得太远。现在，我就要对它施以致命一击，来个一剑封喉。实际上，所有相关史书，只要它能够对得起史书这个名头，毫无例外都是这样写的：早在西尔维斯特出任教皇之前，尚处儿童时期的君士坦丁就已经和他的父亲君士坦提乌斯（Constantius）[1]一道成了基督徒。优西比乌

1　君士坦提乌斯（约250—306），即君士坦提乌斯一世（Constantius I），罗马帝国著名军事将领、
　　统治者，293—305年为西部帝国副皇（恺撒），305—306年为西部帝国皇帝（奥古斯都）。君
　　士坦丁一世是他与情妇赫勒娜（Helena）所生之子。289年，君士坦提乌斯与皇帝马克西米安
　　（Maximian，286—305年在位）的继女狄奥多拉（Theodora）结婚，后生有三个儿子，即达尔马
　　提乌斯（Dalmatius）、君士坦提乌斯（Constantius）和君士坦提亚（Constantia）。

（Eusebius）[1] 在其教会史著作中就是这么写的。[2] 鲁菲努斯（Rufinus）[3] 极其博学，他把优西比乌的这本书译成拉丁文，而且还补写了两卷，用以记述他自己所知的历史。这两个人和君士坦丁基本上都是同一时代的人。除此之外，我再举个例证。此人是个罗马教皇。在这些事情的发展过程中，他并不仅仅是个普通的参与者，而是主导者；他并不是被动的旁观者，而是积极的策划者；他对这些事情有过描述，他写的不是别人的事，而是他自己的事。这个人就是教皇梅尔凯亚迪兹（Melchiades）[4]，也就是西尔维斯特之前的那位教皇。他是这么写的："罗马皇帝是整个世界的主宰，因此，除了各族民众之外，如果这些皇帝也能加入进来，一起信仰基督，一起信仰基督的各种圣礼，那么，到这个时候，教会就算达到目的了。君士坦丁就是这么一位皇帝。他的信仰极为赤诚。在所有这些皇帝中，

1　优西比乌（约260—340），即凯撒利亚的优西比乌（Eusebius of Caesarea），早期基督教神学家、教会史学家。其神学思想倾向于阿里乌派，赞同圣子低于圣父的观点。其10卷本的《教会史》是研究早期基督教会史的重要资料。

2　对于这个事情，优西比乌在其《教会史》中的表述并没有像瓦拉所说的这么明确。优西比乌的原话是：君士坦丁"身为皇子，拥有一位极为虔诚和谨慎的父亲"。见Eusebius, *Ecclesiastical History*, 9:9-12。中译文见优西比乌：《教会史》，瞿旭彤译，北京：生活·读书·新知三联书店，2009年，第416页。可以看出，优西比乌并没有说君士坦丁在小时候就已成为基督徒。实际上，在优西比乌的另一部著作《君士坦丁传》中，作者倒是详细描述了君士坦丁归信基督教的前因后果、时间地点等问题。312年，在与共治皇帝马克森提乌斯（Maxentius，306—312年在位）决战过程中，君士坦丁皈依基督教。详见Eusebius of Caesarea, *Life of Constantine*, 1: 27-32。中译本材料详见优西比乌：《君士坦丁传》，林中泽译，北京：商务印书馆，2018年，第180—187页。312年，君士坦丁37岁，尽管此时他早已不是儿童，但这一年终究不在西尔维斯特担任教皇时期内。另外，按照早期基督教拉丁教父哲罗姆在其《编年史》中的记述，君士坦丁虽然于312年皈依基督教，但直到临终前，才接受洗礼。参阅Lorenzo Valla, *The Treatise of Lorenzo Valla on the Donation of Constantine*, trans., Christopher B. Coleman, New Haven: Yale University Press, 1922, p.73。

3　鲁菲努斯，即阿奎莱亚的鲁菲努斯（Rufinus of Aquileia，约345—约410），早期基督教神学家、教会史学家，曾将优西比乌的《教会史》从希腊文译为拉丁文。

4　梅尔凯亚迪兹，亦即米欧提阿德，罗马教皇，311—314年在位。

他是首先公开支持信奉基督真理的。他规定，不论身处何方，只要是在他的统治范围之内，所有人都可以成为基督徒，都可以修建教堂。他还安排划拨了一些财产。最后，这位皇帝还拿出大量钱财，开始修建第一个圣彼得座堂。就为这个事，他把自己的皇家宅邸拿了出来，将之送给圣彼得及其继任者，供他们以后之用。"[1] 你们看到了吧，梅尔凯亚迪兹说，除了拉特兰宫之外，君士坦丁并没有送出任何其他土地；至于划拨的那些财产都是什么，格里高利在他那个登记本上经常提及。事实上，送礼的事情发生在西尔维斯特出任教皇之前，而且，送的那些东西全都属于私人财产。当我把这些事情摆明了之后，那些不许我们对《君士坦丁赠礼》的真实性进行质疑的人，都跑哪里去了？

四

这个问题本来已经是清清楚楚，但是，我们还是要来讨论一下这个文件本身，因为时至今日，那些榆木脑袋们仍然煞有介事地不断把它搬出来丢人现眼。首先要说的是，当年竟然有人冒充格拉提安，在格拉提安本人的著作中添加私货。不得不说，这个人太不老实。而且，有些人还一直坚持认为，这个文件的文本原本就是格拉提安那部文献集中的组成部分。不得不说，这些人太无知。实际上，从来没有任何一位学者认为格拉提安把这个文件收录在了自己的著作当中，至于他的那部教令集，目前人们可以看到多种最早期的版本，在这些版本中，一概没有这个文

35

---

1 瓦拉在这里援引的这则材料，据称源自于教皇梅尔凯亚迪兹（米欧提阿德）的一封信函。然而，和《君士坦丁赠礼》一样，这封信也是伪造的，这在学术界早有定论。瓦拉使用一则伪造的材料来批驳另一则伪造的材料，颇具讽刺意味。参阅 Lorenzo Valla, *The Treatise of Lorenzo Valla on the Donation of Constantine*, trans., Christopher B. Coleman, p.73。

件。那些人把添加的材料塞进去，但可以说塞得实在不是地方。[1] 假如说格拉提安真的在自己著作中的哪个地方提到过这个事，那也绝不可能在那个地方提，否则，就把思维的基本顺序给打乱了[2]；即使要提，那也应该是在讨论教会与路易（Louis）[3] 达成协议的那个地方提。此外，在这部教令集中，有两千个段落的内容都与这个文件[4] 所说的那些东西无法兼容，比如，我在前面提到的梅尔凯亚迪兹的那些文字，就是其中的一个例子。[5] 有些人说了，增加这一篇章的那个人，人称帕莱亚（Palea）。之所以用这么个称谓，要么是因为那个人的名字真的就叫"帕莱亚"，要么是因为，和格拉提安的原著相比，那个人擅自增补的那些东西就是鱼目混珠的"废料"（palea）[6]。不管究竟是哪种情况，它都是个令其斯文扫地的丑事。这个事只能表明，后来对这个教令集进行重编的那个人要么

---

1 《格拉提安教令集》由三大部分构成，每一部分均包含大量的教规教令以及教会的其他重要文件，同时，每个部分均有格拉提安对相应文件所做的评论、注释和总结。第一部分由101节组成，主要涉及教会法的基本理论，同时也包含圣职人员素质、职位晋升以及教俗关系等问题。第二部分由35个案例组成，内容涉及教会法的方方面面。第三部分共4节，涉及基督教各项圣礼。在中世纪晚期及其以后常见的《格拉提安教令集》中，均有《君士坦丁赠礼》这个文件，具体位置是：第一部分，第96节，第13—14条教规。一般认为，这个文件是在格拉提安去世之后由另外一个人补进去的，时间是在12世纪中叶。增补的教规超过150条，其中绝大多数是由当年波伦亚大学的法学教授们负责挑选增补的。关于《格拉提安教令集》版本的源流问题，可参阅 Anders Winroth, *The Making of Gratian's Decretum*, Cambridge: Cambridge University Press, 2004。

2 格拉提安编写的《格拉提安教令集》不论是在内容的完备性方面还是在结构安排的科学性方面，均具有典范意义。后来出现的天主教会法典，不论是在精髓上，还是在范式上，都是以《格拉提安教令集》为基础的。参阅 Philip Hughes, *The Church in Crisis: A History of the Twenty Great Councils*, London: Burns & Oates, 1961, p. 175。

3 路易，指虔诚者路易（Louis the Pious，778—840），加洛林帝国皇帝，查理大帝之子。

4 指《君士坦丁赠礼》。

5 关于相关材料及其真伪，详见上一个自然段及相关注释。

6 拉丁文单词 "Palea" 作为人名，可音译为"帕莱亚"。这个词如作为普通名词，其基本含义是麦秆、稻草、糟糠等等，其引申含义则是没有价值的东西、废料、废物。有人认为，瓦拉围绕"帕莱亚"这个名字所做的议论，是对《格拉提安教令集》增补版中相关内容的误读。不过，就瓦拉本人的拉丁文水平以及瓦拉这本书的修辞学写作风格来看，误读的可能性并不是很大，更有可能的情形是，瓦拉就是要故意曲解。

根本就不知道这个人增补的东西究竟为何物，要么就是真的非常看重那个东西的价值并认为它是真货。

　　好了，够了！这个案子，我们已经赢了。首先，格拉提安不仅没有说过他们捏造的那些话，而且，他是明确反对、明确驳斥他们那套说法的，在格拉提安的著作中，这类例子比比皆是。其次，他们弄出一个根本没人知道是谁的家伙，这个人既没有任何权威，也没有任何影响，而且，此人蠢得透顶，他加进去的那些东西，和格拉提安著作中的其他所有说法都是矛盾冲突的。你们是要把这个人认定为这个事的实际操刀者吗？他可是孤家寡人一个，你们就是要拿这一个人的证言证词来说事？对于这么一个重大事件，他的那套说法与各种各样的证据全都相左，你们就是要死死地抱着它不放？我本以为你们会拿出盖有金印的各种材料，本以为你们会搬出各种大理石铭文，本以为你们会摆出一千位舞文弄墨之人留下的各种著述。你们会说："别急啊，帕莱亚本人已经告诉大家他的这个材料是源于何人，他还展示了和这段历史相关的材料来源，而且，他还引用教皇杰拉斯（Gelasius）[1] 和众多主教一起开会时的相关材料作为证据，他是这么写的：'这个材料源自《西尔维斯特行传》（*Acts of Sylvester*）。在七十主教会议期间，神圣的教皇杰拉斯提到过这本行传。他说，这本行传是公教徒们的常读之书，按照旧有的传统，很多地方的教会也都在仿效这一做法。在这本行传中，有写到君士坦丁如何如何。'[2]"在格拉提安这部教令集中很靠前的位置，有一部分是讨论哪些书可以读、哪些书不能读的问题的，在这个地方，杰拉斯还说过这么一段话："以教

皇圣西尔维斯特为传主的这本行传，尽管没人知道是谁写的，但我等却知道，在罗马，有很多公教徒都在读这本书，而且，按照旧有的传统，有些地方的教会也都在仿效这一做法。"[1]

37   能找来这样的权威，简直太了不起了！能找来这样的证据，简直太美妙了！能给出这样的论证，简直太无懈可击了！我必须承认，杰拉斯在七十主教会议上发表讲话时，还真的说过上面这些话。然而，他并没有说过圣西尔维斯特行传中关于赠礼的那个内容也被人们广泛阅读吧？他说过吗？他只是说，在罗马，有很多人都在阅读《西尔维斯特行传》；其他地方的很多教会也都奉罗马教会为权威，并采取同样的做法。所有这些，我都绝不否认。对于这个事，我不仅承认，我不仅认可，我还愿意和杰拉斯一起充当这个事的证人。但是，这个事，对于你们，能起到什么作用？它只能表明，在找证据、找证人的时候，你们处心积虑地在撒谎。除了这一点，还能有什么？在《格拉提安教令集》中，补写上述那些文字的那个人叫什么名字？没有人知道。而且，持他那种说法的，只有他一个人。描写这个事情来龙去脉的那个人叫什么名字？也没有人知道。而且，被拿出来当证据的，也只有他一个人，而他写的那些东西也是假的。你们都是优秀分子，你们都是聪明人，对于这么重要的一件事，拿这个东西来当证据，你们认为它充分吗？你们认为它作为证据是绰绰有余的吗？你们可以来看看，我的判断和你们究竟会有多大的不同。即便《西尔维斯特行传》中包含那个赠礼的内容，我也不认为它可被列入真实可信的范畴。这是因为，所谓赠礼，它只是个故事，而不是历史。它只是一个既富有诗意又厚颜无耻的编造，关于这个问题，容我后面再说。不论何人，哪怕他只是具有一丁一点的判断力，都不会提到赠礼这

---

1 《格拉提安教令集》，第一部分，第15节，第3条、第19条教规。

个事。比如说雅各布·达·沃拉吉纳[1]，此人是个大主教，而且对圣职人员满怀热忱。即便是这样的一个人，在他那部为众多圣徒撰写的行传集中，他对《君士坦丁赠礼》这个东西也是只字未提，因为它是虚构的，不配放在《西尔维斯特行传》之中。[2]在他之前，或许已经有人围绕赠礼这个事写过某些东西，因此，从某种程度上说，他的这个做法就是针对那些人而做出的一个否定性裁决。

　　这个造假者，这个彻头彻尾的"稻草人"，这个只长秆不长穗的"废物"（帕莱亚），我真想一把掐住他的脖子，拖他去对簿公堂。造假者，你说什么？在《西尔维斯特行传》里，我们并没有发现你说的这个赠礼，这究竟是怎么回事？可以肯定地说，这本书如今已属稀世珍本，人们很难见到，流传面非常有限。从前，"岁时纪"（Fasti）都是由古代大祭司们（Pontifices）负责保管的，"预言书"（Sibylline Books）则是由 38

1　雅各布·达·沃拉吉纳（Jacopo da Voragine，亦写作Jacobus de Voragine，约1229—1298）。中世纪后期意大利神学家、编年史家，1292—1298年任热那亚大主教。让沃拉吉纳名扬四海的是他编写的圣徒故事集《黄金读本》（Legenda aurea）。该书在中国通常被称为《黄金传奇》，这类译名不准确。13世纪中叶，该书编成之后，在西方世界一度广为流传。谓之"黄金"，意为珍贵。至于"Legenda"一词，本意是可以大声诵读的文字材料，指读本、诵本，与传说、传奇无关。详见Jacobus de Voragine, *Golden Legend*, trans., William Granger Ryan, Princeton and Oxford: Princeton University Press, 2012, p. xii。

2　在《黄金读本》中，《西尔维斯特行传》这个文本位于第12章。在瓦拉写作《〈君士坦丁赠礼〉伪作考》（1439—1440）期间，《黄金读本》的这个篇章中，的确没有提到《君士坦丁赠礼》这个文件。但是，在瓦拉的这部著作完成之后，情况出现变化。15世纪后期，为了"解决"瓦拉发现的问题，有人将《君士坦丁赠礼》这个文件中的某些内容嵌入了新刻印的《黄金读本》。比较有趣的是，嵌入的文字主要是《君士坦丁赠礼》中关于西尔维斯特治愈君士坦丁麻风病的那个部分，而对于君士坦丁要把西部帝国送给西尔维斯特这个事，在这个增补后的版本中依然没有提及。另外，在瓦拉那个年代流传的《西尔维斯特行传》中，专门有一段是讲述西尔维斯特如何降服大蟒蛇的。瓦拉对这个故事的真实性也做了彻底否定（见《〈君士坦丁赠礼〉伪作考》，第74—76节）。也正因如此，后来出现的《西尔维斯特行传》中，降服大蟒蛇的故事也被删掉了。如今人们常见的《黄金读本》，都是这种修改后的版本。关于修改后的《西尔维斯特行传》，详见Jacobus de Voragine, *Golden Legend*, trans., William Granger Ryan, pp. 62—70。关于《西尔维斯特行传》老版本及其内容，可参阅前文"中译本导论"中的相关文字。

十人祭司团（Decemviri）负责保管的。如今，对于《西尔维斯特行传》这样的书籍，其保管方式也差不多。这本书有希腊文、古叙利亚文以及迦勒底文等多种文本。许多公教徒都曾读过这本书，这是杰拉斯亲眼所见的。沃拉吉纳也曾提到过这本书。我们也曾见过这本书，有成千上万册之多，都是很久以前誊抄的。[1] 在西尔维斯特纪念日，几乎每个主教座堂里，人们都会诵读这本书中的内容。[2] 然而，从来没有人说自己在这本书中读到过你加进去的那个东西。也没有人说自己听说过那个东西，甚至说，就连做梦也没有梦到过它。要不然，就是可能还有另外一个版本。那是个什么样的东西？反正我没听说还有这样的东西，而且，如果你们要是弄出另外一个版本的话，那我就真的搞不明白你们的意图是什么了，因为你们谈论的一直是杰拉斯所说的在很多教会中被人们广为阅读的那个本子。而在这个本子中，我们没有发现你说的那个赠礼。如果说在关于西尔维斯特生平事迹的这个文本中没有你说的那个东西，那你为什么还要口口声声地说有？对于这么重要的一件事，你怎么还敢开这样的玩笑？你怎么还敢玩弄没什么文化的老百姓的虔愿之心？

39　　对于上面那个人的厚颜无耻、胆大妄为，我当然要讨伐，但是，相信他那套说法的那些人也是精神失常、愚不可及的，我要是就这么放过他们，那我就是傻子。假设有这么一个人，且不论他是希腊人，还是希伯来人，抑或是蛮族人，如果这个人说，此事已经载入史册并将传诸后世，那么，难道你们不会要求他把作者的名字告诉你们？难道你们不会要求他把那本书提供给你们？在确定能不能相信他说的那些话之前，难道你们不会找个值得信任的版本学家，让其对相关的文字认真研究一下？现在的情况就是，你们自己的这种处理方式是让人怀疑的，同时，还有那么一本非常有名的书，也是存有争议的。对于书中存在的如此不可置

1　这句话与本段前文所言"稀世珍本，人们很难见到"相矛盾。

2　在拉丁教会，西尔维斯特纪念日是在每年的12月31日。

信的东西，你们竟然没有做过任何的考究。要不然的话，那就是你们根本没有找到相应的文本材料，在这种情况下，你们头脑发热，轻听轻信，真的认为有那么一本书，真的认为那个事是真的。正是这一原因，你们已经变得冥顽不化，你们已经分不清哪儿是陆地哪儿是大海。在你们看来，这个事似乎没有任何值得怀疑的地方，因此，对于不信你们这套说法的那些人，你们会穷追猛打，大加恐吓，说要向他们开战，如此云云。善良的主啊，真理所蕴含的力量是多么强大，真理所蕴含的神性是多么丰沛！对于真理而言，它只需凭借自身之力，不需付出太多，就完全可以独善其身，就可以将一切背叛和欺骗拒之于外。例如，在君主大流士（Darius）的宫廷里，围绕"万事万物中什么最强大"这个问题，曾发生过一场争论，这个人给出这样一种观点，另一个人又会给出另一个说法，但最终认定，最强大的是真理。[1]可以说，这样的结果不可谓不公正。现在，我的辩论对象不是平信徒，而是神父，因此，我应该举教会方面的例子，世俗方面的例子就不谈了。犹大·马加比（Judas Maccabaeus）[2]曾派人前往罗马，目的是要和对方订立一份条约，并希望获得元老院的支持。按照马加比的嘱托，条约文本被刻在青铜板上，然后才被运往耶路撒冷。还有，天主耶和华授予摩西的那个"十诫"（Decalogue）[3]是刻在

---

1 这里讲的这个故事源自天主教"次经"（Apocrypha）《以斯拉上》（*I Esdras*），基本内容是：波斯帝国君主大流士一世（公元前522—前486年在位）的三个卫士围绕"世界上什么最强大"这个问题分别发表自己的观点，然后由大流士、诸王子以及各路主官做出评判并选出得胜者。第一个卫士说酒最强大；第二个卫士说君主最强大；第三个卫士（所罗巴伯，Zorobabel）先是论证女人最强大，然后，他又将酒、君主和女人逐一否定，并将之全部归入邪恶范畴，其结论是，这个世界上，最强大的是真理。所罗巴伯最终成为这次论辩赛的优胜者。详见《以斯拉上》，3：1—24，4：1—63。中译文参阅《圣经后典》，张久宣译，第450—456页。

2 犹大·马加比（约公元前160年战死），古代犹太军事领袖，犹太宗教信仰的坚定捍卫者，反对希腊宗教文化的入侵。关于瓦拉这里举的这个例子，详见天主教"次经"《马加比传上》（*I Maccabaeus*），8：20—22。中译文参阅《圣经后典》，张久宣译，第351—352页。

3 关于耶和华通过摩西晓谕以色列人的十条戒律以及耶和华将之"写在两块石板上"等内容，详见《申命记》，5：1—22。

石板上的，这我就无须多言了。请注意，君士坦丁赠送礼物这个事，是如此光耀夺目，如此史无前例，然而，对于这么一件大事，竟然根本找不出任何的佐证材料，不论是刻在黄金上的、刻在白银上的、刻在青铜上的，还是刻在大理石上的，一概没有。退而求其次，哪怕是写在书里的，也还是没有。当然，如果我们相信那个人的那套说辞，那就还是有佐证材料的，只不过它是写在纸草纸上的，或者是写在皮纸上的。人的思想主张是可以一代一代往下传的，但是，人类的成果总会遭到毁灭性的打击，一会儿遇到水灾，一会儿又遇到火灾。因此，按照约瑟夫斯（Josephus）[1]的说法，为了让自己对人类的恩泽永远保存下去，音乐祖师犹八（Jobal）[2]把自己对音乐的心得刻在了两根柱子上，一根是砖制的，可以防火；另一根是石头的，可以防水。根据约瑟夫斯的记载，一直到他本人生活的那个时代，那两根柱子都还屹立在那里。[3]即便是罗马人自己，也有类似做法。当年，他们尚未开化，还处在相当淳朴的乡下人那种状态，能够识文断字的人极其少见，就是在这种情况下，他们还是把《十二表法》（Twelve Tables）刻在了青铜板上。[4]后来，罗马城遭到高卢人的劫掠和焚毁，然而，事后人们发现，《十二表法》依然保存完好。在人类生活中，有两个极其强大的力量，一个是时间的不断流逝，另一个是命运的无情捉弄。但是，如果能够深谋远虑，人们还是可以在很大程度上战胜它们的。难道君士坦丁真的只是蘸着墨水在纸草上签署了一份把帝国捐赠出去的文件？就编造这个故事的那个人而言，且不论他是谁，

1　弗拉维乌斯·约瑟夫斯（Flavius Josephus，约37—100），古代犹太教祭司，历史学家，主要著作有《犹太战史》（*History of the Jewish War*）和《犹太古史》（*Jewish Antiquities*）。

2　犹八，《旧约全书》中的人物，音乐的鼻祖。《创世记》，4: 21："雅八的兄弟名叫犹八，他是一切弹琴吹箫之人的祖师。"

3　详见Flavius Josephus, *Jewish Antiquities*, Books I–IV, trans., H. Thackeray, Cambridge, Massachusetts: Harvard University Press, 1961, I: 64 (pp. 29–31)。约瑟夫斯的这部《犹太古史》共20卷。

4　《十二表法》，古代罗马最早的成文法，其制定时间是在公元前451—前450年，因所制定的法律条文被刻写在12块板（"表"）上，故名。至于板的质地，存疑。

他肯定都是一个不按正常思路做事的人，他这么编，无异于向世人宣布，君士坦丁说过这样的话：出于目无神灵的贪婪，将来会有人把这个赠礼文件给废掉的，而且，这样的人肯定不缺。君士坦丁，你不担心出现这样的情况？那些人既然可以把罗马城从西尔维斯特手中收回去，那他们也就有可能把你签的这个特许证给偷走，难道你不会采取预防措施，防止这种事情发生？请你们告诉我，就西尔维斯特那一方而言，他自己什么事情都不干？他会把一切东西都再交还给君士坦丁？对于这么重要的一件事，他会如此漫不经心，他会如此懒懒散散？他根本不为他自己着想？他根本不为教会着想？他根本不为教会的后来人着想？你看看，你竟然要把罗马帝国的管理权托付给这样的人，你找的这都是个什么人！面对这么一个决定命运、利害攸关的大事，他都可以呼呼大睡。一旦那张特许证被弄丢了，那么，过了很长时间之后，再让他来提供证据，以证明赠礼确有其事，那他就难办了。

　　这个疯子竟然把这个文件[1]叫作"特权文书"（text of the grant）。我 40
希望当面向这个家伙发起进攻，因此，现在权当他就站在我面前。对于把帝国作为礼物送出去这个事，你要把它说成是个特权赋予行为？你是不是坚持认为，这个"文书"里就是这么写的？你是不是坚持认为，君士坦丁使用的就是这种表述方式？如果说连文件的标题都是荒谬的，那么，对于文件里的其他所有内容，我们会怎么想？

　　　在受洗后的第四天，君士坦丁皇帝赋予罗马教皇一项特权，据 41
　　此，在整个罗马帝国境内，就像所有的法官都要奉他们的君主为最高
　　首脑一样，所有的神父也都必须将罗马教皇奉为他们的最高首脑。[2]

　　在西尔维斯特传记的原版本中，是有上面这些文字的。在这段话中，

1　指《君士坦丁赠礼》。

2　《格拉提安教令集》，第一部分，第96节，第14条教规。

"特权"一词出现的地方以及它的含义,都很明确,没有任何疑问。不过,和那些编造谎言的人一样,这个人也是先用真话来开个头,好让人们顺势相信他接下来编的那些谎话。维吉尔作品中的那个西农(Sinon)就是这样的,他曾说道:"陛下,不管后果怎样,我将把全部真实情况对你讲出来,我也不否认我是希腊族的人。"[1]在说完这个开场白之后,他便一头扎进了谎言之中。在这里,我们的这个西农也是这么干的,他先说了几句真话,然后便开始追加他的那套东西:

42

> 在这个'特权文书'中,还谈了其他一些事项,其中有一项是这么说的:朕做出判断,认为以下这一做法是有益的:正如人们所知圣彼得已被确立为天主之子的在世代表那样,继承使徒之长位置的教皇们也应该从朕以及朕的帝国中获得特权,从而享有帝王般的权力;朕这种俗世帝王的宁静安详是有其宽厚性的,由此而拥有的权力看起来也是可想而知的,而教皇们享有的权力一定要比朕的权力大;……。和朕一同做出上述判断的不仅有朕手下的所有行省总督和元老院全体议员,而且还有贵人派(Optimates)[2],此外还有臣服于罗马教会统治的全体人民。[3]

你这个东西,简直就是个无赖,就是个恶棍!你援引这本传记来

---

1 维吉尔:《埃涅阿斯纪》,杨周翰译,第30页。按照有关特洛伊战争的传说,西农是希腊打进特洛伊人中的奸细。西农骗特洛伊人说,把木马拉进城去,特洛伊人必胜。特洛伊人听信此言,结果遭殃。

2 贵人派,古代罗马贵族中的"精英派"。在古罗马共和国时期,贵族(patricians)和平民(plebeians)存在尖锐的矛盾。在此过程中,贵族逐渐分化为"平民派"(populares)和"贵人派",前者主张通过迎合平民的某些需求来维护自身的统治地位,后者则希望通过强化贵族元老院的权威来加强自身的统治权力。"平民派"和"贵人派"的分歧主要体现在政治策略的不同,二者的政治目标并无根本差异。

3 在《君士坦丁赠礼》的不同版本中,本段最后一句的表述有很大不同。本书附录中的《君士坦丁赠礼》版本写作:"此外还有臣服于朕之帝国荣光的全体罗马人民。"

支持你的那套说法，但是，这本传记里的真实说法却是：在很长一段时间里，元老院阶层中，没有一个人愿意接受对基督的信仰；而且，君士坦丁不得不花钱收买那些穷人，让他们接受洗礼。你竟然说，在短短三五天之内，围绕如何装点罗马教会之事，元老院议员、贵人派成员以及塞特拉普（satraps，行省总督）就和皇帝一道，干脆利落地发布了一道政令，给人感觉好像这些人早已经是基督徒似的。你为什么要把"塞特拉普"也给拉进来？[1] 你这个笨蛋，你这个蠢货！皇帝们是那样讲话的吗？正常情况下，罗马的政令是那样写的吗？有谁听说过，当年罗马人在商议各种问题的时候会提到"塞特拉普"这种职衔？在罗马，甚至说在罗马人的各个行省，有谁被称为"塞特拉普"？反正我是想不起来哪本书里有这样的记载。这个人不仅说皇帝手下有塞特拉普这类官员，而且还把他们置于元老院之前。要知道，在当年，所有的荣誉，甚至包括给予君主本人的那些荣誉，都只能由元老院颁令授予，或者由元老院会同罗马人民共同颁令授予。正因如此，在那些古老的石碑上、铜板上、钱币上，我们有时会看到两个字母"S. C."（senatus consulto，意为"根据元老院之令"），有时会看到四个字母"S. P. Q. R."（senatus populusque Romanus，意为"元老院和罗马人民"）。按照德尔图良（Tertullian）[2] 的记载，本丢·彼拉多（Pontius Pilate）[3] 曾就基督行神迹之事致信皇帝提比略。

---

1 这是《君士坦丁赠礼》文本中最遭后人奚落的错漏之一。"塞特拉普"原本是古代波斯帝国的行省长官之称谓。早在公元前6世纪晚期，波斯帝国即已开始推行行省制，其行省首脑被称为"塞特拉普"。对于罗马而言，"塞特拉普"这个词是个外来语，只是在8世纪中叶之后，"塞特拉普"才被用作罗马的高级职衔。参阅 Wolfram Brandes, "The Satraps of Constantine," in Johannes Fried, *"Donation of Constantine" and "Constitutum Constantini": The Misinterpretation of a Fiction and Its Original Meaning*, Berlin and New York: Walter de Gruyter, 2007, pp. 115–128。

2 德尔图良，生活于2世纪后期至3世纪早期，早期基督教神学家、哲学家，在基督教神学发展史上具有重要影响。

3 本丢·彼拉多（41年去世），罗马帝国犹太行省总督（26—36年在任）。按照《新约全书》所述，彼拉多曾多次审问耶稣，他原本不认为耶稣犯了什么罪，但在仇视耶稣的犹太宗教领袖的压力下，最终对耶稣做出判决，将之钉死在十字架上。

通常来说，地方官员如遇重大事件，必须写信向元老院汇报，但彼拉多却没有这么做。元老院认为这种行为是对元老院的藐视，因此，当提比略建议把耶稣奉为神灵来崇拜时，遭到了元老院的否决。[1]就这样，在确保不可把耶稣当作神灵来崇拜的同时，他们又对冒犯元老院尊严的行为表达出无声的愤慨。由此你们或许可以看出，元老院还是具有强大的威力的。还有，你为什么会提到"贵人派"？我们猜测，你这么做，无非有两个方面的考虑。一方面，你可能认为这些人是这个国家的中坚力量。那么，你为什么只是单单提到他们，而把其他诸多的行政官员撇除在外，一字不提？另一方面，你可能认为这些人与那些专事迎合民众意愿的"平民派"不一样，就如西塞罗[2]在一次演说中所言，这些人是每一位高贵公民和所有优秀群体的坚定支持者和捍卫者。[3]如果这样说的话，把共和国摧毁之前的尤利乌斯·恺撒就是个"平民派"，而加图（Cato）[4]则属于"贵人派"。对于这两派之间的差别，撒路斯特（Sallust）早就做了解释。[5]在商讨国家大事这类事情上，没听说过"贵人派"的参与程度会高于"平民派"，也没听说过会高于其他一切享有适当地位的民众。假如

1　这个故事见于德尔图良的《护教篇》（*Apology*），5: 1–2，21，24。详见Tertullian, *Apology and De Spectaculis*, trans., Gerald H. Rendall et al., Cambridge, Massachusetts: Harvard University Press, 1977, p. 29, p. 113。据后世研究，德尔图良这里讲的这个故事属于虚构，彼拉多写给提比略的那些信件也属于伪造。参阅Lorenzo Valla, *The Treatise of Lorenzo Valla on the Donation of Constantine*, trans., Christopher B. Coleman, p.87。

2　西塞罗（公元前106—前43），在其政治生涯初期倾向于平民派，后转向贵人派。

3　西塞罗是在《为塞斯齐辩护》（*Pro Sestio*）这个演说词中表达这一看法的（第96节）。《为塞斯齐辩护》全文，详见Cicero, *Pro Sestio and In Vatinium*, trans., R. Gardner, Cambridge, Massachusetts: Harvard University Press, 1958, pp. 36–239。

4　这里指小加图（Cato The Younger，公元前95—前46），老加图（公元前234—前149）的曾孙，罗马共和国末期"贵人派"的领袖，试图守住共和政体，反对恺撒独裁。

5　撒路斯特（约公元前86—约前34），古罗马历史学家、文学家，主要著作有《喀提林战争》（*Bellum Catilinae*，后世常称为《喀提林阴谋》）和《朱古达战争》（*Bellum Jugurthinum*）。关于撒路斯特（撒路斯提乌斯）对"贵人派"和"平民派"的评价，详见撒路斯提乌斯：《喀提林阴谋·朱古达战争》，王以铸、崔妙因译，北京：商务印书馆，1996年，第147—148页（位于《喀提林阴谋》第54节）。

说我们相信那个人说的那些话，也就是说，假如"全体人民"真的可以与元老院以及皇帝共商国是，那么，要说"贵人派"也参与进去了，就没有什么值得大惊小怪的了。在这个事情上，你说参加商讨的是"臣服于罗马教会的"人民！这是什么样的人民？是罗马人民吗？为什么不说是"罗马人民"，而非要说是"臣服之民"？对于罗马人而言，这一新加的侮辱是何等的不可容忍！要知道，诗王是这么颂扬罗马人的："罗马人，你记住，你应当用你的帝国权威统治万国。"[1]这个民族本来是要统治其他民族的，但是，按照那个人的说法，这个民族却要把自己叫作臣服之民。这种情形可谓闻所未闻。正如格里高利在其很多信函中反复提到的那样，和其他所有统治者相比，罗马皇帝有一点是与众不同的：自由的民族只有一个，因此，作为自由民族的领袖，也就只有他一个人。[2]好吧，就算你说的这种情况是真的，那么，难道其他那些民族不是臣服之民吗？或者说，你的脑子里还有没有其他民族？在短短三天之内，臣服于罗马教会统治的所有民族手中都已拿到了那份敕令，这是怎么做到的？社会最底层的那些民众没有表达他们自己的意见，是吗？请你告诉我，对于君士坦丁而言，在他还没有把某个民族征服并将之交给罗马教皇之前，他会把这个民族称作臣服之民吗？按你的说法就是，在讨论并通过那份敕令过程中，被称为臣服之民的那些人也参与其中了。这是怎么回事？按你的说法就是，由他们参与制定的这份敕令明确规定，他们自己必须表示臣服；同时，他们本来已经臣服于那个人了，但敕令还明确要求，那个人必须要把他们收为臣民。这又是怎么回事？由此表明，你有行骗的意愿，但无行骗的能力。可怜的家伙，除此之外，你还能干点别的吗？

---

1 "诗王"指维吉尔。在拉丁世界，维吉尔被视为最出色的诗人。引文的翻译可参阅维吉尔：《埃涅阿斯纪》，杨周翰译，第170页（第六卷，第851行）。

2 格里高利，即教皇格里高利一世，相关文字见于格里高利一世书信集，见《德意志史料集成·书信集》（ MGH, Epistolae ）2: 263。

43

  而且，应该挑选这位使徒之长或他的那些副手，前来做朕与天主交流时的强有力的代言人。……朕已颁令，就像对待朕所享有的俗世皇权一样，对于圣彼得的这个神圣不可侵犯的罗马教会，也必须既敬重又尊崇；对于至为神圣的圣彼得之座，必须高度颂扬，而且，要将其地位置于朕的帝国以及朕的俗世皇位之上；以他的那一宗座为载体，朕要给他以权力，给他以辉煌的地位，给他以帝国的气势和荣光。

  这头蠢驴的嘶叫声实是在庸俗不堪，丑陋无比。拉克坦提乌斯（Lactantius）啊，你还是活过来吧，活一会儿就行，只求你把这头蠢驴的嘴给封上就行了。[1] 这个家伙痴迷于那些浮夸的用词，醉心于那些读起来好听的词语。同样的事情，他要不断反复。已经说过的话，他非要反刍一下，回过头来再嚼一遍。在你那个时代，皇帝的书吏是像那样说话的吗？甚至说，皇帝的仆人是像那样说话的吗？君士坦丁挑选那些人，不直接说让他们做代言人，而非要说让他们"前来"做代言人。他之所以要加上个"前来"二字，就是为了读起来更上口。这个理由真美妙！话说得像个野人，但还要把吐出来的那些东西弄得精美一些，好像就是说，尽管东西很粗俗，但还是可以从中发现美。文中说，"应该挑选这位使徒之长或他的那些副手"。你挑选了继任彼得之位的那些副手，但在同一时间里，你是不选彼得的，是不是？你选了吗？你选他，就要把别人排除在外。你选别人，就要把他排除在外。这个人把罗马教皇叫作"彼得

---

1 拉克坦提乌斯（240—约320），早期基督教神学家，曾做过君士坦丁一世之子克里斯普斯（Crispus，约305—326）的老师，对修辞学有精深研究。文艺复兴时期，很多人文主义者对拉克坦提乌斯的拉丁文修养备加推崇，称之为"基督教徒里的西塞罗"。参阅 Arthur L. Fisher, "Lactantius' Ideas Relating Christian Truth and Christian Society," *Journal of the History of Ideas*, No. 3 (Jul. - Sep., 1982), pp. 355-377。

的副手"，听这话，好像彼得还活着似的；而且，好像所有其他人都比不上彼得，都没有他杰出。能够说出"朕以及朕的帝国"这样的话，难道不也是很没有文化教养吗？按他这种表述，似乎帝国不仅有意识，而且有权威，可以把任何东西拿去送人。在说"获得"的时候，如果不再加上个"给予"，那个人是不会满意的，实际上，用其中的任何一个词就都足够了。"强有力的代言人"这几个字用得还真是非常精准。他肯定希望这些代言人要强而有力，这样的话，他们就不会因为受贿而腐败，也不会因为恐惧而临阵脱逃。"俗世皇权"这几个字当中，有俗世的、皇帝的这两个形容词，而这两个词之间竟然没有连词。你再看看"既敬重又尊崇"这种表述，你再看看"朕这种俗世帝王的宁静安详是有其宽厚性的"这种表述！在说到帝国权力的时候，竟然用"宁静安详"和"宽厚"这样的词语，而不是"充分"和"庄严"之类的用词，这可真的是弥漫着拉克坦提乌斯式的雄辩文风。还有，说要通过"给他以权力，给他以辉煌的地位，给他以帝国的气势和荣光"，来对罗马教皇进行"高度颂扬"，这是何等狂傲，何等浮夸，何等膨胀！而且，他的这个表述似乎是从《启示录》中仿制过来的。《启示录》是这么说的："曾被杀的羔羊是配得权柄、丰富、智慧、能力、尊贵、荣耀、颂赞的。"[1] 从接下来的那些内容可以看出，君士坦丁经常被弄得像个天主，而且还会模仿《圣经》中的那种表述方式。实际上，君士坦丁在那之前根本就没有读过什么《圣经》。

朕要制定敕令并强制规定，他拥有首席权，其地位不仅要高于 44 整个地球上其他所有以天主为信仰的教会，而且要位居安条克、亚历山大里亚、君士坦丁堡和耶路撒冷这四个杰出的主教区之上。进

---

1 见《启示录》，5: 12。

而言之，在过去的岁月中，教皇就已一直延续着对神圣不可侵犯的罗马教会的统治，今后，他将更加崇高地存在下去，而且，他将成为属于全世界所有神父的领袖。不论何事，只要涉及对天主的崇拜，只要涉及维护基督徒信仰或他们的信仰稳定之事，全都要按照他的决断来处理。

这段话当中，同样存在很多的语言不规范问题。例如，本来应该说"所有神父的领袖"，但却被说成了"属于……所有神父的领袖"。再如，在同一语境中，他却使用了含义、语态、时态都不同的"延续"和"存在"两个词。又如，他先说了"整个地球"，后面又说"全世界"。地球以外的地方，甚至说天堂，也都是世界的组成部分，他既然说是"全世界"，给人的感觉就是，他还想把这些地方也都囊括进来。实际上，即便是在这个地球上，也还有相当大的一部分不在罗马控制之下。诸如此类的问题，在这里，我都不说了。他还对"基督徒信仰或他们的信仰稳定"做出区分，用个"或"字，好像二者是不可共生共存似的。他把"制定敕令"和"强制规定"混在一起使用，似乎君士坦丁在这之前并没有和其他一切人等商讨并决策，就像处理一个惩罚性事件一样，由君士坦丁发布一份敕令，然后再下令强制执行；就这里所说的这个事情而言，君士坦丁就是和人们一起，下令强制执行他的这个敕令。由此推演下来，对于下面这一说法，教皇不仅会接受，而且会听得很开心，甚至还会大张旗鼓地昭告天下：尽管罗马教廷从基督那里获得了首席权，尽管第八次大公会议[1]已经向世人宣布了这一说法，但是，按照格拉提安以及许

1　第八次大公会议，869—870年在君士坦丁堡召开，即第四次君士坦丁堡大公会议，会议对罗马教皇"至高无上"的地位做了规定。在早期基督教会史上，甚至说在中世纪晚期之前，围绕罗马教廷的首席权问题，一直存在激烈斗争。直到1274年的第十四次大公会议（第二次里昂大公会议），罗马教廷还要以大公会议教令的形式对首席权问题展开详细规定，其主要内容如下：

（转下页注）

多希腊人的说法，罗马教廷的这个首席权据说是从君士坦丁那里领受过来的；尽管君士坦丁成为基督徒还没几天，但从他那里领受，和从基督那里领受，都差不多。对于这样的说法，哪个基督徒能够容忍？如果教皇真的对此怡然自得，那么，哪个基督徒不会对之严加痛斥？那位极其谦卑的皇帝愿意说这样的话吗？那位极其虔诚的教皇愿意听这样的话吗？就他们两人当中的任何一方而言，这种说法都是极其恶劣的。让它见鬼去吧！

不仅如此，还有更为荒谬的事情，不过，你又能拿它怎么样？当时，君士坦丁堡并不是一个宗主教区，而且连主教区也不是，甚至说它还不是一个信奉基督的城市。[1] 在那个时候，这个地方也不是这么叫的，而且，作为首都，它还没有开建，甚至说，当时都还没想过要把首都建在那里。在这种情况下，如果当时有人要谈论君士坦丁堡这个城市而且还要将之列为宗主教区之一，万事万物的自然法则会允许他这样做吗？如果说君士坦丁真的是在自己成为基督徒三天之后就颁布了这个特权文件，那么，

45

（接上页注）

罗马教会"对整个大公教会均拥有至上且全面的首席权和最高权威。……这个首席权和最高权威是圣彼得从主本人那里完完整整领受而来的，圣彼得是使徒之长，是使徒的首脑，而罗马主教又是圣彼得的继承人。……不论什么时候，只要是在信仰问题上出现争端，就都必须要由这个教会进行裁决。不论何人，只要他受到某些事情的困扰，而对这些事情的处理权又归属教会法庭的话，那么，他就可以向这个教会提出上诉；而且，不论遇到什么事情，只要是在这个教会监管范围内的，均可向这个教会发出求助。其他所有教会都必须臣属于这个教会，它们的主教必须忠顺于这个教会，而且必须敬重这个教会。按照这一架构，罗马教会是拥有全面权威的，在这一前提下，它允许其他各个教会在令教会挂心的各种事务中占有一席之地"。详见 Philip Hughes, *The Church in Crisis: A History of the Twenty Great Councils*, p. 211。

1 在君士坦丁一世那个时代，具有宗主教区（patriarchates）地位的教区只有三个：亚历山大里亚（Alexandria，据称该教区由使徒马可创立）、安条克（Antioch，据称该教区由使徒彼得创立）和罗马（据称该教区由使徒彼得和保罗共同创立）。4世纪晚期，君士坦丁堡开始逐步获得宗主教区地位。5世纪中叶，耶路撒冷被确定为宗主教区。至此，早期基督教会开始形成由五大宗主教区主导教会生活的基本格局。7、8世纪以后，随着地缘政治格局的变迁，亚历山大里亚、安条克、耶路撒冷的宗主教区地位衰落，君士坦丁堡最终成为希腊教会的中心，罗马则成为拉丁教会的中心。

当时那个城市还只能叫作拜占庭，而不能叫作君士坦丁堡。在这个文件临近结尾的地方，这个白痴还写了下面这段话，当然，如果他连写过这段话的事情也不承认，那就干脆把我自己当作说谎者算了。

> 正因如此，朕认为，将朕的帝国及君权转朝东部领土，然后在拜占提亚（Byzantia）行省中最好的地方建个国家，并以朕以及将在那里建立的朕之帝国的名义来为之命名，此乃合适之举。

当时，即使君士坦丁真的想把帝国转移到别的地方，他也还没有付诸实施。即使他真的想在那个地方建立自己的皇权统治，他也还没有付诸实施。因此，即使他有兴建一个城市的想法，他也还没有付诸实施。这样的话，他也就不可能提到什么宗主教地位，不可能提到什么四大主教区之一的事，不可能提到一座以他本人的名字命名且已建成的信奉基督的城市。按照被那个"废物"帕莱亚奉为证据的那本传记中的说法，君士坦丁起初的时候甚至都没想过要兴建一座城市。不论这个畜生就是"废物"帕莱亚本人，还是那个"废物"帕莱亚所追随的另外一个人，反正他是没有注意到，自己的那套说法与这本传记中的说法是矛盾的。按照这本传记中的说法，君士坦丁的确颁布了一份敕令，但是，他并不是出于自己的意愿颁布的，而是在天主托来的一个梦里颁布的；并不是在罗马颁布的，而是在拜占庭颁布的；并不是在皈信基督后的几天之内颁布的，而是在很多年之后颁布的。也就是说，他在睡梦之中，按照天主的命令，决定兴建一座城市，并以自己的名字来给这座城市命名。不论编造这个特权文件的究竟是个什么人，他都肯定是生活在君士坦丁时代之后，而且相隔非常久远。这一点，没有谁看不出来吧？这个人希望能把自己的谎言圆得像真的，但是，他在前面说的那些话却把他自己给出卖了。他曾说过，这些事情都是在皇帝受洗之后的第三天在罗马发生的。

因此，下面这句老话用在他身上是再贴切不过了："爱说谎的人必须要有个好记性。"[1]

他还提到一个"拜占提亚行省"，这又是个什么东西？当时，只是 46 有个叫作拜占庭的小镇，在这个小镇范围内，根本建不了那么大的一个城市。那个人竟然说要在那个范围内找个"最好的地方"来建城市，但实际上，昔日的那个拜占庭是被圈在君士坦丁堡的城墙之内的。拜占庭原本位于色雷斯（Thrace），而色雷斯位于东部帝国的北部，难道他想将之移到帝国的东部？如果这样的话，我只能认为，君士坦丁对于自己选定准备建城的那个地方根本没有任何概念，既不知道它在哪片天空下，也不知道它究竟是个城镇还是个行省，而且也不知道它有多大。

朕已经拿出朕所拥有的财富财产，为神圣的使徒彼得和保罗 47 的教堂提供支持，以保教堂的火烛供应。至于其他教堂，朕也已经给它们提供了各种丰厚的支持。通过朕所颁布的神圣御令，通过朕的慷慨大方，朕已给予那些教堂大量钱财，论其丰厚程度，东方各教堂所获支持绝不少于西方，甚至说，北边那些地方和南边那些地方的教堂所获支持也绝对不会少于西方。换言之，在犹地亚（Judaea）[2]、希腊、亚细亚、色雷斯、阿非利加、意大利以及各式各样

1　语出古罗马著名教育家、雄辩家昆体良的《雄辩术原理》（*Institutio Oratoria*），第4卷，第2章，第91节。昆体良的这部巨著共12卷，中国有该书的选译本：昆体良：《昆体良教育论著选》，任钟印选译，北京：人民教育出版社，1989年。该选译本的内容包括《雄辩术原理》的第1、2、3、12卷。

2　犹地亚，亦译朱迪亚，指死海以西、耶路撒冷以南、以希伯伦城为中心的山地和部分沙漠地区，包括今巴勒斯坦的南部地区和约旦的西南部地区。犹地亚这个地名源于古代以色列南部的犹大王国。公元前10世纪晚期，古代以色列王国分裂为北方的以色列王国和南方的犹大王国。公元前8世纪晚期，以色列王国被亚述帝国消灭。公元前586年，犹大王国被新巴比伦王国灭亡。犹大王国灭亡后，其首都耶路撒冷遭到洗劫，大批犹太人被驱逐或掳至巴比伦。1世纪，罗马帝国征服地中海东岸地区，随后，按拉丁文拼法把原犹大王国的故地称为犹地亚。

的岛屿上，所有教堂均可获此待遇，当然，这里有个明确的前提，即，万事万物必须掌握在至高无上的教皇、朕的最为神圣的父西尔维斯特及其继任者之手。

你可真是个让人忍无可忍的无赖。在那个时候，罗马会有专门供奉彼得和保罗的教堂吗？或者准确一点说，当时会有供奉这两个人的神殿吗？是谁建的？谁有这个胆量建？总而言之，历史告诉我们，当时，除了一些地下场所和秘密据点，基督徒是没有任何其他地方可去的。假如说当年罗马已经有专门供奉这两位使徒的神殿，那么，这些神殿就不可能还额外需要那么多的灯来照明。实际上，他们的那些场地只是一些小之又小的圣祠，而不是高大的建筑；只是一些空间局促的礼拜室，而不是规模宏伟的庙宇；只是一些私人住宅里的祈祷处，而不是专门用于崇拜天主的公共场所。因此可以说，连神殿都还没有，谁还要为神殿里有没有灯这个问题去操心？在你的笔下，君士坦丁在提到彼得和保罗的时候，用的是"神圣的"这几个字；而对于西尔维斯特，对于当时还活在人世的这个人，他却用了"最为神圣的"这种表述；而且，就在不久之前，君士坦丁还是个异教徒，但他却把自己在那个时候颁布的御令封为"神圣"的。你看看你说的这些都是什么话？为了保证灯火的供应，就要拿出那么多的财产？这是要把整个世界都弄穷？我就随便问一句，这些都是什么样的财产？是特指地产吗？你写的是"朕所拥有的财富财产"，但正常情况下，本来应该用"朕的财产"这样的表述才对。你说你拿出了财产，但你没有明示是什么样的财产。你说你已经给它们提供了"各种丰厚的支持"，但是，是什么时候提供的，提供的是什么东西，你都一概没说。你希望把世界上的那么多个"地方"都交给西尔维斯特，但对于这些地方该如何管理，你并没有做任何的解释。你是在早些时候就已把这些东西送出去的。那么，你为何还要特别指出，你今天已经开始尊崇罗马教会，你今天已经开始给他赋予特权？既然你是今天才颁发这个特权的，你是今天才给予对方丰厚支持的，那你为何要说"朕已经拿出""朕也已经给它们提供"？你这个畜生，你说的这些都是什么话？你脑子里想的都是些什么东西？要说明的是，我这是和那个编造这个谎言的人在论战，和杰出的君士坦丁皇帝没有关系。

不过，既然已经知道你是个没有任何天分、没有任何文化品位的东西，那我何苦还要去在你身上寻找什么严谨、寻找什么学问？本来应该说"灯"，你却要把它说成是"火烛"。本来应该说"迁往东部领土"，你却要把它说成是"转朝东部领土"。还有，你说的那四个方位，算是什么东西？你说的那个东边，指的是哪里？是指色雷斯吗？前面我已经说过，色雷斯在北边。要么，你指的是犹地亚？但是，犹地亚的位置更靠南，而且已经离埃及不远了。再说，你的那个西边指的是哪里？是指意大利？对于西班牙，我们会说它在西边，但是，你讲的这些事情可都是在意大利发生的，生活在这里的人谁会说它是西边？意大利，一个方向是向北延伸，另一个方向是向南延伸，还没有听说向西延伸的。北边指的是哪里？是指色雷斯？但是，你可是要把色雷斯放在东边的啊。要么，你指的是亚细亚？单单一个"亚细亚"，就可以把整个东方囊括进来，但是，它又和欧罗巴有着共同的北部地区。南边指的又是哪里？肯定指的是阿非利加？那么，你为什么不把具体的行省说出来？要么，你认为当年埃塞俄比亚人（Ethiopians）也是在罗马统治之下？不管怎么说，如果我们把这个世界分为东南西北四个方位，并一个一个列举各个地方名称的时候，把亚细亚和阿非利加列进来是很不合适的。只有当我们把这个世界划分为亚细亚、阿非利加和欧罗巴这三个部分时，用亚细亚、阿非利加这样的说法才没有问题。[1] 当然，你可以说这里的亚细

---

[1] 在15世纪末地理大发现之前，欧洲人的地理认知范围仅限于欧、亚、非三大洲。

亚指的是亚细亚行省，你也可以说这里的阿非利加指的是盖图里亚人（Gaetulians）[1]附近的那个阿非利加行省，但是，我又实在看不出你有什么理由要把它们单独拿出来说事。当君士坦丁的脑海中想到这个世界的四方土地时，他会这样说话吗？难道他只会列出这几个地方，而其他所有地方都一概不提？难道他会首先从犹地亚这个地方说起？如今，犹地亚已经成为叙利亚的一个组成部分，而且，随着当年耶路撒冷被毁、犹太人被逐，那里就已经不再有什么犹地亚了。当年，犹太人几乎被消灭殆尽，因此，我认为，几乎已经没有什么犹太人还会留在其自己的国家，劫后余生的那些人都已经跑到别的国家定居了。到了这个时候，犹地亚在哪里？那个地方再也不叫犹地亚了。正如我们今天所见，这个名字已经从地球上抹去了。比如说迦南（Canaan）[2]这个名称。新来的居民把迦南人（Canaanites）赶跑了之后，就把当地改称为犹地亚，自此以后，迦南就再也不叫迦南了。同样，当外族人打进来之后，犹地亚这个地方也就再也不叫犹地亚了。你特别点了犹地亚、色雷斯这些地方，还提到了各式各样的岛屿，但是，你没有想到，西班牙、高卢以及日耳曼这些地方是应该提到的。虽然你提到了其他一些语言族群，比如讲希伯来语的，讲希腊语的，讲蛮族语言的，但是，对于讲拉丁语的那些行省，你却什么都没说。好吧，其实我看得出，在你这个赠礼文书中，你之所以在这个地方不提那些行省，为的是在后面把它们拉进来。那么，我要问你，西部有这么多个行省，是不是说没有世界其他地方的支援，它们就不足以承担教堂里维持点灯所需的费用？你还说，你之所以要送这些东西，是基于你的"慷慨大方"；如果真是这样的话，那就和别人说的不一样

---

1 盖图里亚人，古代柏柏尔人中的一个大型游牧部落，其主要活动范围是在非洲西北部的阿特拉斯山脉（Atlas Mountains）地区和西撒哈拉沙漠的绿洲地带，善养马。

2 迦南，本意为"低洼"，指沿海低地，古代地区名称，大致相当于今日以色列、巴勒斯坦，以及黎巴嫩和叙利亚的临海部分。

了。其他人的说法是，你之所以做出这一举动，是因为你的麻风病被治好了。关于这个事，我就不说了。这里还要多说一句：不论是谁，如果他要以支付报酬的方式来取代赠送礼物，那他一定是个大老粗。

就像朕现在就把朕之帝国的拉特兰宫转交给他（彼得）的副手、神圣的西尔维斯特一样，[1] 接下来，朕还要把御冕（diadem）转交给他，具言之，就是要把朕头上的这顶皇冠转交给他，同时还要把弗里吉亚便帽（Phrygian tiara）[2] 以及御用披带（superhumeral band）转交给他，通常来说，这种带子是要围着皇帝的脖子绕上一圈的。朕还要把紫色长袍、朱红色短袍以及其他和帝王身份相配的所有服饰也都转交出去，或者连帝国骑兵统帅这一职衔，朕也会一并交出。朕还要把皇帝的那些权杖授给他，一同授予他的还有长矛、希格纳（signa）[3] 和旗子以及各式各样的皇权饰品。不论何种列队仪式，凡是能够展示朕的皇帝威仪以及朕的皇权荣光的，他也都将一并得享有之。朕的那个元老院可谓声名卓著，即便如此，它似乎也要加以精心打扮，也就是说，其成员要么被擢升为勋贵，要么被推举为执政官，这个元老院才会显得那么的居高临下、与众不同、有权有势、显赫不凡。因此，朕下令，一定要让那些令人景仰之人，即服务于神圣罗马教会的各层各级的圣职人员，也都能够享有诸如此类的荣耀。此外，朕已宣布，还要从其他方方面面对他们进行装饰，使其

49

---

1 瓦拉使用的这个文本在行文的个别地方与本书附录中的《君士坦丁赠礼》有一定的出入。

2 弗里吉亚便帽，是一种与头部紧密贴合的圆锥形软帽，其帽尖向前弯曲，典型的颜色是红色。古代小亚细亚的弗里吉亚人曾经佩戴这种帽子。在古代罗马，弗里吉亚便帽被视作自由的象征。

3 希格纳，拉丁文原词"signa"的音译。在拉丁语中，"signa"既可以指雕刻、雕塑，也可以指军旗、君旗。从这份文件编造者的本意来说，这里所说的"signa"无疑是指军旗或君旗（standards）。但是，瓦拉在其《〈君士坦丁赠礼〉伪作考》中，故意从一词多义的角度来解读"signa"一词。因此，从便于理解瓦拉这部作品角度考虑，这里只能采用音译方式来处理"signa"这个单词。

能够尽享帝国威仪。正如帝国民兵是以装饰过的形象而存在的一样，朕已下令，对于神圣罗马教会的圣职人员，也要进行装饰。正如皇帝的权威要辅以各式各样的职位进行装饰一样——设有内侍这类职位自不必说，此外还要配有门卫以及各种床伴——朕希望，对于神圣罗马教会，也要按照这个样子进行装饰。为了让教皇的光芒璀璨夺目，同样是对于这个神圣罗马教会中的那些圣职人员，朕还要规定，他们骑的坐骑要用马派巾[1]和亚麻布加以装饰，是纯白的那种；还有，朕的那些元老院议员们穿鞋子时，脚上肯定会套上毡袜，也就是白色亚麻布的那种，因此，朕规定，圣职人员也要这样，以此让他们显得与众不同。如此这般，就如同尘世中的情形一样，天国中高低不同的各个层级也都可以得到相应的装饰，而且，这样做完全是为了天主的荣耀。

这个人舌头打滚，滔滔不绝，口不择言。噢，神圣的耶稣啊，难道你不会对他做一番旋风式的猛烈回应吗？难道你不会打个雷把他劈死？对于如此恶劣的渎圣行为，难道你不会发出几道复仇的闪电？难道你会容忍你自己的屋里出现如此丢人的事？这个事，你听也听到了，看也看到了，难道你还能一直闭着眼睛，不闻不问吗？当然，你是可以做到长期忍耐的，你是充满怜悯之心的。[2]不过，你的长期忍耐本身恐怕就是一种震怒，一种谴责，比如，对于那些不听你、不理你的人，你曾有言："我便任凭他们心里刚硬，随自己的计谋而行。"[3]在另外一个场合，你还

1　马派巾（mappae, mappulae），在《君士坦丁赠礼》文本中，是指套在马鞍上的那块布（鞍套），但这个词也可以指"餐巾"（napkins, serviettes）。瓦拉从一词多义的角度，对造假者进行奚落。为配合瓦拉的这个行文，这里采用音译方式来处理这个单词。

2　见《诗篇》，86: 15。

3　见《诗篇》，81: 12。

说过："他们既然故意不认识神，神就任凭他们存邪僻的心，行那些不合理的事。"¹ 主啊，求求你给我下道命令，让我去对他们大吼几声，说不准还能让他们回心转意。说到你们这些罗马教皇，你们就是为其他教长树立的各种犯罪行为的楷模。你们就是"坐在摩西的位上"的那些无耻的"文士和法利赛人"²，同时你们又干着大坍（Dathan）、亚比兰（Abiron）³那些人的勾当。我就问问你们，那些豪华外衣、那些随身饰物、那种排场、那些马匹，简而言之，和皇帝一样的那种生活方式，与基督副手的身份相匹配吗？神父和皇帝怎么能扯到一起去？西尔维斯特穿过那些豪华外衣吗？他佩戴过那些饰物到处走动了吗？他在自己的住处安排了那么多的仆人，并和他们一起生活、一起统治了吗？实际上，西尔维斯特的着装应该像天主手下的大祭司亚伦⁴那样，而不能像个身为异教徒的统治者那样。对于这一点，这个登峰造极的邪恶之徒是理解不了的。关于这些问题，接下来再找机会细说。在这里，首先还是要来说一说这个白痴极其粗野的语言问题。不看别的，就看他那愚蠢透顶的用词用语，就可以知道，他说的那些话就是一个彻头彻尾、不知羞耻的谎言。

　　他说的"朕……把朕之帝国的拉特兰宫转交给……"这句话，似乎是放错地方了，因为接下来的这段话是讲如何给罗马教会装点门面的事情的，但他却把赠送皇宫的事情塞进来，而在后面讲到赠礼问题时，他又把赠送皇宫的事情说了一遍。"接下来，朕还要把御冕转交给他"：似乎在场的那些人都不知道什么是御冕，因此，他还要来个名词解释，"具言之，就是要把朕头上的这顶皇冠转交给他"。需要指出的是，在这里，他没有在"御冕"之前加上"黄金制成的"这几个字，但是，在后文中，　50

1　见《罗马书》，1: 28。

2　见《马太福音》，23: 2。

3　大坍和亚比兰均为《旧约全书》中的人物，他们指责摩西、亚伦等人专权，耶和华把他们以及追随他们的两百多人全部打入地狱。详见《民数记》，16: 1—50。

4　亚伦（Aaron），摩西的兄长，详见前文正文及相关注释。

同样是在谈到御冕这个话题时，他却说，这个御冕是"由纯金制成，由各种珍贵的宝石制成"。这个无知的家伙并不知道，御冕其实是由布料做成的，当然也有可能用丝绸来做。人们经常会讲起这么一个故事：有一位很有智慧的国王，人们给他献上御冕。在佩戴之前，据说他拿着这顶御冕思量很久，然后说道："唉，这块布啊，你看起来是很高贵，但是却不太吉祥。不论是谁，如果他真的知晓在你的身上充满着多少的焦虑、危险和苦难，那么，即使你就躺在地上，他也不会愿意去把你捡起来。"[1] 我们的这个造假者只知道，如今国王们的王冠通常都会镶有金箍和宝石；但是，他哪里能够想象得到，在过去，除了用黄金，王冠还能用其他什么物料来做。需要注意的是，君士坦丁并不是国王，他可能也不会冒失行事把自己叫作国王，而且也不会用国王的那套仪轨来为自己装点门面。[2] 他是罗马人的元帅，而不是国王。哪里有国王，哪里就没有共和。但是，在一个共和国里，却有很多人可以叫作元帅，甚至同一时期可以有好多位元帅。正因如此，西塞罗经常会这样来写："马库斯·西塞罗元帅向某某某元帅致意"。当然，等到后来，为了显示自己的与众不同，罗马皇帝开始被称作大元帅。[3]

51　　"同时还要把弗里吉亚便帽以及御用披带转交给他，通常来说，这种

1　这个故事源自古罗马历史学家、道德家瓦莱利乌斯·马克西姆斯的《嘉言善行集》（*Factorum et dictorum memorabilium*，英译本书名是 *Memorable Deeds and Sayings*，9卷本），第7卷，第2章，第5节。

2　古罗马经历过王政时代（公元前753—前509），在后人的历史记忆中，国王是暴政和专权的代名词。即使到了帝国时代，统治者也是不愿使用"国王"这样的称号。

3　罗马帝国最高统治者的称谓及汉译，是个比较复杂的问题。在共和前期，受命出征的军事指挥官被称为 Imperator（大致相当于将军、司令），凯旋仪式结束后便不得继续使用；后来，其使用限制放宽，成为一些拥有军功之人长期持有的荣誉称号。进入元首制（帝制）时期之后，Imperator 这一军事指挥官称号逐渐成为最高统治者的专用称谓，尽管形式上是军官称谓，但其内涵却发生根本转变。中世纪中期，Imperator 进入法语词汇之中并被转写成为 Empereur，英语承袭这个法文单词之后又将之转写成为 Emperor。在中文里，Emperor 被对译为"皇帝"，而作为 Emperor 一词本源的拉丁文单词 Imperator 却被对译为大元帅、凯旋大将军、统帅，等等。这是一种不对等的"对译"。有些学者认为，对于帝制时期的 Imperator 这个词，可采用音译。

带子是要围着皇帝的脖子绕上一圈的"：在拉丁语中，有谁听说过"弗里吉亚便帽"这种东西？尽管你说话的样子像个野蛮人，但很显然，你是希望我认为这就是君士坦丁或拉克坦提乌斯的语言风格。在《孪生兄弟》（*Menaechmi*）这出戏剧中，普劳图斯（Plautus）[1] 曾经用"弗里古欧"（phrygio）这个词来指代裁缝。普林尼把绣花衣叫作"弗里吉翁"（phrygions），这是因为，首先制作这种衣服的是弗里吉亚人。[2] 然而，你所说的"弗里吉亚便帽"到底指的是什么样一种东西？不清楚的东西，你不解释；清清楚楚的东西，你却要解释一番。你说御用披带（band）是一根带子（strap），但是，你并不知道"带子"是个什么东西。实际上，"带子"这个词，如果用的是单数，那就是指那种皮制的披带，是可以绕在皇帝的脖子上当作装饰品的。当然，这一点，你是无法想象得到的。这个词如果用的是复数，那就是皮带，而我们会把缰绳和鞭子叫作皮带，因为这类东西也是用皮革做成的。需要注意的是，如果所说的东西是由金色皮带做成的，那么，对于这种东西，人们只能把它理解成是指镀金的套绳，就是套在马脖子或其他动物脖子上的那种东西。在我看来，仅凭这一点，就已经把你出卖了。你要是真的提议在君士坦丁皇帝或西尔维斯特的脖子上套上个带子，那你就是要把一个人，一个统治者，一个教皇，变成一匹马或者变成一头驴。

"朕还要把紫色长袍、朱红色短袍……也都转交出去"：马太说过 52 "朱红色袍子"，而约翰说过"紫袍"，于是，这个造假者就要把这两个说法组合起来放在同一个地方。[3] 从这两位福音书作者的表述中可以看出，

---

1 普劳图斯（约公元前254—前184），古罗马著名喜剧作家。

2 这里的普林尼是指老普林尼（23—79），古罗马著名作家、政治家、军事家、博物学家。文中所言绣花衣的名称之事，详见老普林尼：《自然史》（*Natural History*），第8卷，第196条。

3 按照《新约全书》的说法，耶稣受难前，被兵丁套上一件袍子。关于袍子的颜色，《马太福音》中称为"朱红色"（scarlet）："巡抚的兵就把耶稣带进衙门，叫全营的兵都聚集在他那里。他们

（转下页注）

他们所说的是同一种颜色。既然如此，你就应该按照它们的实际情况将之归为一种颜色。只说一种颜色，你为什么不满意？要不然的话，就是你对"普普拉"（purple, pupura）这个词的理解有问题。如今，有些无知的人还会说，"普普拉"是一种白色的丝织品。你和这些人可能是一路货色。实际上，"普普拉"是一种鱼[1]，它的血液可以用来给羊毛染色。后来，这个名称就一直被用来指代经过这种染色处理的布匹。普普拉的颜色可以说是红的，不过，这种色彩可能会集中在颜色发暗的那一侧，而且，它的这种红已经非常接近于血液干了之后的那种颜色，几乎和紫色差不多。正因如此，荷马以及维吉尔等人在自己的作品中都会把血液说成是普普拉色的。[2]斑石（porphyry）的情形也是这样，它的颜色很像紫水晶。实际上，希腊人就是把紫色叫作"斑石色"。或许你不知道"朱红色"是可以用来指代"红色"的，但是，对于你说的那种颜色，我们通常都用"深红色"（crimson）这个词，那你为何偏偏要用"朱红色"这个说法？我可以肯定，你根本就不知道那个"长袍"究竟是一种什么样的服装。关于服装的具体情况，他担心讲得太细会露出马脚，于是，他干脆来一句"其他和帝王身份相配的所有服饰"这么一个笼而统之的表述。你们可以看看他这个说法。难道皇帝把自己的所有衣服，包括打仗时穿的、狩猎时穿的、宴会时穿的、游乐时穿的，全都要送出去吗？竟然说皇帝的所有服装教皇穿着都合适，难道还有比这个说法更蠢的吗？接着，

（接上页注）

给他脱了衣服，穿上一件朱红色袍子；用荆棘编作冠冕，戴在他头上；拿一根苇子放在他右手里，跪在他面前，戏弄他说：'恭喜，犹太人的王啊！'"见《马太福音》，27: 27—29。而《约翰福音》中则称之为"紫色"（purple）："兵丁用荆棘编作冠冕戴在他头上，给他穿上紫袍，又挨近他说：'恭喜犹太人的王啊！'他们就用手掌打他。"见《约翰福音》，19: 2—3。基于二者描述的是同一事件，他们所说的"朱红色"和"紫色"就应该是同一种颜色。

1　准确地说，普普拉不是鱼，而是螺，是一种紫螺或紫蜗牛，属于骨螺科（Muricidae）。

2　参阅荷马：《伊利亚特》，17: 360—361；维吉尔：《埃涅阿斯纪》，9: 349。

他又补了一句"或者连帝国骑兵统帅这一职衔"。真是妙不可言！他说的是"或者"，这就是说，他要对二者一一做出区分，弄得好像二者之间有多么相似似的。这么一来，他一下子就从皇帝服装这个主题滑向了骑兵职衔这个话题，而他自己却一点感觉都没有。尽管他在说谎，但他又很想冒出点奇妙的东西，可是又担心被人抓着把柄，于是，他只能是鼓着腮帮子，扯起嗓子，"发出一些没头没脑的声音"。[1]

"朕还要把皇帝的那些权杖授给他"：这是何等神奇的说话方式！简 53 直太有魅力了！完全就是利益均沾嘛！"皇帝的那些权杖"是什么东西？权杖只有一根，哪来的那么多根？就算皇帝真的手持权杖的话，难道教皇就要跟着拿一根？我们为什么不给他再配上一把剑、一顶头盔和一杆长矛？[2] "一同授予他的还有希格纳和旗子"：你知道什么叫作希格纳？实际上，希格纳这个词可以指雕塑。我们经常会用"雕塑和画板"这样的说法来指代"雕像和画作"，之所以用画板指代画作，是因为古人不会把绘画作品画在墙上，他们只是在画板上创作自己的作品。此外，希格纳也可以指军队的旗帜，正因如此，才有"各有自己的旗帜，但有共同的鹰徽"这样的诗句。[3] 如果按照前一种含义，小雕塑、小雕刻会被叫作站着的小玩意儿。君士坦丁是要把他的雕像或绘有雄鹰的军旗送给西尔维斯特吗？还能有什么比这个说法更荒唐的？还有，你所说的那些"旗子"，指的是什么东西？我实在想象不出来。你竟然把如此粗鄙无知的语言塞进文化如此昌盛的时代，在世间凡人当中，就数你最邪恶，真希望天主能把你彻底灭掉。"以及各式各样的皇帝所用的饰品"：既然把

---

1 维吉尔：《埃涅阿斯纪》，10: 640。中译文可参阅维吉尔：《埃涅阿斯纪》，杨周翰译，第282页。

2 在本书附录中的《君士坦丁赠礼》文本中，皇帝送给教皇的物品中的确有"长矛"这一项。

3 语出罗马帝国早期著名诗人卢坎（Lucan，39—65）的史诗《法萨卢斯之战》（Pharsalia）的开篇引言（第1卷，第7行）。法萨卢斯之战，公元前48年庞培和恺撒双方在北希腊的法萨卢斯展开的一场对决式的内战，恺撒以少胜多，庞培逃命之后不久被杀。雄鹰是罗马人共同拥有的象征符号。卢坎此言意在表明，这场战役是一场同室操戈的内战，对双方而言都是一种罪恶。

"旗子"这类东西都已列出来了，他就觉得自己说得已经足够清楚了，因此，接下来，他就把剩下来的所有东西揉在一起，用一个涵盖一切的短句子给解决了。此外，"皇帝的"（"大元帅的"）这个词在他这里出现频率极高，他为此还真的费了不少劲，给人的感觉就是，某些饰品更适合让大元帅使用，而如果给执政官、独裁官或恺撒来使用，那就不太合适了。"不论何种列队仪式，凡是能够展示朕的皇帝威仪以及朕的权力之荣光的，他也都将一并得享有之"：说话的时候，有的人是"拒绝使用那些华而不实、虚张声势的字眼的"[1]；而"作为万王之王和诸神家的亲属，大流士"[2]则不一样，所有能用复数的词就一定要用复数，否则，他绝不开口。能够展示"皇帝威仪"的"列队仪式"是什么东西？难道不就是"蜷缩在草地里然后又会长进人家肚子里的一根黄瓜"？[3]如今这个时代，教皇一出门就是仗势十足，那些配着马鞍的大白马被打扮得流光溢彩，由仆人们牵着在前面开路。你以为当年的皇帝也会像他们那样，不论何时，只要迈出家门，就要来一场凯旋式？其他各式各样的荒唐事就不提了，就看这一点，还有比它更无知的吗？还有比它更不符合罗马教皇身份的做法吗？还有，他这里所说的这个"荣光"是什么东西？讲拉丁语的人也会说荣光，但人家所说的这种荣光，难道会像希伯来语言里的那种传统含义，指游行庆典之类的那种排场浮华、那种声势浩大吗？另外，这个人把"士兵"说成是"民兵"，但是，"民兵"这个词是我们从希伯

1　语出古罗马著名诗人、批评家贺拉斯（Horace，公元前65—前8）的《诗艺》（*Ars Poetica*），中译文参阅贺拉斯：《诗艺》，见亚里士多德、贺拉斯：《诗学·诗艺》，罗念生、杨周翰译，北京：人民文学出版社，1962年，第142页。

2　语出古罗马作家、翻译家尤里乌斯·瓦莱利乌斯（Julius Valerius，生活于3—4世纪）从希腊文翻译为拉丁文的《亚历山大行纪》（*Res Gestae Alexandri*），I: 37，此书为中世纪西欧围绕亚历山大大帝而创作的传奇文学作品奠定了基础。

3　语出古罗马诗人维吉尔的《农事诗》，4: 121—122。详见 Virgil, *Georgics*, trans., Janet Lembke, New Haven and London: Yale University Press, 2005, p. 64。瓦拉以此比喻来行辱骂之事，可谓恶俗至极。

来人那里借用过来的，而他们的那些书籍，不论是君士坦丁，还是他手下的那些书吏，都从来没有看过。

皇上，你也太慷慨了吧？在把教皇乔装打扮好了之后，你还意犹未尽，你还要把所有的圣职人员全都装点一番。你说，元老院议员"要么被擢升为勋贵，要么被推举为执政官，这个元老院才会显得那么的居高临下、与众不同、有权有势、显赫不凡"。有谁听说过元老院议员或其他什么人"被擢升为"勋贵的？执政官是由推举而来的，但勋贵却并不是这么回事。有些勋贵来自勋贵家族，这类家族也被称为元老院家族，而元老院议员属于"被征召来的父老"（conscript fathers）[1]；有些勋贵则来自罗马骑士团家族，甚至是来自平民家族。元老院议员的地位要比勋贵重要得多，这是因为，元老院议员是共和国精心挑选出来的参谋，而一个人如果是勋贵，那只是表明，如果追根溯源，他可能是来自某个元老院家族。这也就是说，元老院议员，或者说作为"被征召来的父老"这个群体中的一员，他并不一定同时也是一个勋贵。如今，我的那些罗马朋友会把他们的行政长官叫作元老院议员，其实这种叫法很荒唐，因为，元老院不可能只由一个人来组成，作为元老院议员，他必然要有自己的同事。如今被称为元老院议员的那个人，其履行的竟然是行政长官的职责。你可能会说："请注意，很多书里都提到过勋贵这种头衔。"这个事，我当然知道，但是，那些书说的都是君士坦丁之后的事。因此，这个赠礼文件肯定是在君士坦丁去世之后才出现的。再有，圣职人员也可以被

---

1 "被征召来的父老"（patres conscripti，英文conscript fathers），意译就是元老院议员。一般认为，古罗马的元老院起源于王政时代初期，其成员人数由最初的100人增加到王政末期的300人，这些人都是年纪较大、阅历丰富的智慧之人，他们被称为"父老"（Patres，英文Fathers）。王政被共和取代之时，元老院个别成员追随废王逃走，随后增补的成员被称为"被征召来的人"（Conscripti），于是，元老院就由"老人"和"新人"两部分组成，他们被合称为"父老和征召来的人"（Patres et Conscripti）；再往后，元老院议员就全部被称为"被征召来的父老"（patres conscripti），而且，人数越来越多，到尤利乌斯·恺撒时代，已有约900名元老院议员。

选去担任执政官吗？拉丁世界的圣职人员是不得结婚的。他们会成为执政官吗？他们会去招募士兵，然后和正规军以及辅助部队一起，前往他们受任的那些行省吗？仆人和奴隶也都可以成为执政官？按照过去的惯例，执政官只有两名，如今是要打破这个惯例，设立成百上千个执政官职位吗？为罗马教会服务的那些人也可以获得将军头衔吗？据说，教皇就有这个头衔。对于这个说法，当初我还挺纳闷的，现在看来，是我太傻了！仆人可以成为将军，圣职人员可以成为士兵，那么，士兵是不是也可以成为圣职人员，同时还可以穿戴军人的服饰？要不然的话，你就是要把将军的服饰送给全体圣职人员。好了，如果真的是这样的话，那我就搞不懂你在说什么了。编造这些内容的那些人，其实就是想得到充分的授权，然后就可以自我打扮，而且，想怎么打扮就怎么打扮。这一点，难道还有谁看不出来吗？我可以这样来想象一下：假如生活在半空中的那些魔鬼在某个地方搞形形色色的娱乐活动，那些畜生肯定会不遗余力地直接套用圣职人员的这套仪式，会直接套用他们的那种游行表演，会直接套用他们的那种浮夸和奢华，而且，他们肯定会从这种舞台表演中获得无穷的乐趣。

55　　 不论是他说的那些话，还是他的那些想法，都很愚蠢，那么，我是不是要多花一点精力来讨伐他的那些想法？对于他的那些想法，你们都已听到过不少的评论。因此，在这里，还是来看看他说的那些话是多么愚不可及。他说，对于元老院，"必须进行装饰"，而且，就文中所言的主题而言，就是"必须要用荣光对之进行装饰"，给人的感觉好像是元老院此前没有经过装饰似的。[1]而且，他还想把正在发生的转换成已经发生的，比如，他说"朕已宣布"，而不说"朕宣布"，这是因为，用了"已"字，听起来会显得更加铿锵有力。对于同样一件事，在表述的

---

[1] 瓦拉这里讨伐的问题，与《君士坦丁赠礼》文本中的相关内容似乎对不上号。

时候，他会把现在时和过去时混在一起使用，一会儿说"朕下令"，一会儿又说"朕已下令"。不论是什么东西、什么事情，他都要给它附上"朕下令""朕要对什么什么进行装饰""皇帝的""大元帅的""权力""荣光"等诸如此类的字眼。此人用"存在"代替"是"，这是因为，用了"存在"二字，似乎就意味着更为杰出，更为高人一等。这个人还用"的确"来代替"当然"，用"床伴"来代替"同伴"。床伴是些什么人？那是要睡在一起的，是要苟合的。人们自然而然地会想到，那肯定是娼妓。我猜，他之所以要把和他一起睡觉的那些人加进来，可能是害怕半夜闹鬼，于是，他又增加了"内侍"，他又增加了"门卫"。其实，他并没有跑题，他之所以要把事情说得这么琐细，是因为他并不是在和一个老年人说话，而是在指导一个卫兵或一个未成年的儿子。他就像一位年老昏聩的父亲，而自己的这个儿子又还年幼柔弱。就像当年大卫对待所罗门那样[1]，他要把孩子需要的一切东西都备好备足。

为了让这个编造的材料在每个细节上都显得有血有肉，造假者给所有圣职人员都配了马。基督当年是骑驴的，而如今，这些圣职人员就可以不用像基督那样了，出门在外就再也不用骑驴了。[2]对于他们的这些马，他不是用白色的物料来给它们"做马衣""做鞍套"，而是"用白颜色来对之进行装饰"。请注意，他用的是什么物料呢？他用的既不是巴比伦布料，也不是其他任何品种的布料，他"用的是马派巾和亚麻布"。马派巾就是餐巾，是餐桌上用的，而亚麻布是用来做床上用品的。对于那些物料的颜色，似乎会有人提出疑问，于是，他还要解释一番，说"是纯白的那种"。有些话，说的还真有点像君士坦丁的风格，还真有点像

56

1　关于大卫为"年幼娇嫩"的儿子所罗门所做的各种安排，详见《历代志上》，22: 1—18。

2　关于耶稣骑驴驹进耶路撒冷城的故事，四部福音书均有详细描写，详见《马太福音》第21章、《马可福音》第11章、《路加福音》第19章和《约翰福音》第12章。一般认为，耶稣进城的时候，骑驴而不骑马，是表明他谦和。

拉克坦提乌斯的雄辩风范，别的段落中有这种情况，这个段落中也有，比如，他竟然能说出"骑的坐骑"[1]这样的词句。对于元老院议员们的服装，比如说那种特定的宽条纹、服装的颜色为紫色以及其他诸如此类的特点，他一概不谈，他觉得他应该说一说元老院议员们的鞋子。然而，说是要谈鞋子，但他并没有谈那个半月形的鞋口，他讲的却是"袜子"，或者更精确地说，他讲的是"毡袜"，而且，他又习惯性地做了一番解释，说"也就是白色亚麻布的那种"，给人的感觉就是，这种袜子是亚麻布做的！此时此刻，除了瓦莱利乌斯·马提阿尔（Valerius Martial）的诗句之外，我还真想不出别的还有哪个地方提到过"毡袜"这个词。马提阿尔的这个对句短诗题目就叫作《毛茸茸的毡袜》（Udones Cilicii），它是这么写的："羊毛织不出这种袜子，唯有那臭气熏天的山羊，用它的胡子方可做成这种东西。穿上这样的袜子，就可以站到基尼普斯湾（Kinyps）的水里。"[2]因此说，毡袜既不是用亚麻布做成的，也不是白色的。我们的这头两脚驴之所以要讲这些东西，并不是为了让元老院议员们的脚能够穿上它，而是为了让他们"显得与众不同"。接下来还有这样一段话："如此这般，就如同尘世中的情形一样，天国中高低不同的各个层级也都可以得到相应的装饰，而且，这样做完全是为了天主的荣耀。"你把天国看成什么了？你又把尘世看成什么了？天国中的那些等级

---

1 《君士坦丁赠礼》中的原文是"equos equitant"；克里斯托弗·科尔曼的英译是"mount mounts"（见Lorenzo Valla, *The Treatise of Lorenzo Valla on the Donation of Constantine*, trans., Christopher B. Coleman, p. 117）；鲍尔索克的英译是"mounted on mounts"（见Lorenzo Valla, *On the Donation of Constantine*, trans., G. W. Bowersock, p. 97）。关于这种对译的巧妙及难处，可参阅本书"英译者导言"中鲍尔索克所写的相关内容。

2 瓦莱利乌斯·马提阿尔（约公元38—约103），罗马帝国早期诗人，以写作短诗著称。文中诗句的英译，不同版本差别很大，另可参阅Martial, *Epigrams*, Volume III, Books 11–14, Cambridge, Massachusettts: Harvard University Press, 1993, p. 281 (14: 141)。鲍尔索克在本书英译本注释中称，基尼普斯湾（Bay of Kinyps）位于北非。见Lorenzo Valla, *On the Donation of Constantine*, trans., G. W. Bowersock, p. 192。

是如何装饰的？你或许知道天主需要的是什么样的荣耀，但是，假如我对天主还存有那么一点点信任的话，那么，我就会认为，圣职人员如此醉心于俗世的东西，肯定是天主以及其他人最为痛恨的事情。唉，我为什么要一个接着一个来讨伐这些具体问题呢？对于这些问题，不要说展开什么讨论，就是每个都提上那么一嘴，我的时间也肯定不够用。

无论如何，最最紧要的一个事情就是，按照朕的这份诏示[1]，朕   57
要赋予神圣的西尔维斯特以及他的继任者以下权利：只要他乐意，
他都有权自行决定，随时可以将任何中意之人招入圣职人员队伍，
他都有权将那个人纳入虔诚的圣职人员队伍中那些虔诚的层级之中；
而且，不论何人，都不得认为他是在傲慢行事。

为圣祖亚伯拉罕祝福的是麦基洗德（Melchizedek）[2]，而我们这里的这个麦基洗德是个什么人？君士坦丁刚刚成为基督徒，而且，他就是由西尔维斯特施的洗，他还把人家称为"神圣的"。这么样的一个人，难道可以赋予西尔维斯特选任神父的特权？给人的感觉好像是，西尔维斯特在此之前既没有选任过神父，也无权选任神父。他还说，"不论何人，都不得认为他是在傲慢行事"，那么，要想阻止这类事情的发生，他有何威胁手段？你们看看，他的遣词造句，是何等精雕细琢："将那个人纳入虔诚的圣职人员队伍中那些虔诚的层级之中"，"招入圣职人员队伍"，

1　这里的"诏示"，原文是"indictu"（英文 indiction），算是《君士坦丁赠礼》编造者在文中使用的错别字。"indictu"的本意可译为"小纪"，是古罗马皇帝每隔15年发布一次作为征税依据的"财产估值诏示"。在古代罗马，每15年算作一个财政周期。这个词通常也被用作编年史的年代单位。

2　麦基洗德，《旧约全书》中的人物，是耶路撒冷君王，是司祭，同时也是亚伯拉罕的保护者，他曾经将饼和酒献给亚伯拉罕作为盟约的礼物，并为亚伯拉罕祝福。详见《创世记》，14：18—20。

"圣职人员队伍"，"诏示"，"只要他乐意"，如此等等。接下来，他又转回到御冕这个事情上来了。

> 也正是基于诸如此类的想法，朕也已下令：他以及他的继任者都必须不折不扣地佩戴御冕，[1]也就是皇冠，这顶皇冠由纯金制成，由各种珍贵的宝石制成，而这些宝石是朕已经送给他的，它们全都取自朕自己头上戴的这个皇冠；这么做，是为了圣彼得的尊严。

他再次对"御冕"这个词做了解释，这是因为，他的讲话对象都是一些过目即忘的野蛮人。他在"皇冠"一词后面加上"由纯金制成"，就是怕你认为这个黄金里面会不会不小心掺杂了青铜或其他什么废料。基于类似的心理，在说到"宝石"的时候，他特意在前面加了"珍贵的"这几个字，就是怕你怀疑那是不是便宜货。他这么做也没错，黄金和黄金比，有差别；宝石和宝石比，差别就更大了。他本来应该说皇冠上"点缀着各种宝石"，但他却说皇冠是"由宝石制成的"。其实，这句话是有出处的，其原话是："你已把宝石做成的冠冕戴在他头上。"[2]不过，这个人不知道这个事，那位信奉异教的皇帝之前也没读过这句话。这位皇帝真的会以这种方式说话吗？即便当年的那些皇帝真的都有加冕一说，他真的就会为自己戴着皇冠这种事而大肆炫耀、洋洋自得吗？他真的会担心如果自己不告诉人家，人家就不知道他那个皇冠是由黄金加宝石做成的吗？他真的会这样自取其辱？之所以采取这种说话方式，他也有自己的理由，大家可以听听他是怎么说的，他说"是为了圣彼得的尊严"。基督是最为重要的基石，教会的圣殿就是建立在这块基石之上的。然而，

1　瓦拉使用的文本在行文上与本书附录中的《君士坦丁赠礼》有一定出入。

2　参阅《诗篇》，21：3。文字有出入，《诗篇》原文："你以美福迎接他，把精金的冠冕戴在他头上。"

听他说的那些话，似乎这个基石不是基督，而是彼得，而且，在后面的文字中，他又说了一遍这种话。假如他真的那么崇敬彼得，那他为什么不把在罗马修建的那个教堂献给彼得，反而却将之献给了施洗约翰？[1] 在这里，诸位可以看看，就凭他这么一种俗不可耐的言谈举止，难道还不足以表明，这篇胡言乱语式的东西肯定不会产生于君士坦丁那个时代，而是在后来才炮制出来的吗？

对于"朕下令"这几个字后面的表述，他用的是"他们都必须不折不扣地佩戴"；而在正常情况下，最好说成"他们必须佩戴"。其实，不论是说话，还是写东西，没有文化教养的那些人通常都和他那个样子差不多，比如说，正常情况下说"某某下令，你必须过来"，而那些人却会把话说成"某某下令，你必须老老实实地给我过来"。此外，还有"朕也已下令"以及"朕已经送给他的"这类说法，似乎所说的事情不是在当时发生的，而是在之前某个时间已经发生了的。

　　不过，为了至为神圣的彼得之荣耀，神圣的教皇本人原本就已戴有冠冕，因此，当时他并没有答应在其冠冕的顶上再套上那顶由黄金做成的皇冠。

君士坦丁，就算你很愚蠢，但你的这种愚蠢也太离奇古怪了！你刚刚才说过，为了圣彼得尊严，你要把皇冠戴到教皇的头上。然而，现在你又说你不准备这么做了，原因就在于，西尔维斯特拒绝这一做法。对于他的拒绝，你一方面表示认可，但另一方面，你还是告诉他"要戴上一顶由黄金制成的皇冠"。对于西尔维斯特认为他自己无法做到的事情，

1　施洗约翰（John the Baptist），《新约全书》中的人物，耶稣的表兄，出生于以色列人利未支派的祭司家庭。他曾在约旦河为众人施洗，也为耶稣施洗，故得此别名。

你却要求他的那些继任者必须要做到。你把那个"发圈"[1]叫作"皇冠",还把罗马主教叫作教皇,实际上,在当时,教皇这个头衔还没有成为他的专有称谓。[2]对于这些问题,我都不说了。

60 尽管如此,朕还是亲手将一顶闪烁着白色光芒的弗里吉亚便帽戴在了他那神圣无比的头上,这顶便帽乃是一种象征物,它象征着我们的主那一光辉灿烂的复活;出于对圣彼得的崇敬,朕还为教皇充当侍从,亲自为他牵马。之所以这么做,是因为朕规定:作为其继任者的所有教皇,在效仿朕之皇权而列队前进时,都要佩戴与上述款式同样的弗里吉亚便帽。

这个制假贩假的家伙,一看就知道是个骗子。这应该不是因为他的疏忽大意才让人看出来的,他肯定是有计划、有预谋地想把自己的马脚露出来,是不是?他就是想从方方面面给人提供把柄,好让别人抓住他,是不是?在同一个段落中,他一方面说弗里吉亚便帽象征着"主的复活",另一方面又说佩戴这种便帽是对皇帝"权力"的"仿效",而实际上,这是完全不可兼容的两件事。天主可以为我作证,我实在找不出什么合适的词语,我实在找不到什么暴烈的语言,要是可以的话,我一定会把这个彻头彻尾的无知之徒彻底灭掉。他是一刻不停地往外喷,但是,喷出来的所有字词竟无一不是神经错乱的产物。他竟然把君士坦丁的职

---

1 把"发圈"当"皇冠",是瓦拉对圣职人员的戏谑。发圈(tonsure),本意是"剃发礼",亦称"剪发礼",是圣职人员在领受神品(圣职)之前的第一个步骤,即把头顶剃光,露出光秃圆顶,此圆顶称为"发圈"。20世纪70年代,这种与世俗社会反差过于悬殊且时常招致俗人嘲弄的奇特发型才被天主教会正式舍弃。

2 在早期教会史上,所有主教都可使用"教皇"(papa)这个称谓;在希腊教会中,甚至普通神父都可使用这一称谓。关于教皇称谓的使用,可参阅Lorenzo Valla, *On the Donation of Constantine*, trans., G. W. Bowersock, p. 192, note 74。

位弄得像摩西一样，要知道，摩西是按照天主的指令来为大祭司规定行事准则的。[1]不仅如此，他还把君士坦丁变成神秘奥义的阐释者，要知道，阐释奥义这种事，即便是对于那些经年累月沉迷在经书文本中的人来说，也是极端困难的。实际上，之前的很多皇帝都是身兼大祭司一职的，既然如此，你为何不把君士坦丁也变成一个大祭司呢？这样的话，他在把那些装饰品转给另外一位教皇的时候，岂不方便很多？可惜啊，你根本没有一点历史知识。此外，我还是要再感谢一回天主，这是因为，这么一个完全不可言说的想法，只限于一个人可以想到，而且，这个人可能是天底下最蠢的那一个。接下来的一些内容也可以表明这一点。按照他前面的说法往下推演，摩西也曾经为亚伦"充当侍从"，亚伦骑着马，但是，围在其四周的，并不是以色列人，而是迦南人和埃及人；换句话说，这个亚伦骑着马行走在一个异教徒的国度里，而这个国度与其说是一个尘世帝国，还不如说是一个由魔鬼以及崇拜魔鬼的诸多族群组成的帝国。

　　教皇的卓越地位不但不应受到任何的贬损，而且还要以辉煌的 [61]权威对之加以装饰，这一权威必须比皇权还要尊贵。因此，为了确保做到这一点，请诸位听真——朕不仅把朕自己的宫殿送给至为神圣的主教和普世的教皇西尔维斯特，而且把罗马城，还有意大利的所有行省、地方和城市，或者说整个西部领土，都送给他。朕已下令，按照朕的这份国事诏书，这些地方都将由他及其继任者管理，而且，这些地方都执行神圣罗马教会的法律。

---

1 按照《旧约全书》的说法，围绕祭司的职权及行为规范，耶和华曾对摩西做过详细指示，随后，摩西将耶和华的教诲转达给其兄长亚伦（以色列人的第一位大祭司）及其后人。详见《利未记》，21:1—24；《民数记》，6:22—27。

关于这段话里的这些内容，前面我们已经借罗马人和西尔维斯特之口详细讨论过。行文至此，做出以下论断，应该是没有什么问题的了：不论是谁，他都不会把世界上所有国家都纳入"赠礼"这个孤零零的单词之中；当年的那些行省，如今每个都有自己的一位甚至多位国王，或者是与国王地位相当的统治者；对于之前已经成功处理过"带子""鞋子""用亚麻布做成的马衣"等让人疲惫不堪的琐细问题之人而言，不论是谁，如果再让他说出那些行省的名字，肯定都会说得一清二楚。有些行省是在君士坦丁统治之下的，有些行省则不是，而且，可以肯定地说，有些地方根本就不在他的统治范围之中。但是，很显然，对于这些问题，这个造假者心目中一点概念都没有。我们知道，亚历山大死了之后，其手下的那些将领便把帝国瓜分掉了，哪些领土归谁，都规定得清清楚楚。臣服于居鲁士统治的有很多地方的统治者，他们有的是自愿归顺，有的是被迫归顺，对于这些人以及领土情况，色诺芬（Xenophon）都有详细记载。[1]对于希腊以及蛮族的国王，他们叫什么名字，出自哪个族群，来自哪个国家，性格如何，实力如何，长相如何，海军规模有多大，陆军规模大致怎么样，等等这些问题，荷马都有编目和详细记载。[2]不仅是希腊的很多作家，而且包括恩纽斯（Ennius）[3]、维吉尔、卢坎（Lucan）[4]、斯塔提乌斯（Statius）[5]以及其他一些人在内的我们拉丁作家，都把荷马的这一做法视为典范。在对"应许之地"进行分割的时候，约书亚（Joshua）和

1　色诺芬（约公元前440—前355），雅典人，古希腊历史学家。其主要著作有《远征记》《希腊史》《居鲁士的教育》以及《回忆苏格拉底》等。色诺芬对波斯帝国相关情况的记载和描述，详见色诺芬：《居鲁士的教育》（Cyropaedia），第1卷，第1节。

2　关于这些材料，详见荷马：《伊利亚特》，第2卷，第493—877行。瓦拉曾将《伊利亚特》的前16卷以及前文所说的色诺芬那部《居鲁士的教育》翻译为拉丁文。

3　恩纽斯（公元前239—前169），古罗马共和国时期著名作家、戏剧家、诗人，有"罗马诗歌之父""罗马文学之父"之称。

4　卢坎（公元39—65），罗马帝国早期诗人。

5　斯塔提乌斯（约公元45—96），罗马帝国早期作家、诗人。

摩西对每个小村子都做了描述，而且无一遗漏。[1]而你呢，让你把各个行省的名称列出来，你都感到犯难？你只能笼而统之地说是"西部各个行省"。西部的边界在哪里？从哪里算起，到哪里为止？它的东南西北四个方向分别到哪里算是尽头？论其边界，它不像说起亚洲、非洲、欧洲的时候那么确定、那么固定，是不是？有用的话，你不说；没用的废话，你却要说一堆。你说"所有行省、地方和城市"，难道行省和城市都不是"地方"吗？你说"行省"的时候，还要再加上"城市"，好像在说城市是不应该包括在行省之中似的。不过，一个人既然要把这么大面积的领土都放弃掉，那么，他肯定也就不会还去在意那些城市和行省叫什么名字，而且，他似乎昏昏欲睡，根本没有意识到自己在说什么。这一点，没有什么值得大惊小怪的。还有，"意大利的……，或者说整个西部领土"：看他这个话，似乎可以在一个或另一个之间进行选择，但实际上，他的意思是两个都要。他说的是"各个领土上的行省"，但准确一点，应该说是"各个行省的领土"；另外，他说的是"这些地方都执行"，但准确一点，应该说成"这些地方都将执行"。

> 正因如此，朕认为，将朕的帝国及君权转朝东部领土，然后在 62
> 拜占提亚行省中最好的地方建个国家，并以朕以及将在那里建立的
> 朕之帝国的名义来为之命名，此乃合适之举。

其本意是说要建个城市，但却说要"建个国家"。对于这个问题，我什么都不说了。同样，对于"拜占提亚行省"这个说法，我也直接略过。为什么把其他所有地方都排除，而偏偏要选那个地方来建个城市？

---

1 关于摩西特别是约书亚分割土地之事，《约书亚记》中有极为详细的描述，详见《约书亚记》，第13—21章。

如果你真的是君士坦丁，你要给我个理由。在把罗马交给别人之后，你自己就得搬到别的地方。尽管你可以说此举是必要的，但是，这个做法却是不那么合适的。失去罗马之后，你就不应该再自称为皇帝了。你只能被称为最为恶劣的罗马人，因为你正在撕裂罗马人这个名号。而且，你也不能自称为国王，因为在你之前，还没有哪个人这么干过。当然，你也可以说你可以自称国王，因为你已经不再是罗马人了。[1] 值得一说的是，你给出的理由还是颇为真诚的：

63　　　　这是因为，在教士之长和基督信仰的首脑已被天国的统治者认可的地方，如果俗世的统治者还拥有权力，那是不恰当的。

愚蠢的大卫，愚蠢的所罗门，愚蠢的希西家（Hezekiah）、约西亚（Josiah）以及其他历任国王！[2] 所有这些国王，不仅都很愚蠢，而且都不够虔诚。他们竟然都还和大祭司们一起生活在耶路撒冷城，他们竟然没有把整座城市全都送给那些大祭司！君士坦丁在三天之内学到的东西，竟然比那些国王终其一生学到的东西还要多。你说到"天国的统治者"，而之所以有这个称谓，就是因为他接受了一个世俗帝国。当然，由于你的用词用语含糊不清，你所说的"天国的统治者"或许是指天主。如果是这样，那你也太胆大妄为了。你竟然可以打着他的旗号宣称，神父们的尘世之国建在了罗马城以及其他所有地方之上。

64　　　　而且，朕还要下令，所有事项，不论是目前这份神圣的帝国特

1　王政时代结束之后，罗马国家禁用"国王"头衔。

2　按照《旧约全书》所言，统一的以色列王国（公元前11—前10世纪）共历四位国王，大卫和所罗门分别为第三任和第四任国王。详见《撒母耳记下》，5: 1；《列王纪上》，2: 12。以色列王国分裂后，南国（犹大王国，公元前10—前6世纪）共历20位国王，希西家和约西亚分别是第13任和第16任国王。详见《列王纪下》，18: 1；22: 1。

许状中涵摄的，还是其他天赐的御令中论及的，凡是得到朕之认可与确认的，就必须保持下去，直到世界终结，永不走样，永不更改。

君士坦丁，你刚刚还在说自己是"俗世的"，现在又说自己是"神圣的""天赐的"。你不仅又栽进了异教的泥坑，而且比异教更严重：你竟然下令，让全世界都遵守你的命令，而且必须做到"永不走样，永不更改"，如此这般，你把自己弄成了一个神，你的讲话是神圣的，你的御令是天赐的。你也不想想你是谁。仅仅是在不久之前，你身上那臭不可闻的异教之污泥浊水才刚刚被除去，你勉勉强强才算是被洗干净了。你为什么不再加上这样一句话："就是到天地都废去了"，这个赠礼的"一点一画也不能废去"？[1]扫罗（Saul）是天主选中的人，但是，他也没能把自己的王国传给自己的儿子。[2]而大卫的王国，到他的孙辈掌权时，就分裂了，而且，到后来也都被灭掉了。然而，你并没有征询天主的意愿，就把王国送出去了，而且，你竟然动用你自己的权威，要让这个王国一直存在到世界终结之时。难道这个世界这么快就要毁灭了吗？这都是谁教给你的？当然，那些诗人会煞有介事地说这个世界的日子真的不多了，但是，我认为，此时此刻，你绝对不会相信诗人们的那套说法。因此，上面那些话不可能出自你的口，肯定是别人偷偷摸摸强加给你的。值得注意的是，你别看这个人在此之前表现得那么傲慢自负、那么盛气凌人，但从现在开始，他又害怕起来了，他又变得不自信了。于是，他又发出一连串的乞求：

---

1 瓦拉这里借用《马太福音》中对律法的相关表述来讽刺《君士坦丁赠礼》："就是到天地都废去了，律法的一点一画也不能废去，都要成全。"见《马太福音》，5: 18。

2 按照《旧约全书》所言，扫罗是统一的以色列王国的第一位国王，在其死后，其子伊施波设（Ish-Bosheth）被立为王，两年之后，王权被扫罗的女婿大卫夺取。详见《撒母耳记下》，2: 10。

因此，在永生的天主面前——当年是他命令朕行使统治之权的，在他那令人生畏的审判席前，朕要恳请朕的所有继任者，亦即所有的皇帝，每一位显贵，还有各位行省总督，辉煌无比的元老院议员，以及全世界的全体民众，在接下来的时间里，对于这些事项，任何人都不得以任何方式进行破坏，也不得以任何方式将之撕裂打碎。

这个恳求，是多么公正，是多么虔诚！这完全就是个狼的样子，而且没有丝毫不同。它先把羊掳走，并将之分给它的那些儿子和朋友。然后，它一脸无辜、满腔诚恳地向其他所有的狼以及牧羊人发出乞求，一方面恳请其他狼不要去偷它的羊，另一方面又恳请牧羊人不要去找那些已经丢掉的羊。君士坦丁，究竟是什么东西把你吓成这个样子？如果你做的事情与天主无关，它肯定会被毁掉；但是，如果你做的就是天主的事，那它就不可能被摧毁。哦，我看出来了，你是想模仿一下《启示录》中的那套说法。《启示录》中是这么说的："我向一切听见这书上预言的作见证，若有人在这预言上加添什么，神必将写在这书上的灾祸加在他身上；这书上的预言，若有人删去什么，神必从这书上所写的生命树和圣城，删去他的份。"[1] 可是，在此之前，你根本就没读过这个《启示录》啊。因此，这些话肯定不是你说的。

65　　　　另外，如果有人——当然我不相信会有这样的人——对这些事项故意曲解，那就要让他受到谴责，永遭天谴。要让他明白，不论是在今生还是在来世，天主的神圣使徒彼得和保罗都会与他为敌到底。而且，要把他扔到地狱的底部并将之烧掉，让其和魔鬼以及一切妖孽邪恶之徒一同烟消云散。

1　见《启示录》，22: 18—19。

　　如此这般的恐吓，如此这般的威胁，根本不像是一个世俗统治者所为。从前，只有老派的僧侣和古罗马的祭司会这么干；如今，也只有天主教会的神职人员会这么干。因此，这肯定不是君士坦丁说的话，它只能是出自某个弱智的下等教士之口。至于自己说的是什么，应该怎么去说，这个人都是毫无概念的。而且，此人肯定是个肥头大耳、庸俗下流之徒，在喝得酩酊大醉、把酒正酣之际，从口里呕出了这些絮絮叨叨的字词。他的这些词句对其他任何人都不会起什么作用，相反，倒是会让他自己遭殃。他先是说"永遭天谴"，随后似乎觉得还可以再加点什么。于是，他真的就加了点别的东西，在有了永罚之后，再加上"今生"的惩罚。在拿天主的谴责来恐吓我们的同时，他接着又拿彼得的憎恨来恐吓我们，好像这个恐吓更有威慑力似的。在彼得的后面，他还加上了保罗。我弄不明白，为什么要把他加在后面，即使要加，为什么只加保罗一个人。随后，其典型的昏庸懒散再次出现，他又回过头来说永罚的事，好像他在前面没说过似的。请注意，假如这些威胁和咒骂真的是出自君士坦丁之口，那我一定转过头来对他发出诅咒，我会骂他是暴君，骂他是我的国家的毁坏者。而且，我也会发出威胁，我要尽一个罗马人所能，亲自上阵，向他发起报复。实际上，那些人都是一些贪婪至极之徒，整天就像演员那样装腔作势地张着大嘴讲话，而且还装成君士坦丁来吓唬人。如今这个年代，谁还会怕他们的那些诅咒？躲在别人的身后，把自己的身份藏起来，如果我们直接套用希腊语中的说法，这种做派，就是一个实实在在的伪君子。

　　为了强化这一页[1]御令的威力，朕已经用朕的双手亲自将之放　66

1　"这一页"，原文写作"pagina"（英文 page）。在中世纪拉丁语中，"pagina"除了指一页两页的"页"，也通常用指"文件""文献"。瓦拉这里将"pagina"理解成"页"，属于故意曲解。

在了圣彼得的令人尊敬的遗骸之上。

这些文字是写在一个页面上的，那么，这个页面究竟是纸草纸，还是皮纸？实际上，我们有所谓的"一张纸"这个说法，而这张纸的这一面和那一面，都叫作"一页"，比如说，有一沓材料，共10张，那就是说，它总共有20页。上面引出的那两句话，完全就是一派胡言，不仅闻所未闻，而且令人难以置信！我还记得，小的时候，我曾问过别人《约伯记》（ *Book of Job* ）是谁写的。对方告诉我说，"是约伯自己写的"。于是，我就追问，他是怎么做到在自己写的书里提到自己是如何死去的呢？[1] 可以说，还有很多其他书籍也都存在这类问题，不过，在这里就不适合拿来讨论了。有些事情，还没有发生，怎么就可以拿出来讲，还那么精确告诉人家当时是如何发生的？还有，比方说那些刻板，上面刻好了字之后就被埋了起来，现在，当事人又亲口说了一些事情，而这些事情是在刻板被埋之后发生的，但它们又都被写在了当初埋起来的那些刻板上，这是怎么做到的？这就等于是说，写有赠礼内容的那页纸在没有出生之前就已经死了，就已经被埋了，而且，自那以后，就再也没有活过来，就再也没有从坟墓中回来过；更为特别的是，在它还没有写好之前，其威力就已经得到了强化，而且，皇帝并不只是用一只手对之进行强化，他是两只手一起行动，从这以后，它就更没有起死回生过。对这页纸的威力"进行强化"，这是什么意思？是说要加上皇帝的签名，还是说要盖上他的私章？如果是这样的话，其威力肯定会得到大大的加强，而且，这种威力，比把文字刻在青铜面板上要强大得多。不过，对于这个事，根本不需要青铜刻字，因为这份文件是放在圣彼得的遗骸上面的。你怎么不提一下保罗？他就躺在彼得的旁边啊。和一具遗骸相比，两具遗骸

---

[1] 《约伯记》的结尾是："这样，约伯年纪老迈，日子满足而死。"见《约伯记》，42: 17。

肯定可以提供更好的保护。

你们看出来了吧，这个恶毒至极的西农[1]，可谓既奸诈又阴险。这个 67 《君士坦丁赠礼》肯定是无法拿出来示人的，因此，他就一直说，这份赠礼文书并没有刻在青铜面板上，它是写在纸上的；而且，它是和最为神圣的使徒的遗骸藏在一起的，其用意就在于警告我们，不可胆大妄为，不要到那个令人敬仰的墓穴里去翻找这个东西；即使我们真的去找了，我们也会猜到，它肯定早就烂掉了。

那么，圣彼得的遗骸埋在了哪里？如今，虽然有专门献给他的圣殿， 68 但可以肯定地说，其遗骸并不在那里，当年它是不可能被葬到那么一个戒备森严的地方的。因此说，这位皇帝是不会把他的那份文件放到那里去的。考虑到那位至为神圣的西尔维斯特还不够圣洁、不够谨慎、不够勤勉，皇帝是不是一忍再忍，最终还是没有将之交给他去保管？唉，彼得，西尔维斯特，你们都是罗马教会的神圣教皇，主已经都把羊群托付给你们了，那你们为何就不能把这份文件也当作主托付给你们的东西，把它好好保管起来呢？你们为何就任凭它被蛀虫咬碎，为何就任凭它发霉烂掉？我猜测，原因就在于，你们的遗骸也已经早就烂掉了。君士坦丁的这个做法太蠢了。一旦这个文件化为尘土，这个赠礼的法律效力也就会一同烟消云散。

然而，正如我们所见，如今还是有一份所谓的赠礼文件在陈列展示。 69 是哪个莽汉把它从最为神圣之使徒的胸前取出来的？我认为，没有人会干这个事。那么，这份文件是从哪里来的？毫无疑问，应该从古代的那些写手当中找出一个来，而且，这个人的生活年代不能晚于君士坦丁。但是，根本找不出这样的人。要么，是不是有可能是晚近之人所为？那他是从哪里获得的原始材料？不论何人，如果想编写过去某个时代的历

1　按照有关特洛伊战争的传说，西农是希腊打进特洛伊人中的奸细。详见前文及相关注释。

史，那他要么是根据圣灵的口授照录，要么就是要遵循古代作家们留下的权威材料来写作，当然，这里所说的古代作家，必须是围绕他们自己所处时代来写作的那些人。有些事情是在极为久远的年代发生的，而恰恰是这一点，给了某些人以说谎的胆量。因此说，不论是谁，只要他没有遵循古代作家们留下的材料，那他肯定就是说谎者当中的一员。当年，罗马人曾派出使团，去希腊抄录当地的法律。关于此事，李维以及其他一些杰出的作家都有记载。[1]后来，专门给罗马法做注释的那位阿库修斯（Accursius）[2]也写过这个事，但他写的那些东西非常荒谬，和前人的那些记载根本不搭界。对于我们这里要说的这个材料，如果拿来读，不论是其中的哪一点，与古代实际情形的契合度，都绝不会比阿库修斯的那个材料强。

70　　　4月1日往前数第三天，交于[3]罗马，其时，君士坦丁·奥古斯都（Constantine Augustus）第四次担任执政官，加利卡努斯（Gallicanus）也是第四次担任执政官。[4]

1　详见李维：《罗马史》，第3卷，第31节。（英文版可参阅Livy, The History of Rome, Books 1–5, trans., Valerie M. Warrior, Book 3, p. 201。）

2　阿库修斯（约1182—1260），中世纪中期意大利著名法学家、注释法学派的代表人物和集大成者，在罗马法研究领域具有重大且深远的影响，其代表性巨著是《标准注释》（Glossa ordinaria）（或称《阿库修斯注释》，Accursiana）。但是，瓦拉对阿库修斯的研究成果是不屑一顾的，认为他对罗马法的解读与罗马法的历史实际偏离太远。

3　英译本原用词是"Given"。按照行文逻辑，这里的用词本应是"颁于"。瓦拉从语言学角度出发，认为这句话的拉丁文语式属于转交信件时的表述方式，他下文专门就这个问题做了详细批判。因此，为准确体现《君士坦丁赠礼》在用词用语上的不准确，这里只将这个"Given"译为"交于"（或"交给""交到""送到"等）。

4　根据罗马执政官名录所示，君士坦丁皇帝和加利卡努斯这两个人从未在同一年份中出任罗马执政官。君士坦丁皇帝兼任执政官的时间是在329年，而加利卡努斯担任执政官则是在330年。另外，在329年，的确有个名曰君士坦丁的人第四次担任执政官，但这位君士坦丁并不是皇帝君士坦丁，而是皇帝之子君士坦丁（即后来的君士坦丁二世，337—340年在位）。君士坦丁皇帝在329年已是第八次兼任罗马执政官。

他把文件的落款时间定在3月30日。[1] 因此，我们可以认为，这个事就是在宗教礼仪及活动频繁的那段时间里完成的，一般来说，这类事情都会在那段时间里举行。他写道："其时，君士坦丁·奥古斯都第四次担任执政官，加利卡努斯也是第四次担任执政官"：这两个人在此之前都已做过三任执政官，如今，他们俩还要继续共事，一起出任第四任执政官。出现这样的情形，真的让人很吃惊。不过，还有更加让人吃惊的。这个皇帝是患有麻风病的，全身长满了象皮；患了这种病之后，在人群中会显得非常刺眼，就如同大象站在众兽中间那样。在这种情况下，他竟然还想兼任这个执政官。当年，国王亚撒利雅（Azarias）患上麻风病之后，便把王国传给他的儿子约坦（Jotham），然后，和几乎所有的麻风病患者的做法一样，过起了与世隔绝的生活。[2] 仅凭他说的这一点，整个这个赠礼文件就可以被彻底驳倒，被彻底摧毁，被彻底打翻在地。或许有人会猜想，他会不会是先得了麻风病，好了之后，才出任执政官。有这个想法的人要注意两个方面的情况：从医学角度来看，这个病是一种慢性病；从对古代历史的认知来看，执政官的任期是从1月份开始的，而任期时间长达一年之久。然而，他所说的这些事情都被设定在了这一年的3月。此外，"交于"（或"交给"）这个词，一般来说，只是在私人通信的时候才会使用，在其他文件中，则不会使用这样的表述方式，当然，没文化的人怎么用都行。对于这个问题，我不想保持沉默。信件写好之后，要么标上"交给某人"，要么标上"交到某人的住址"。"交给某人"，这里的某人是指邮差信使之类的取信人，他会把信件送到收信人之手。"交到某人的住址"，这里的某人是指收信人。这个赠礼文件据称是君士坦丁所

1　自公元前45年起，罗马开始采用由尤利乌斯（旧译"儒略"）·恺撒主持制定的新的历法，此即"儒略历"。按照这一历法，3月为大月，共31天。从4月1日当天算起往前推，第三天即为3月30日。

2　见《列王纪下》，15: 5。亚撒利雅和约坦，生活于公元前8世纪，分别为犹大王国（南国）第10任和第11任国王。

为，但他并没有打算把它作为信件寄给哪个人，因此，这里就不应该使用"交给"这个词。由此可以明显看出，以这种方式说话的那个人肯定是在说谎，对于君士坦丁的言行，怎么编才能够看起来像真的，他是一点感觉都没有。

71　　有些人认为这个人说的是真话，而且还在为他辩白。这些人就是要自甘做他的同伙，就是要跟着他一起做个蠢货，一起做个神经错乱分子。然而，现如今，他们已经拿不出任何东西来体面地为自己的观点进行辩解，更不要说去捍卫他们的那个观点了。对于显而易见的事实，你们却拒绝接受，究其原因，仅仅就是因为某些大人物持不同的想法。在这种情况下，你们还要为某个错误进行辩解，这还有任何的体面可言吗？我这里说的大人物，是就他们的官阶而言的，而不是指他们的智慧或德行。至于你们紧紧追随的那些人，你们怎么知道他们会变成什么样子，你们就确定他们一定会坚守他们的观点吗？假如他们听了你们现在从我这里听到的这些说法，说不准他们会放弃其原来的观点了呢。而且，一个人如果对某个凡人的信任大于对真理的信任，那是极为不妥的，要知道，相信真理就是相信天主。对于某些人而言，尽管他们已被我的所有这些观点所征服，但他们还是有可能会这样来对我做出回应："为什么会有这么多的教皇相信这个文件是真的？"本来我是想就此打住的，是你们要逼着我继续往下说的。对于教皇们犯下的那些错误，我是本想找块布把它们蒙起来的，但是，你们非要强迫我来说他们的坏话，其实我是很不情愿的。这个事，你们可要为我作证。

72　　需要说明的是，要继续谈这个事，就必须一如既往地开诚布公，这是因为，对于这个案子，换任何一种其他方式，都将无法处理。有基于此，我或许可以承认，他们是真的相信这个文件是真的，而且，他们持这种观点，其本身也并没有什么恶意。要知道，他们的无知程度是令人瞠目结舌的，他们相信的东西非常多，但是，那些东西全都没有给他们带来任何看得见摸得着的收益之前景，然而，如果相信这个文件是真的，那他们的收益就大了，这可是个很有诱惑力的事。既然如此，那还有什么值得大惊小怪的呢？在天坛（Ara Coeli）¹，也就是在那个天坛圣母大教堂里，在一个极为显耀的位置，有一幅画，讲的是女预言家²和屋大维的故事。这幅画，我们不会没见过吧？据称，这幅画是英诺森三世（Innocent III）³下令绘制的，而且，故事的文本还是英诺森三世亲自操刀的。此外，他还留下一篇文字，讲的是，在救世主出生的那一天，也就是在童贞女马利亚生孩子的那个时候，和平神庙（Temple of Peace）被摧毁。⁴这些故事在强化信仰方面并没有起到什么好的效果，相反，它们却能对信仰起到颠覆作用，这是因为，它们都是编出来的，而且都是一些不可思议的事。作为真理的副手，他竟敢打着虔敬的幌子接连说谎？明明知道这是严重的罪过，他竟然还敢亲自参与其中？难道他不是在说谎吗？实际上，在这么干的时候，他就已经和那些最为圣洁之人分道扬镳了。这一点，他没看明白。其他人我就不说了，这里只说说哲罗姆⁵这

1 天坛（Ara Coeli，英文Heavenly Altar），亦译"圣坛"，位于罗马大竞技场西北方向的卡皮托利山（Campidoglio）上。按照中世纪天主教会编造的传奇故事，一位女预言家（Sibyl）告诉罗马帝国的首位皇帝屋大维（奥古斯都），耶稣基督将来到卡皮托利山上的朱诺神殿，他将委托屋大维在神殿里建造天坛。据称，13世纪兴建的天坛圣母大教堂（Basilica di Santa Maria in Ara Coeli）就是在这个天坛之上建成的。

2 女预言家，写作"西比尔"（Sibyl）或"西比拉"（Sibylla）。最初，西比尔这个名字是特指古希腊神话传说中的女预言家西比尔；后来，西比尔一词成为女预言家的泛称，故可以直接译为"女预言家"。

3 英诺森三世，罗马教皇，1198—1216年在位，其在位期间教廷权势达到顶峰。

4 和平神庙，这里特指罗马城里的和平神庙，位于古罗马城罗马广场（Roman Forum）的东北角。和平神庙建于1世纪中后期，罗马帝国皇帝康茂德（Commodus，177—192年在位）时期，该神庙被烧毁。

5 哲罗姆，基督教神学家，早期基督教最重要的拉丁教父之一，曾根据希伯来文版本，用拉丁文重新翻译《圣经》，此即《通俗本拉丁文圣经》。在这段文字中，瓦拉对哲罗姆的治学水准以及文字功底持严厉的贬斥态度。但是，在下面一个自然段，特别是再往后面谈及《圣经》翻译问题的时候，瓦拉对哲罗姆的看法则有很大不同。

个人。瓦罗（Varro）[1]曾经说过，总共有十个女预言家[2]，于是，哲罗姆就运用他这个说法编造出上面的那个故事，但是，瓦罗的这本书是在奥古斯都主政之前写成的。关于和平神庙，哲罗姆还写过下面一段话："和平神庙是韦斯帕芗和提图斯（Titus）[3]下令在罗马修建的。据希腊及罗马的诸多史家记载，在这个神庙里，他们把来自犹太人神殿的那些器皿都供奉在高坛那里，而且和信徒们奉献的所有礼物都混杂放在了一起。"[4]这个举世无双的蠢货，用他那野蛮粗鄙的语言，写了那么一本小册子，但是，他却要求人们一定要相信，即便是古代那些最为审慎之人写的那些最值得相信的历史著作，也比不过他写的那个东西。

73　　既然已经提到了哲罗姆，那么，下面就再说一个关于他的事情，但这个事对他是一种侮辱，对此，我不能保持沉默，我不能置之不提。在罗马，有一份圣经抄本被拿出来对外展示，根据教皇的指示，要像对待圣骨圣物那样来对待这个抄本，要在它的旁边点上长明灯，而之所以这么处理，据说是因为这个抄本乃哲罗姆亲自手书。我说这是对哲罗姆的侮辱，你们要问证据何在？就如维吉尔所言，的确是有那么多的"锦绣金甲"[5]在为它装点，但是，这个东西怎么看，都不像是出自哲罗姆之手。于是，我亲自动手，对之展开细致查证，结果发现，这个东西是由一个名曰罗贝尔（Robert）[6]的国王找人抄写的，从写字的水准来看，我觉得，

1　瓦罗，即特伦提乌斯·瓦罗（Terentius Varro，约公元前116—前27），古罗马著名学者、作家，著述甚丰，涉及语言、天文、地理、教育、农业、演说、文学、法律、历史诸多领域，其代表作有《论拉丁语》（De lingua Latina）等。

2　按照瓦罗的说法，这十个女预言家中，九个是东部世界的，第十个是拉丁世界的。在哲罗姆之前，早期基督教神学家拉克坦提乌斯也曾援引过瓦罗有关十个女预言家的说法。

3　提图斯，罗马帝国皇帝，79—81年在位。

4　Jerome, *Commentaries on Joel*, 3: 4—6。

5　维吉尔：《埃涅阿斯纪》，9: 29。中译文见维吉尔：《埃涅阿斯纪》，杨周翰译，第230页。

6　这个罗贝尔，可能是指那不勒斯国王安茹的罗贝尔（Robert of Anjou，1309—1343年在位），此人曾做过乔托（Giotto）、彼特拉克（Petrarch）以及薄伽丘（Boccaccio）等文化名流的赞助人。参阅 Lorenzo Valla, *On the Donation of Constantine*, trans., G. W. Bowersock, p. 193, note 85。

这个人还不是个成手。在罗马，类似的例子可以举出成千上万。在陈列
展示的那些神圣物件中，有一块画板，上面有彼得和保罗这两个人的画
像。据说，在君士坦丁的梦里，这两位使徒曾出现在他的面前；随后，
西尔维斯特拿出他们的画像给他看，以此证明这一异象确有其事。对于
这个事，我就什么都不说了，因为我坚定认为，那些画像画的根本就不
是这两位使徒。此外，还有个叫兰图鲁斯（Lentulus）的人，他曾写过一
封信，专门谈论耶稣像的事情。我倒是希望这封信是件真品，然而，它
却是伪造的，而且，和我们已经批驳过的那份赠礼文件相比，其无赖和
无耻的程度不会有半点逊色。[1] 需要强调的是，我之所以要说这些话，原
因就在于，那块画板并不是西尔维斯特当年拿给君士坦丁看的那一块。

　　对于这个事，我实在惊讶无比，无法自抑。所以，接下来我就要　　74
说一说和西尔维斯特有关的那些传说，而且，整个话题都将转到这个问
题上来。我之所以写这篇东西，就是冲着那些罗马教皇来的。在我看
来，把西尔维斯特这个教皇放在首位来谈是合适的，通过此人，可以举
一反三，从而也就可以推导出其他那些教皇都是什么样子的了。关于他
的那些传说，有很多都是荒谬绝伦的，在这里，我只想谈谈和蟒蛇相关
的这一个传说，以此表明，君士坦丁从来就没有得过麻风病。按照翻
译《西尔维斯特行传》的那个人所言，这个行传是由一个名叫优西比乌
（Eusebius）[2] 的希腊人写成的。那个民族一直就是特别喜欢说瞎话，正如
尤维纳利斯（Juvenalis）[3] 在其讽刺诗中对他们所做的评价："不论是什么样

1　这封信就是所谓的"兰图鲁斯信函"（Letter of Lentulus），据称，兰图鲁斯是彼拉多之前的犹
　太行省总督，因此和耶稣是同时代人，他曾向罗马元老院及罗马人民写信，以崇敬的笔调，非
　常详细地描述了耶稣的相貌特征和性格特点。这封信是中世纪晚期有名的造假之作。关于这封
　信的全文以及对信件内容的分析，可参阅 Cora E. Lutz, "The Letter of Lentulus Describing Christ,"
　The Yale University Library Gazette, No. 2 (1975), pp. 91–97。

2　这位优西比乌不是写作《教会史》和《君士坦丁传》的那位优西比乌。参阅 Lorenzo Valla, *The
　Treatise of Lorenzo Valla on the Donation of Constantine*, trans., Christopher B. Coleman, p.143。

3　德西穆斯·尤维纳利斯（Decimus Juvenalis，约公元55—约127），古罗马讽刺诗人。

的鬼话，希腊人都敢把它叫作历史。"¹ 那条蟒蛇是从哪里来的？要知道，罗马本地是不产蟒蛇的。它的那些毒液又是从哪里来的？据说，只有非洲才有那种毒蟒，原因是那里气候炎热。此外，要想传染这么大的一个城市，那得需要多少毒液？那么多的毒液从何而来？尤其值得注意的是，这条蟒蛇是藏在一个很深的洞穴里面的，从地面上走下去，要150步才能走到地方。蟒蛇放毒伤人，靠的不是吹气，而是咬，当然，那个蛇怪（basilisk）² 可能是个例外。当年，为了躲避恺撒的追杀，加图（Cato）³ 曾带领大队人马，穿行于非洲沙漠，在此期间，不论是行军，还是宿营，他都没有发现任何同伴因毒蛇吹气而中招。当地人也没有认为因为毒蛇喘气就会让空气沾上毒素，就可以让空气传播瘟疫。有些神话或许也是可信的，假如真是这样的话，那么，你就会发现，喀迈拉（Chimaera）、海德拉（Hydra）、刻耳柏洛斯（Cerberus）等等这些怪兽也都会经常碰到毒蛇，但它们全都安然无恙。⁴ 在这之前，罗马人为什么不把它杀掉？你们会说："他们无能为力。"但是，在非洲的巴格拉达斯（Bagradas）⁵ 河畔，雷古卢斯（Regulus）⁶ 就曾杀掉了一条比这个蟒蛇大得多的毒蛇。实际上，罗马的这条蟒蛇是很容易被杀掉的，比如说，把那个洞口堵死就万事大吉了。他们是不是不想这么干？在我看来，和当年的巴比伦人一样，他

1　Juvenal, Satires, 10: 174−175.尤维纳利斯的这句话出自其讽刺诗第十篇《人心不足》(*The Vanity of Human Wishes*)，但他是借埃斯国王薛西斯之口说出来的。该篇诗文见Juvenal, *The Satires of Juvenal*, trans., Hubert Creekmore, New York: The New American Library, Inc., 1963, pp. 159−178。

2　蛇怪，又称"鸡蛇"（Cockatrice，亦译蛇鸡兽或鸡蛇兽），希腊神话中的怪物，据称是由毒蛇孵化公鸡蛋而来，这种怪物只要一瞪眼或一吹气，即可置对手于死地。

3　指小加图，罗马共和国末期"贵人派"的领袖，反对恺撒独裁。

4　这句话中所说的这些怪物均为希腊神话中的神兽，喀迈拉是龙狮羊合体兽，海德拉是九头蛇，刻耳柏洛斯是三头犬。

5　巴格拉达斯河，古罗马人对马亚达河（Majardah）的称谓，位于今天的突尼斯境内。

6　雷古卢斯，即马库斯·雷古卢斯（Marcus Regulus），生活于公元前3世纪，罗马将军、政治家，曾率领罗马军团在北非与迦太基人展开长期军事角逐。

们是要把它当作神灵来供奉的。那么，西尔维斯特为什么就不能像传说中的但以理那样，用一根麻绳把它绑起来，让它断子绝孙，最终把它杀掉？[1]

这个传说实际上就是从但以理的那个故事改编而来的，而这个编造者之所以不想设置蟒蛇被杀的情节，其实就是担心，如果那样的话，模仿的痕迹就太明显了。哲罗姆是个极有学问且值得信任的翻译者，如果这个人再加上阿波利拿里（Apollinaris）、奥里金（Origen）、优西比乌以及其他一些人都认为有关贝勒神的那个故事是虚构的[2]，如果犹太人在《旧约全书》的原始文本中根本没见过这个故事，换句话说，如果那些最有学问的拉丁作家、大多数希腊人以及某些希伯来人都把那个故事斥为谎言，那么，对于西尔维斯特的这个故事，难道我不应该也要痛斥吗？要知道，这个故事就是受前面那个故事的启发而编出来的，而且，这个故事没有任何前人所写的材料来支撑，况且，论其愚蠢程度，这个故事已经大大超出了它的原型。究竟是谁为那个野兽建造了那个地下巢穴的？究竟是谁把那个畜生放进去的，而且还告诉它不要出来，或者说，不要飞走？他们说，这类蟒蛇会飞，当然，也有一些人说它不会飞。是谁想出来要为它提供那种食物的？是谁下令必须要由女子下去送饭的？所选的女子必须是处女和女祭司，这是谁规定的？而且，只能在每个月的第一天下去送饭，这又是谁规定的？那条蟒蛇知道那一天是几月几号吗？饭食那么简单，而且，上顿不接下顿，它能受得了吗？洞穴那么深，那个野兽又那么庞大，而且还那么饥肠辘辘，那些处女们不会感到心惊胆战吗？我估计，这个蟒蛇对她们应该很友好，就好比有人给你拿

75

1　关于但以理与蟒蛇的故事，参阅《圣经后典》，张久宣译，第309—314页。

2　阿波利拿里（约310—约390），古代基督教神学家，长期反对阿利乌派，其主要观点是：基督有着完全的神性，而无完全的人性。奥里金（约184—约254），早期基督教神学家。正统派认为，奥里金的某些神学主张（如"圣子从属于圣父"）具有异端色彩。优西比乌，指写作《教会史》和《君士坦丁传》的那位优西比乌。

吃的来，不管来者是已婚妇女，还是黄花闺女，抑或是其他什么人，你都会友好相待。我在想，它可能还会和她们聊聊家常。请原谅我出言不恭——即使它和她们做爱，那也没什么大不了的。据说，亚历山大和西庇阿（Scipio）[1]都是蟒蛇和他们的母亲交媾之后的产物。[2]假如哪一天不给它继续提供食物，难道它不会跑出来并到处喷气吗？这些人竟然把自己的信仰置于这类老掉牙的无稽之谈之中，其愚蠢程度，令人何其震惊！

76　　蟒蛇这个事已经持续了有多长时间？它是从什么时候开始的？是在救世主诞生之前，还是之后？没人知道。我们应该感到羞耻，我们应该为这种愚蠢和轻浮感到羞耻，而且，说到在这个事情上表现出的这种轻浮，即便是舞台表演中的任何内容也都远远赶不上它。作为基督徒，一个人口口声声说自己是真理之子、光明之子，但是，他却又扯足嗓子，唠叨那些不仅不是真的而且是根本没有可能发生的事情。他们会说："那不一定。魔鬼在异教徒中间获得了这一威力，然后又用这一威力去嘲弄信奉众神的那些人。"闭嘴吧，你们这群十足的蠢材。更不用说了，你们同时也是一群罪犯。你们的做法是一成不变的，就像对待这个事情一样，你们总是要扯上一块布把你们的那些故事蒙起来。基督徒应该是真诚坦率的，而这种品行是不需要利用虚假的东西来为自己遮风挡雨的。通过自身的光，通过自身所包含的真理，仅凭其自身的力量，它就足以把自己捍卫得很好，甚至说，自我捍卫的力量已经绰绰有余。它不需要那些谎言，不需要那些骗人的故事，要知道，那些东西，对天主、对基督、对圣灵，都是极为严重的侮辱和冒犯。假如说天主真的放手，让人类听从魔鬼的意志，那么，面对如此显见、如此咄咄逼人的奇迹，他们肯定

1　指"非洲征服者"西庇阿（Scipio Africanus，公元前236—前183），古罗马共和国时期著名军事将领，曾率军打败迦太基名将汉尼拔，从而结束第二次布匿战争。

2　关于这类神话传说，参阅 Daniel Ogden, "Alexander, Scipio and Octavian: Serpent-Siring in Macedon and Rome," *Syllecta Classica*, Vol. 20 (2009), pp. 31–52。

会被诱骗得神魂颠倒，到那时，天主差不多就该受到指控了，因为，他把羊群托付给了狼，这肯定是失却正义之行为；而且，如果那样的话，人类就有了一个大大的借口，他们就可以随便犯错了。然而，天主真的会这样做吗？他们又会说，如果那些魔鬼在过去就可以如此肆意放纵的话，那么，如今，在异教徒中间，他们肯定会变本加厉。我们可以看到，根本没有这回事，那些异教徒根本就没有讲过诸如此类的故事。关于其他民族的情况，我就不说了，这里我只谈一谈罗马人。在罗马人这里，很少听到有人说发生奇迹之类的事情，而且，不论是古代的，还是发生时间不明确的，都是少之又少。

瓦莱利乌斯·马克西姆斯[1]曾写到，在罗马广场中央，地面出现一 77
个巨大的裂缝；库尔提乌斯（Curtius）披挂整齐，策马扬鞭，纵身跃进地缝；地缝随即闭合，地面开始恢复到原来的样子。[2]诸如此类的传说还有一些。例如，在攻占维埃城之后，有一个罗马士兵和"警告者"朱诺（Juno Moneta）雕像开玩笑，问她愿不愿意搬回罗马城去住，她回答说愿意。[3]李维的生活年代[4]比马克西姆斯稍早，其写作态度也更为严谨，对

1　瓦莱利乌斯·马克西姆斯，活跃于1世纪中前期的古罗马历史学家，参阅前文及相关注释。

2　Valerius Maximus, *Factorum et dictorum memorabilium*, 5. 6. 2. 瓦拉在这里没有把这个传说的前因后果交代清楚，读起来会令人费解。其基本内容是：公元前362年，罗马广场中央的地面出现巨型裂缝；有预言者称，只有把罗马城最珍贵的财富扔进去，裂缝才会合上；一个叫作库尔提乌斯的罗马人表示，勇敢的公民就是罗马城最珍贵的财富；随后便出现了瓦拉在文中描绘的场景；后来，在事发地点挖了一个水池，这个水池被命名为"库尔提乌斯湖"（Lacus Curtius）。马克西姆斯的这本《嘉言善行集》是以道德教化为写作出发点的，它并不是一本严肃的历史著作。

3　Valerius Maximus, *Factorum et dictorum memorabilium*, 1. 8. 3. 公元前396年，维埃城被罗马人彻底征服。在拉丁神话中，朱诺（Juno）是主神朱庇特（Jupiter）的妻子。以朱庇特为主神的这套神话系统最初是由伊特拉斯坎人从希腊神话借鉴改造而来的，因此，朱诺在伊特拉斯坎人的信仰中居于重要地位。后来，罗马人全盘吸收了伊特拉斯坎人的这套神话系统，朱诺也逐步变成罗马城的守护女神。按照罗马神话传说，朱诺曾多次预先警告罗马人即将出现的危险，帮助他们渡过难关。朱诺由此获得"警告者"（Moneta）这一别称。后来，在为"警告者"朱诺修建的神殿中，罗马人建起了第一个铸币场。拉丁语中的"货币"一词即由"警告者"一词引申而来。

4　古罗马历史学家李维生活于公元前1世纪中后期到公元1世纪早期，比马克西姆斯早几十年。

于上面说到的这两个故事，他都没有听说过。他在其著作中写到，罗马广场上的那个巨型裂缝一直就有，它不是突然裂开的，其历史非常古老，甚至说在建城之前就已存在；那个地方之所以被称为"库尔提乌斯湖"（Lake Curtius），是因为当年有个名叫库尔提乌斯·迈提乌斯（Curtius Mettius）的萨宾人（Sabine）[1]，为躲避罗马人的追杀，曾藏身在那个坑里。[2] 李维还写到，朱诺虽然点头了，但她并没有用说话的方式来应答；她说的那句话，其实是后人加到这个故事里的。[3] 至于雕像点头一事，很显然是他们在说谎。其具体缘由可能是，他们要把雕像拖走，在这个过程中，雕像自然会有姿势上的变动，于是，他们就把这种情况说成是雕像本身同意了。当然，还有另外一种可能的缘由。这个石造女神原本是属于敌对一方的，如今被征服了，于是，和询问她愿不愿意搬回去那句玩笑话一样，罗马方面依然以诙谐的方式，编出雕像点头之说，以此来构建一个对这个石造女神进行质询的场景。实际上，李维在书中并没有说她点头同意，而是说士兵们大声嚷嚷道："她点头啦。"凡是优秀的写作者，其实都不会把这类说法当作确有其事的事实来进行辩护，他们只会说，这些东西都属于"据说"之范畴，正如李维自己所言："对于远古的历史，可以宽容一点，这是因为，如果把属人的和属神的嫁接在一起，或许可以让各个城市的起源变得恢宏一些。"[4] 在另外一个地方，李维还写道："对于这么久远的事情，我自认为还算满意的处理办法就是，如果它看起来像真的，那就把它当作真的。当然，这些事情并不适合拿来让人

---

1 萨宾人，古代意大利的一个部落，居于台伯河东岸山岳地带，公元前3世纪初被罗马征服。

2 关于萨宾人躲进坑里一事，详见李维：《罗马史》，第1卷，第12节。（英文版可参阅Livy, *The History of Rome*, Books 1–5, trans., Valerie M. Warrior, Book 1, p. 21。）

3 关于雕像点头一事，详见李维：《罗马史》，第5卷，第22节。（英文版可参阅Livy, *The History of Rome*, Books 1–5, trans., Valerie M. Warrior, Book 5, pp. 361–362。）

4 李维：《罗马史》，前言，第7节。（英文版可参阅Livy, *The History of Rome*, Books 1–5, trans., Valerie M. Warrior, Preface, pp. 2–3。）

相信，相比之下，它们更适合拿到舞台上进行表演，从而可以让观众对那些奇迹欢呼雀跃。对于这类事情，你非要证明它是真的，或者你非要证明它是假的，实际上都没有什么价值。"[1]特伦提乌斯·瓦罗[2]的生活年代比李维还要稍早一些，此人更有学问，而且，在我看来，也更为严谨。他说，很多人在其著作中都提到过"库尔提乌斯湖"的历史，传下来的有三个不同的说法。第一种说法：那个湖就是用跳进坑里的那个库尔提乌斯来命名的，持这种说法的是普罗库鲁斯（Proculus）。第二种说法：那个湖是因那位萨宾人库尔提乌斯·迈提乌斯而得名，持这一说法的是皮索（Piso）。第三种说法：当年有个执政官名叫库尔提乌斯，湖的名称源自此人，当时和他一同出任执政官的是马库斯·热努提乌斯（Marcus Genutius）；持这一说法的是科奈里乌斯（Cornelius）。瓦罗还说，卢克塔提乌斯（Luctatius）也赞同第三种说法。[3]另外，对于瓦莱利乌斯·马克西姆斯这个人，我也不会隐瞒我的看法。尽管他讲了那些东西，但也不能因此就对他横加指责，因为就在稍后一点，他又严肃认真地补充这么几句话："关于那些永生的神灵雕像，有人说见过它们活动，有人说听过它们说话。要想对这些事情做出判断，就得听听人们是怎么看待这些事的，可惜，什么样的说法都有。对于这一点，我不是没有意识到。不过，在这些问题上，并没有什么新说法，讲来讲去还是原先那一套，既然如此，写作者也就只能说根据自己的判断那是可信的。"[4]在讲"警告者"朱诺的时候，他提到了神灵雕像说话的事。在讲命运女神雕像的时候，他也提

---

1 李维：《罗马史》，第5卷，第21节。对于这段话拉丁文原文的理解和翻译，不同的英译本差异很大。（英文版可参阅Livy, *The History of Rome*, Books 1–5, trans., Valerie M. Warrior, Book 5, p. 360。）

2 特伦提乌斯·瓦罗，即前文提到的古罗马著名学者瓦罗。

3 Terentius Varro, *De lingua Latina*, 5: 148–150.（英文版参阅Varro, *On the Latin Language*, Vol. I, Books 5–7, trans., Roland G. Kent, Cambridge, Massachusetts: Harvard University Press, 1938。）

4 Valerius Maximus, *Factorum et dictorum memorabilium*, 1. 8. 7.

到了这个事，而且还想象它曾说过两遍这样的话："诸位女管家，你们已经以恰当的方式见到了我，你们已经以恰当的方式供奉着我。"[1]

78   然而，再来看看我们自己这帮讲故事的人吧。只要听说哪里有会说话的雕像，他们就会不分青红皂白地把它们请进来。可是，对于这些雕像，即便是异教徒们自己，即便是那些崇拜偶像之人，都根本没有说过它们会说话之类的事情。对于这类故事，基督徒们坚持认为它们实有其事，而那些异教徒以及偶像崇拜者则以更加强烈的态度否认这类故事的真实性。在异教徒们那里，的确有一些奇迹之类的故事，但数量极少，而且，他们之所以会讲这类故事，并不是因为觉得那些作家写的那些东西可信，而是基于对这类故事的古老性的认可，并进而将之视为某种神圣且值得敬仰的东西。在基督徒们这里，讲的都是晚近出现的奇迹，而且，对于那些东西，即便是生活在那个年代的人可能都根本没听说过。我并不是要贬斥对圣徒的崇敬，也不是要否认他们做过的那些神圣的事情，因为我知道，只要有信仰，哪怕是一粒芥菜种，也都能把大山移走。[2]对于他们做出的那些功德，我是要捍卫和保护的，但我绝不能让它们和那些编造的故事混在一起。不论你们怎么跟我说，我都不会改变我的观点，我就是认为，编写那些故事的人和某些异教徒相比并没有什么两样，和某些大胆而无知的基督徒相比也没有什么两样。有一些异教徒，他们会编一些这类故事来嘲讽愚弄基督徒，他们就是要看一看，这些编造的东西，能不能由那些叛徒传到那些无知之人的手中，并最终被他们视为真人真事。还有一些人的确是信奉天主的，他们一心渴望效法天主，但是却又无知无识。他们胆子很大，不仅敢编写各式各样的圣徒行传，而

---

1 Valerius Maximus, *Factorum et dictorum memorabilium*, 1. 8. 4.

2 这句话改编自《马太福音》17: 20："耶稣说：是因你们的信心小。我实在告诉你们，你们若有信心像一粒芥菜种，就是对这座山说，'你从这边挪到那边'，它也必挪去，并且你们没有一件不能作的事了。"

且还敢以圣母以及基督本人为对象，编造一些不负责任的假福音书。教皇竟然把这些东西叫作"外典"（Apocrypha），听起来就好像是说，这些书的内容没有任何问题，只是不知道是谁写的而已；就好像是说，里面所讲的那些故事都是可信的；就好像是说，它们都是神圣的经书，都是可以用来增进人们的信仰的。其结果就是，现如今，不论是谁，只要他认为这些书哪个地方有问题，那他就是犯罪，而且，其罪行比编造这些书的人还要严重。对于钱币，我们都会去甄别其真假，而且我们会把假的挑出来扔掉。既然如此，对于教义，难道我们就不该甄别其真伪？难道我们就是要坚守那些假的教义？难道我们就是要把它和好的教义混合在一起，并把它当作好的东西来捍卫？

就我个人而言，坦率地说，我是反对将《西尔维斯特行传》列入 79 "外典"范畴的。这是因为，我前面已经说过，尽管有人说这本书是一个名叫优西比乌的人写的，但是，我认为，其内容是假造的，它并没有什么阅读价值。散布在全书中的其他造假内容暂且不说，仅仅就是看和蟒蛇、公牛[1]、麻风病等等相关的那些说法，就可以看出它编得是何等的离谱。对于这些问题，我在前面已经痛加驳斥。虽然说乃缦是个麻风病人，但我们不能因此就顺着说君士坦丁也患过麻风病。对于乃缦的事，很多人在自己的著作中都有提及，但是，对于君士坦丁这位统治世界的人，却并没有任何一个人写过他有这方面的疾病，甚至说，他本人治下的所有公民中，也没有一个人写过这方面的事，当然，可能有个外国人写过。有人曾经写过，黄蜂在韦斯帕芗的鼻孔里筑巢。还有人写过，尼

---

1 在《〈君士坦丁赠礼〉伪作考》一书中，瓦拉只是在这个地方提到了"公牛"问题，但他并没有就这个话题展开辨析。在《西尔维斯特行传》中，专门有一大段文字详细描述这个事的来龙去脉，其基本内容如下：西尔维斯特和一个犹太拉比辩论，这位拉比宣称，他通过呼唤耶和华的圣名，就把一头雄壮的公牛杀死了。随后，西尔维斯特在被杀死的公牛耳边轻声呼唤基督的名字，又把公牛救活了。详见 Jacobus de Voragine, *Golden Legend*, trans., William Granger Ryan, p. 70。

禄生了一只青蛙。由此还可以顺带说一句,有人说,之所以有"拉特兰"(Lateran)这个名称,就是因为那只"青蛙"(rana)一直"潜伏"(latere)在那个墓穴之中。[1]可以说,那个优西比乌的可信度比写黄蜂、写青蛙的那些人好不到哪里去。不论是黄蜂,还是青蛙,假如它们会说话,它们肯定会说根本就没有这回事。还有,用小孩的鲜血来治疗麻风病这个事,在医学上是得不到认可的[2],当然,要说这是朱庇特神殿里那些神灵的做法,那或许还是可以说得通的,据说它们有聚在一起讨论的习惯,然后就会下令采取这样一种治疗方案。关于这个话题,我在这里就不说了。

80 　　实际上,教皇们连他们自己的名字到底是什么意思也都是搞不清楚的。既然如此,他们搞不懂上面提到的那些事,我哪里还会感到惊奇呢?他们竟然说,彼得之所以被叫作"矶法"(Cephas),是因为他是众使徒的"头",在他们看来,"矶法"这个词似乎不是来自希伯来语,更准确地说,似乎不是来自叙利亚语,而是来自希腊语中的单词"矶法莱"(κεφαλή,脑袋)。希腊语中是有"矶法"(κηφάς)这个词的,在他们那里,这个词的意思是"磐石"(petros),而不是"脑袋"。[3]"彼得"(Petrus或Petra)是从希腊语借用过来的一个词,然而,竟然有人从拉丁语词源学的角度来解释"彼得"(Petra)一词,认为它源于"被踩在脚下"(pede trita)这个短语,这是何等愚蠢!教皇们还要把"都主教"

---

1 在中世纪中后期,有不少诸如此类的离奇掌故,而且还被编写成册。瓦拉在这里提到的这些故事,可在12世纪成书的《罗马奇迹》(*Mirabilia urbis Romae*)一书中找到。此书后来也出现了英译本。详见 *The Marvels of Rome, Or a Picture of the Golden City*, trans., F. M. Nichols, London: Ellis and Elvey, 1889, pp. 19–20。

2 老普林尼在《自然史》(26: 8)中曾有记载:在埃及,人们会把人血加热之后倒入浴缸,然后让患有象皮病(麻风病)的人浸泡其中,用以治疗其病。参阅 Lorenzo Valla, *On the Donation of Constantine*, trans., G. W. Bowersock, p. 193, note 101。

3 见《约翰福音》,1: 42。

（metropolitan）和"大主教"（archbishop）区分开来，他们认为，都主教之所以得其名，是因为其掌管的城市规模比较大。在希腊语中，"都"或"都市"这个词叫作"迈特罗波利斯"（μητρόπολη），它指的是母邦或母城，而且，这个单词里的"迈"字是要读长音的，而我们这里却把它读成短音。他们把"宗主教"（patriarch）解释成"众父之父"，还说"教皇"一词源于"的确"（indeed）这么一个插入语，而且还说，"正统"的本意是"恰如其分的光荣"。他们还把西门（Simonem）这个名字中的"门"字发成短音，实际上，和柏拉图（Platonem）中的"拉"字以及加图（Catonem）中的"图"字一样，都必须发长音才对。[1] 还有很多诸如此类的错误，我都略去不说了，不然的话，会让人觉得我是要向所有教皇发出指责，实际上，犯这类错误的只是其中的部分教皇。

之所以要在这里举这些例子，目的就在于，要让每一个人都不必纳 81
闷，对于《君士坦丁赠礼》是个假货这个事，为何那么多的教皇就是看不出来。当然，在我看来，这个骗局其实就是他们当中的某个人一手策划的。

五

你们可能会说："既然《君士坦丁赠礼》给皇帝们带来了那么大的损 82
害，那他们为什么不仅没有拒绝和否认它，反而还会承认它，认可它，保存它？"这个说法太有力了！这个辩护太美妙了！不过，你们说的是哪

---

1 对于这里所说的这几个人名，如今均有约定俗成的中文译法，它们与原先的拉丁文名字的读音不存在完整的对应关系，因此，在翻译这句话的时候，不太容易做到字词对应式的直译。文中所说的西门、柏拉图和加图这三个名字，其拉丁文写法均包含三个音节（三个元音），其中，中间的那个元音字母都是"o"。瓦拉指出，在上述这种情况下，处在中间位置的这个元音都要读成长音。为让读者在中文语境下能够读通这句话，中译者将中文既有译名中的汉字与原拉丁文名字中相对应的字母结合起来进行处理。这种译法可能不是非常恰当，待有更好的处理办法，当从善。

个皇帝？假如说的是希腊那边的，那你们能说出具体是哪一个吗？我坚决认为，那边不会有这样的皇帝。但是，如果你们说的是拉丁这边的，那我会非常乐意地承认，这边肯定有。拉丁这边的皇帝是由某个教皇无偿树立起来的，这个教皇我印象当中应该是斯蒂芬（Stephen）。[1]对于这个事，还有谁不知道吗？这个教皇之所以要剥夺希腊皇帝在西部地区的权力，是因为，希腊那边已经不太可能前来给意大利提供援助。于是，他干脆就弄出一个拉丁皇帝，其结果就是，皇帝从教皇那里得到的，比教皇从皇帝那里得到的要多。[2]可以肯定，阿喀琉斯（Achilles）和帕特洛克罗斯（Patroclus）这两个人，根据私下里达成的某些协议，就把特洛伊（Troy）的财富给瓜分了。[3]在我看来，路易（Louis）[4]说过的某些话讲的就是这种事。他曾这样说道：

> 我，路易，罗马人的皇帝，奥古斯都，现告知你，亦即使徒之长
> 圣彼得，并通过你，传到你的副手，亦即教皇帕斯卡尔（Pascal）[5]，再
> 由他传到其一代代继任者，直至永远，从朕的先辈那时起直到如今，

---

1 法兰克君主中，第一位获得皇帝称号的是查理曼，800年为之加冕的是教皇利奥三世。就此而言，瓦拉的表述是不准确的。但另一方面，教皇扎迦利（Zachary，741—752年在位）和斯蒂芬二世（Stephen II，752—757年在位）与法兰克加洛林王朝第一位国王矮子丕平（751—768年在位）之间互动频密，其中，斯蒂芬二世曾于753年亲自前往法兰克，为丕平涂油加冕。可以说，斯蒂芬二世与矮子丕平之间建立的密切关系，为800年查理曼加冕为"罗马人的皇帝"奠定了重要基础。从这个角度来说，瓦拉的表述也没有太大的问题。

2 这里需要注意瓦拉的写作背景：瓦拉是在担任阿拉冈国王阿尔丰索（Alfonso）的秘书这一职位时写作此书的，当时，阿尔丰索正在竭力争取那不勒斯的统治权，从而与罗马教廷以及神圣罗马帝国等多方产生激烈冲突。详细情况可参阅本书"英译本导言"。

3 在希腊神话中，阿喀琉斯和帕特洛克罗斯是关系极为密切的挚友，甚至被视为同性伴侣、同性恋人。在特洛伊战争期间，帕特洛克罗斯和阿喀琉斯两人先后死去。瓦拉在文中所说的两个人私分特洛伊财富之事，可能也是瓦拉的臆想。

4 指虔诚者路易（Louis the Pious），加洛林帝国皇帝，814—840年在位。

5 即帕斯卡尔一世，罗马教皇，817—824年在位。

下述地方就一直处在你们的掌控之下，循此惯例，按照朕的确认协
议，现明确规定，要将这些地方送给你们，它们包括：罗马国及其
附属于它的那个公爵领地以及城郊地区，还有由罗马国管辖下的那
些村庄、山地、海岸和港口，还有托斯坎尼（Tuscany）地区所有的
城市、城堡、带围墙的市镇以及所有的庄园。[1]

　　路易，难道你真的和帕斯卡尔达成过什么协议？如果说所有这些地
方都是你的，换言之，如果罗马帝国是你的，那你为什么要把它送给别
人？如果它是属于帕斯卡尔的，如果那些地方本来就是他的地盘，你竟
然还要对之予以确认，这又何从谈起？如果你连首都本身都不要了，那
么，你留下来的这个罗马帝国还能剩下多少分量？罗马人的皇帝之所以
叫作"罗马人的皇帝"，还不就是因为有了罗马这个城市？请你告诉我，
你目前拥有的所有其他东西究竟是属于你自己的，还是属于帕斯卡尔的？
如果属于你自己，或者说，对于君士坦丁送给教皇的那些东西，如果你
是其拥有者，那么，我猜你会这样说：既然如此，《君士坦丁赠礼》就
是无效的。如果它是有效的，那就意味着，帕斯卡尔在保留了他本已拥
有的地盘之后，把剩下的部分全部转交给了你，那么，他有什么权利这
么干？对于事关罗马帝国的这些大事，不论是你送给他，还是他送给你，
竟然都可以如此慷慨大方，道理何在？既然这样，你说你们有协议，那
也就可以理解了，因为它看起来就是一种密谋和串通。你会说："要不
然，我还能怎么办？难道我还能用武力去把教皇目前占有的那些地方夺
回来？要知道，他的实力现在比我强多了。难道我可以通过法律手段把
它要回来吗？要知道，我的法律权利都是他给的，他想给多少，我才能

1　据称，这是虔诚者路易在817年发布的一份特许状。后世研究表明，这份文件是伪造的，伪造
　　时间是在11世纪。参阅Lorenzo Valla, *The Treatise of Lorenzo Valla on the Donation of Constantine*,
　　trans., Christopher B. Coleman, p.157。

有多少。我之所以获得这个帝国，靠的不是继承，而是协议。也就是说，如果我想当皇帝，那我就必须要向教皇做出各式各样的承诺。难道我能说当年君士坦丁根本就没有把帝国中的任何一部分送给别人吗？如果我真要那样说的话，那我岂不是给希腊皇帝提供了口实？那我岂不是自作聪明，最终把我的这个皇帝头衔也彻底赔进去？教皇让我当皇帝，是有原则有要求的：不管是真是假，我就是他的副手；如果我不做出承诺，他就不干这个事；如果我不听他的，他就可以把我废掉。只要他让我做皇帝，那么，不论什么事情，我都要承认；不论什么事情，我都要同意。不过，请相信我——假如罗马和托斯坎尼此前真的是归我所有，那我肯定不会像现在这么干。如果那样的话，即使帕斯卡尔还在翻来覆去地哼唱那首'赠礼'老调，那也是徒劳无功的，因为我已经把那个文件视为假货了。应该调查一下教皇究竟拥有什么样的法律权利，不过，这不是我的事，而是君士坦丁堡皇帝的事。"

83 在我看来，路易，你是完全应该得到原谅的，而且，不论是谁，只要他是处在你这个位置上，都是可以原谅的。实际上，只要我们对西吉斯蒙德（Sigismund）[1]在这个事情上的遭遇有所了解，那么，对于其他各位皇帝与教皇们签订的那些协议，哪还会有什么需要我们去质疑的？西吉斯蒙德在其他方方面面都算是一个相当杰出的人物，而且做起事来果敢无畏。当然，后来，随着年龄的增长，其勇气变得不如从前。我们曾经看到，他在意大利待过一段时间，在那些日子里，他身边只有很少几个随从，在罗马一天天地苦熬，要不是尤金[2]给他提供食品，他差不多会饿死。不过，尤金的食品也不是白给的，他是要借此逼迫对方认可那

---

1 西吉斯蒙德（1368—1437），德意志国王（1411—1437年在位），神圣罗马帝国皇帝（1433—1437年在位）。1433年5月31日，尤金四世在罗马为时年65岁的西吉斯蒙德加冕。瓦拉写作此书时，这位皇帝已去世两年多。

2 尤金，即罗马教皇尤金四世。

个"赠礼"。后来，西吉斯蒙德终于再次来到罗马，准备接受"罗马人的皇帝"那顶皇冠，但是，假如他不承认《君士坦丁赠礼》真实有效，假如他不把"赠礼"中的所有东西再重新赠送一遍，那么，教皇是不会为他加冕的。对于一个人来说，在他已经宣布放弃罗马之后，但他却还要被加冕为"罗马人的皇帝"；而对于为他加冕的这个人，他不仅要承认其为罗马帝国的主人，而且，其之所以能够成为罗马帝国的主人，也几乎全部要仰仗于他；还有，只有在皇帝把自己的帝国送得一干二净，这样的赠礼才算是真实的，也只有在这种情况下，赠礼才算是有效的。天底下还有什么事情比上述这些说法更为自相矛盾的吗？在我看来，哪怕是个孩子，也不会去干这种事的。为皇帝加冕，原本是罗马人民的职责，但是，假如哪一天教皇拿一顶皇冠戴在自己的头上，那也不会让人感到太过惊奇。

教皇，既然你都能剥夺希腊皇帝对意大利以及西部各行省的所有权，84 那你为什么还要让人和你签订什么协议？你为什么要把皇帝的财产给分掉？你为什么不把帝国直接转归你自己？因此，在我看来，不论是谁，如果他被称为"罗马人的皇帝"，那他就一定要明白一个道理：如果他对罗马城不能拥有全面的权力，那他就算不上是奥古斯都，也算不上是恺撒，更算不上是皇帝；而且，如果他根本不想去收复罗马城，那么，很显然他就是犯下了做伪誓的罪行。对于过去从君士坦丁开始的那些皇帝而言，没有人强迫他们去发如今这些皇帝必须要发的那种誓言。当年，只要人力允许，他们就不会让罗马帝国的地盘出现任何的萎缩，不仅如此，他们还会千方百计地去扩大帝国的版图。有些人对拉丁语一知半解，他们会认为，"奥古斯都"的意思就是"扩张帝"，这是因为，继续"扩张"帝国版图，是拥有这种称号之人应有的职责。其实并不是这么回事。实际上，"奥古斯都"的意思大致相当于"神圣"，它源于"奥"（aves，鸟）和"古斯都"（gustus，进食偏好）这两个词的组合，因为在占卜的时候，人们通常会根据鸟喜欢吃什么来做出相应的判断。希腊语也可以印证这个说法，因为在希腊人那里，和"奥古斯都"一词相对应的称谓叫作"塞巴斯托"（"至尊者"，Σεβαστός，Sebastos），后来的"塞巴斯提亚"（Sebastia）[1] 这个地名就是源于希腊皇帝的这个称号。对于教皇来说，把自己的名号改叫奥古斯都，应该是个不错的选择，而且就应该是在"扩张"这个意义上来使用这个名号，当然，他的这种扩张是指俗世资源的扩张，至于信仰方面的资源，他是要不断削减的。因此，你们可以看到，教皇越坏，在捍卫这个赠礼方面就越执着。卜尼法斯八世（Boniface VIII）就是这个样子，这个人曾耍诡计，把管子塞进墙里，用这个方式来欺骗西莱斯廷五世（Celestine）。[2] 他还专门撰文谈论《君士坦丁赠礼》这个文件，并对法兰西国王展开讹诈。他颁令称，法兰西这个国家过去一直是臣属于罗马教会的，今后也必须保持这样。听他的口气，好像他是要来贯彻《君士坦丁赠礼》似的。不过，他的继任者本笃（Benedict）和克勒芒（Clement）[3] 认为，他的这项教令不仅邪恶，而且不公，因此很快便将之撤销。

85　　罗马教皇们，你们向一代又一代的皇帝发出指令，要求他们必须对

1　可能是指位于巴勒斯坦的撒玛利亚城（Samaria），后改称为"塞巴斯提亚"。参阅Lorenzo Valla,
　　On the Donation of Constantine, trans., G. W. Bowersock, p. 194, note 106。

2　卜尼法斯八世，罗马教皇，1294—1303年在位。西莱斯廷五世（1213—1296），罗马教皇，1294
　　年7—12月在位。1294年7月，时年81岁的西莱斯廷五世当选为教皇，但因无力应对教会面临的
　　各种难题，当年12月即宣布辞职。瓦拉在文中所说之事，是当时针对教皇卜尼法斯八世的一则
　　传言，实则并不可信。据载，西莱斯廷五世当选教皇之后，便被反对势力囚禁起来。为了逼迫
　　西莱斯廷五世退位，时为枢机的凯塔尼（Caetani，即后来的卜尼法斯八世）做了一个传声筒，
　　从牢房的墙缝塞进去，然后模仿天使的声音，对西莱斯廷五世发出警告，要求他退位。关于
　　西莱斯廷五世辞职以及与卜尼法斯八世之间的关系，参阅Charles T. Wood, "Celestine V, Boniface
　　VIII and the Authority of Parliament," *Journal of Medieval History*, Vol. 8 (1982), pp. 45–62。

3　即教皇本笃十一世（1303—1304年在位）和克勒芒五世（1305—1314年在位）。

《君士坦丁赠礼》予以确认。难道你们对自己的法律权威也不相信？不然的话，你们何为一直还要为这个事而感到焦灼不安？这种焦虑的内涵是什么？不过，正如老话所言，你们这是给砖头洗澡，徒劳无功。这是因为，那份赠礼文件从来就没有存在过，而对于不存在的东西，你到哪里去确认？君士坦丁这个事，完全就是个招牌性的幌子。对于如今的这些皇帝而言，且不论他们献出的是什么东西，他们之所以要答应这个事，都是因为他们受到了那个幌子的欺骗。实际上，让他们献出帝国，那是不可能的事。

先不管真假，我们还是来假设一下：君士坦丁真的送出了这个礼物，西尔维斯特也的确一度拥有这个礼物；但后来，西尔维斯特本人，或其继任者中的某一位，又被剥夺了这个礼物的所有权。需要说明的是，我先谈教皇并不拥有的那些东西，至于他的确拥有的那些东西，后面我再说。对于从未存在过且根本不可能存在的那些东西，现在我要承认它们的确存在。除了能够做到这一点之外，难道我还能给你们更多的东西吗？即便它们真的存在，那我还是要告诉你们，不论是教会法，还是世俗法，都没有赋予你们把失去的东西要回来的权利。古代希伯来法律规定，如果一个希伯来人成为另一个希伯来人的奴隶，那么，这种关系不得超过六年；还有，每隔50年，所有东西都要归还给其最初的所有者。[1] 在这个恩典时代，基督把我们从受奴役的状态中救了出来。既然如此，难道基督的副手还会让一个基督徒永受奴役吗？本来这个基督徒已经获得自由，而且，在过去很长时期里，他一直享受着自己的自由生活。这个事，我该怎么说？是不是要把他叫回来，让他重新为奴？神父们的统治是何等的狠毒，何等的残暴，何等的野蛮？对于这类司空见惯的事情，在这里

86

1　见《申命记》，15: 12;《利未记》，25: 10。

我就不谈了。如果说在过去，这些事情还不为人知的话，那么，最近发生在吉奥瓦尼·维特莱斯奇（Giovanni Vitelleschi）[1]身上的那些事情，就让真相得以显现了。作为枢机和大教长，这个维特莱斯奇就是一个邪恶堕落的恶魔。当年，彼得用刀削掉了马勒古（Malchus）[2]的一只耳朵，而如今，维特莱斯奇却让彼得的那把刀沾满了基督徒的鲜血，而且，连刀都被他给用坏了。不过，也正是这把刀，要了他自己的命。当年，不论是大卫，还是所罗门，都是由天主派来的先知膏立为王的，尽管如此，以色列民众还是感到无法忍受加在他们身上的沉重负担，于是开始造反，摆脱了大卫及所罗门家族的控制。他们的这个造反行动，真的获得过批准吗？如今，我们面对着如此残酷的暴政，而对我们实施控制的那些人并不是什么国王，实际上，他们也做不了国王；那些人本来都是牧羊人，或者说，他们原本都是牧灵者，然而，现在他们都已变成了窃贼和强盗。假如说天主同意了以色列民众的行动，难道他会不准我们起来造反吗？特别是我们要造上述那些人的反，难道他会不批准吗？

87   现在再来看世俗法。通过战争手段，是不能获得任何法律权利的；即便获得了法律权利，它也只能在你通过战争获得的那些东西期间有效。这一点，没有人不明白吧？一旦你失去了那些东西，你也就失去了相应的法律权利。这就好比说，打仗的时候抓了一些战俘，然后把他们囚禁起来，但这些人又从监狱中跑掉了。通常来说，遇到这种情况，没有人会跑去法庭打官司要求把那些囚犯找回来。对战利品的处理方式也是一样的，如果其原有的主人把它给夺回去了，那你就无权再去把它要回来。

---

1 吉奥瓦尼·维特莱斯奇（1396—1440），曾担任教皇国军队首领，1440年4月2日死于狱中。详见前文及相关注释。维特莱斯奇之死，发生在瓦拉写作本书期间。因此，这个时间点也成为判断瓦拉写作进程的一个重要参照坐标。

2 马勒古，《新约全书》中的人物。《约翰福音》18：10："西门彼得带着一把刀，就拔出来，将大祭司的仆人砍了一刀，削掉他的右耳，那仆人名叫马勒古。"

对于蜜蜂以及其他某些飞禽来说，如果它们从我私人拥有的土地上飞走，而且飞出相当远的距离，然后在别人家的地方安顿下来，那么，我就无权把它们要回来。再说人类，这里所说的人类不仅指自由民，也包括统治他人的那些主人。一个人的牲口如果被别人抢去，那他可能会采取法律行动，去把牲口要回来。但是，如果有些人拿起武器，以武力方式争得了自己的自由，那么，难道你会像去法庭要牲口的那个人一样，也尝试着采取法律手段，而不是拿起武器，以武力方式，来恢复你对那些人的权利？你们也不要跟我说这样的话："罗马人对那些国家发动战争，是公正的；罗马人剥夺他们的自由，也是公正的。"请你们不要把我带进那种争论，不然的话，我肯定忍不住，我肯定要狠狠批一下我的那些罗马同胞。为永远奴役其他民族而寻找所谓正当的借口，这是对人家最为严重的冒犯。这是因为，他们之所以发动战争，往往都是因为他们的某个君主或国内的某个大人物做出错误决策而导致的，一旦战败，他们便遭到惩罚，不得不接受奴役。这种做法，对他们而言是不公平的。世界上，这类事情实在太多，数不胜数。

实际上，一个民族征服并奴役另一个民族，这种事从自然法角度来说也是不合常伦的。我们可以给别人提供指导，可以向他们提出劝诫。除非我们抛弃人性，除非我们真的想去模仿野兽，否则，我们就不应该居高临下地去统治他们，就不应该对他们施以暴力。要知道，那些凶猛的野生动物对弱者的统治都是极其血腥的，比如，狮子对长着四条腿的其他野兽，老鹰对其他的鸟类，海豚对鱼类，都是如此。不过，即便是这些凶残的动物，也都不会对自己的同类提出什么权利要求，它们的索取目标是那些比它们弱小的其他种类的动物。作为人类，我们更应如此。一个人对另外一个人，要有点良心，要懂得尊重。正如昆体良所言："不论何种动物，只要它不懂得尊重自己的同类，那就是天底下最狠毒的动物。"[1]人类之所以要发动战争，大概有这么四种理由。第一，面对恶行，要伸张正义，保护朋友。第二，担心他人实力增强会给自己带来灾难。第三，希望获取财富。第四，渴望为自己树碑立传。从一定程度上说，在这几种理由当中，第一种算是体面的，第二种也还说得过去，而最后两种则毫无体面可言。实际上，外族人也曾经常向罗马人发动战争。不过，在打完了自卫战争之后，罗马人也开始向敌国以及其他人等发动战争。在接受罗马人统治的那些民族当中，每一个都是先在战场上被征服、被打败，然后才臣服的。至于罗马人出于什么理由要发动这些战争，他们发动的这些战争有什么正义性，只有他们自己才知道。我不想因为他们打了非正义的战争我就去谴责他们，我也不想因为他们采取的是正义行动我就去说他们无罪。我只想说，和其他绝大多数民族及其君主对外发动战争的原因相比，罗马人之所以要向其他民族开战的理由并没有什么两样。实际上，对于在战争中受到罗马人进攻并被其征服的那些民族来说，在这之前，他们也曾被其他民族征服过，但他们最终还是摆脱了对方的控制。正因如此，和从前一样，他们也有权利摆脱罗马人的控制。就那些历史最为悠久的民族而言，他们是这个世界上最早的一批主人，换言之，他们是最先从其他民族手中夺取财富的那批人。假如说被征服者只能永远臣服下去，那么，岂不是所有的权力都将全部汇聚到那些最古老的民族之手？对于这种情况，应该没有人会接受吧？不过，如果真的要论起谁更有资格宣称自己对那些被征服民族拥有什么权利的话，那么，和把共和国葬送掉的那些皇帝相比，罗马人民肯定要排在前面。不管怎么说，为了摆脱君士坦丁的统治，甚至说，为了摆脱罗马人民的统

1　此言不是出自昆体良之口。详见Pseudo-Quintilian, *Declamations*, 12. 27。关于假托昆体良之名而留下的相关材料，学术界有过不少研究。参阅Martin T. Dinter, Charles Guérin, Marcos Martinho, eds., *Reading Roman Declamation: The Declamations Ascribed to Quintilian*, Berlin and Boston: Walter de Gruyter, 2016。

治，那些被征服民族还是会起来造反，如果说他们的这些行动没有错的话，那么，对于从甘愿放弃权力的君士坦丁手中获得权力的那个人来说，如果人们起来造他的反，那肯定也就不会有错。在这里，我可以把话说得更大胆一点。假如说当年的罗马人能够放心大胆地去做事，可以像之前驱逐塔克文（Tarquin）[1]那样把君士坦丁也驱逐出去，或者说，可以像之前杀掉尤利乌斯·恺撒那样把君士坦丁也杀掉，那么，不论是罗马人，还是各个行省的人，他们都可以更加放心大胆去把取代君士坦丁位置的那个人给杀掉，而且，不论他是什么来头，都应该杀掉。

尽管以上讲的这些也都是实在话，但它已经超出我设定的主题。因此，我必须要克制一下，对于前面已经说过的东西，我都不再往深处追究，当然，有一点属于例外，我还要再说一下：在有武装力量存在的地方，竟然还想通过言语去谋取自己的权利，那是愚蠢的，这是因为，不论什么东西，只要是在暴力中得来的，也必然会在暴力中失去。对于其他一些新出现的民族来说，比如我们比较了解的哥特人（Goths）[2]，情况就更是如此。这些民族从来就没有接受过罗马人的统治，他们横扫意大利以及很多行省，在把当地的原居民赶走之后，便占领了这些地方。他们从来就没有做过奴隶，如今你却要把他们变作奴隶，公理在哪儿？更为重要的是，他们本身是胜者，难道要让他们做被他们征服了的那些人的奴隶？我们知道，在那个年代，有些城市以及某些民族的聚居地的确被皇帝放弃了，在这种情况下，随着蛮族势力的日益逼近，如果这些地方认为有必要推选出自己的一位国王，而且，在这位国王的带领下还打了胜仗，那么，到了这个时候，难道他们会要把他废掉吗？还有，他的那些儿子也都是广受尊敬的，这一方面得益于做父亲的提携，另一方面也

89

1　塔克文，即塔克文·苏佩布斯（Tarquinius Superbus），罗马王政时代的最后一位国王。

2　哥特人，原为生活在罗马帝国东北面的日耳曼部族，后分裂为西哥特人和东哥特人两大部分，先后在罗马帝国的废墟上建立西哥特王国和东哥特王国。

因为其自身有着很好的品行。对于这样的人，难道他们会采取强制措施，将之降为平民百姓吗？这样一来，在这种情况下，特别是在他们急需那几位王子支持的时候，特别是在他们渴望得到帮助但又没有任何其他资源的时候，他们就将再次臣服于某位罗马皇帝？假如那个皇帝或君士坦丁本人活过来，然后，就像当年希腊的"邻邦同盟"（Amphictyony）那样，由元老院和罗马人民召开一次专门审理他们的公审大会，那么，只要他一张口，肯定就会被立即驳回。这是因为，他的诉求竟然是，要把各式各样的人召回来，让他们重新依附于他，重新接受他的奴役。这些人当中，有的是被他在过去某个时期抛弃了的，要知道，他原本是他们的保护者；有的已经在另外一个统治者的统治下生活了很久；有的从未臣服于任何一个外国的国王；此外，还有其他一些人，简而言之，这些人生来就是自由的，他们是凭借自己的智慧和强健的体魄来维护自己的自由权利的。因此，显而易见的是，如果说连皇帝和罗马人民都无权重新索取其原先享有的那些控制权的话，那么，教皇就更加没有这个权力了，这一点是毋庸置疑的。对于曾经被罗马统治的那些民族来说，如果他们如今可以自由地拥立自己的国王或维持共和体制，那么，罗马人民就更应该拥有这样的自由。特别是在和一种新型暴政做斗争方面，罗马人民应该拥有更大的自由。这种暴政，就是教皇的暴政。

六

90　　那个所谓的赠礼从来就不是事实，哪怕它是个事实，随着时间的不断流逝，它也早已烟消云散。因此，直到现在为止，我们的那些对手也一直没有机会去捍卫他们的那个赠礼。于是，他们换了一种捍卫方式，给人的感觉就是，他们已经从城市撤退，然后聚集到城堡之中；然而，城堡里储存的食品刚刚消耗完毕，走投无路的他们便立即把城堡交了出来。他们声称："罗马教会拥有自己的领土，在这些领土上，它一直行使着自己的统治权。"既然如此，那它为什么还要对自有领土以外的那些领土提出权利要求？要知道，那些领土所占份额要大得多，但是，在那些土地上，罗马教会从来就没有行使过任何统治权，拥有统治权的都是其他人。对于教会的这种做法，只能有一种解释：教会享有染指他人的自由，但是，他人却没有获得向教会提出权利要求的自由。

罗马教会"一直行使着自己的统治权"？！如果真是如此的话，那 91
它为何还魂牵梦绕，常常惦记着要让皇帝们对这一权利进行确认？一边是《赠礼》这份文件，另一边是皇帝的确认令，按理说，拿出其中的一份就足够了，但是，它为什么要把两份东西都拿出来自吹自擂呢？对于第二份证明材料，你本应不提的，你提了，就露馅了。那么，你为什么要提它？很显然，其原因就在于，单凭《赠礼》那个东西，你的证据还不够充分。

罗马教会"一直行使着自己的统治权"？！教会原本就是无名无分 92
的，它只是通过欺骗才弄到那些东西的，以这样一种基础，它怎么可能行使统治权？如果你不承认自己是通过欺骗手段获得那些地方的，也可以；但是，说你很愚蠢，说你竟然可以相信《赠礼》那个文件是真的，进而以信以为真的方式占有了那些地方，这样说，你肯定不会否认了吧？不过，对于这么一件如此重要、如此惹人关注的大事，你能说自己不了解事实？你能说自己不懂法律？你能用这些理由为自己开脱？事实方面：君士坦丁并没有把罗马和各个行省送出去。普通人或许没有意识到这一点，但教皇不会不知道。法律方面：那些地方是不能拿去送人的，对方也是不能接受的。对于一个刚刚成为基督徒的人来说，他或许不明白这个道理。而你不一样，基于愚蠢式的轻信，你真的会认为自己享有那么一个权利，但是，假如你稍微有点良心，你就应该明白，那个权利从来就不是你的。你是因为无知和愚蠢才得到那些地方的，这一点，我已为你证明清楚了。假如你真的有过那个权利，那么，事到如今，难道还不应该把它给剥夺吗？这是最起码的要求。当初因为你无知，让你糊里糊涂拿到那些东西，这太不幸了。如今，你有知了，那就应该把它拿走。难道这不是非常有益于身心健康吗？还有，你的那些地产不也应该从占取不义之财的主人手中交回给名正言顺的主人吗？甚至说，还应该把利息也加进来。假如你固执己见，拒不放手，那么，你的这种愚蠢就直接转变成邪恶和欺诈了，你就毫不掩饰地变成了一个通过欺骗而占有他人财产之人了。

93　　罗马教会"一直行使着自己的统治权"？！你们这群对神的律法一无所知的白痴！在你们看来，只要是合法权利，不论过多久，哪怕是过了千年万年无数年，也是不可磨灭的。就好比说，假设我被野蛮人抓走之后，大家都以为我死了。但是，被关了一百年之后，我却又回到老家，而且，我还提出我有权继承祖上留下的家产。我会不会被排除在外？如果不让我继承，是不是也太不人道了？这里我可以再举个例子。亚扪人（Ammonites）声称，"从亚嫩河到雅博河，直到约旦河"，那整片土地原本都是他们的，因此要收回去。以色列人领袖耶弗他（Jephtha）是不是这样来回答他们的："以色列人在这里行使统治权已经有三百年了？"[1]或者，他有没有去论证说，亚扪人宣称拥有继承权的那片土地，其实也不是他们亚扪人的，而是属于亚摩利人（Amorites）的？[2]之所以说那片土地不归亚扪人所有，他给出的证据就是：在过去这么多年里，他们从来没有提出要把它收回去。是不是这样的？

1　详见《士师记》第11章。《士师记》中的原文分别是："亚扪人的王回答耶弗他的使者说：'因为以色列人从埃及上来的时候，占据我的地，从亚嫩河到雅博河，直到约旦河。现在你要好好地将这地归还吧！'"（《士师记》，11：13）"以色列人住希实本和属希实本的乡村，亚罗珥和属亚罗珥的乡村，并沿亚嫩河的一切城邑，已经有三百年了。在这三百年之内，你们为什么没有取回这些地方呢？"（《士师记》，11：26）

2　按照《士师记》的说法，"从亚嫩河到雅博河，直到约旦河"这片土地，是以色列人从亚摩利人手中直接夺过来的。详见《士师记》，11：21—23。

罗马教会"一直行使着自己的统治权"？！别再鼓噪了，邪恶的舌 94
头！你的那个权力原本只是用来统治那些既不会说话又没有思想的物件
的，然而，你却把它转用到人类身上。一个人受奴役时间越长，他对奴
役的憎恨就越强烈。不论是鸟类，还是野兽，它们都不会愿意屈从于强
权，不论他们被关多久，只要一有机会，他们还是会按照自己的意愿马
上逃走。作为一个人，如果他遭到另外一个人的压迫，难道他没有逃跑
的自由吗？罗马教皇们总是喜欢通过战争的方式而不是法律的手段来追
求他们的所谓正义，他们展现在人们面前的，当然有其无知的一面，但
更多的还是欺诈和背信弃义。为什么会是这样？请听我来说一说。在我
看来，在占据罗马城以及其他一些城镇这个事情上，最初一批教皇的做
法都差不多。在很长一段时间，罗马都一直是个自由的城市。然而，就
在我出生之前不久，有人设计了一场史无前例的骗局，在其蛊惑下，罗
马接受了教皇的统治，或者更准确地说，罗马接受了他的暴政。说起这
个事，我就不由自主地会想起身在那个现场的那些人。当时的教皇叫作
卜尼法斯九世（Boniface IX）。不论在善于欺诈方面，还是在个人名声
方面，这个九世和过去那个八世都是一路货色。[1]从事实来看，是不是最
坏的坏分子都得叫作卜尼法斯？教皇的阴谋败露之后，罗马人民群情激
奋，这个时候，就像当年的塔克文那样，这个优秀的教皇拿起自己的手
杖，把开在最高处的那些罂粟花全部敲落在地。[2]后来，卜尼法斯九世的

---

[1] 卜尼法斯九世，罗马教皇，1389—1404年在位。卜尼法斯八世，1294—1303年在位。

[2] 塔克文，即罗马王政时代的末代国王。在《罗马史》一书中，李维详细讲述了塔克文敲落罂粟
花的故事。塔克文将自己的儿子塞克斯图斯派到加比伊城（Gabii，位于罗马城以东十余公里
处）做卧底，待到时机成熟之后，塞克斯图斯派信使去见塔克文。塔克文感觉信使不可靠，于
是，他走到室外，在假装思考的过程中，拿起自己的手杖，把长在高处的罂粟花全部敲落。信
使回去将面见塔克文的过程描述一番。塞克斯图斯心领神会，随后便将加比伊城的上层人物全
部处死。关于此事的真伪，李维在书中明确写道是"据说"。详见李维：《罗马史》，第1卷，第
54节，第6节。（英文版可参阅Livy, *The History of Rome*, Books 1–5, trans., Valerie M. Warrior, Book
1, p. 75。）

继任者英诺森（Innocent）也想如法炮制，结果被逐出了罗马城。[1] 还有其他那些教皇，我根本不想谈论他们。那些人也都是通过持续不断的武力镇压来维持对罗马的统治的，但是，和六年前的情况一样，罗马人民只要一有机会，就会起来造反。那一年，罗马城遭到围困，但它根本就不是敌军的对手，而尤金又无力为城市谋得和平。于是，民众便把尤金困在家里，并向他提出要求：要么去和围城的敌人达成和平协议，要么把国家的管理权交给罗马市民，否则，就不让他出门。尽管市民们的要求既公正又合理，但尤金并未答应。他乔装打扮之后，带着一名随从，弃城而逃。[2] 如果你给民众一个选择，他们肯定会选择自由，而不会选择去接受奴役。这一点，有谁不知道？对于受到罗马教皇奴役的其他一些城市来说，情况也没有什么两样，他们本来早就应该从教皇的奴役中解放出来。当然，对于这一说法，有些人可能会持怀疑态度。从前，罗马人民从敌人手中攻克了一座又一座城市，并赋予其自由权利。这样的城市有很多，一一数起来的话，要花很长时间。尤其值得一提的是，希腊曾经臣服于安提奥库斯（Antiochus）[3]，后来，提图斯·弗拉米尼乌斯（Titus

---

1　英诺森，即英诺森七世，1404—1406年在位。卜尼法斯九世和英诺森七世都曾通过各种手段来限制"罗马公社"的独立性，而这两位教皇先后都被罗马民众逐出罗马城。

2　"六年前"即1434年。这一年，罗马发生民众暴动，教皇尤金四世打扮成修道士的模样逃离罗马。他先后逃到奥斯提亚（Ostia）和佛罗伦萨（Florence）。在瓦拉写作此书期间，尤金四世还待在佛罗伦萨。正因如此，在下一个自然段的结尾处，瓦拉警告他"不要在北方再为自己戴上一顶君主的冠冕"。参阅 Lorenzo Valla, *On the Donation of Constantine*, trans., G. W. Bowersock, pp. 194–195, note 113。

3　安提奥库斯，即安提奥库斯三世（Antiochus III，公元前242—前187），古代叙利亚国王，公元前223—前187年在位。瓦拉对这段历史的描述不是非常准确。在提图斯·弗拉米努斯打败马其顿国王腓力五世（Philip V，公元前221—前179年在位）之前的约两个世纪里，希腊一直被马其顿控制。腓力五世被打败之后，叙利亚国王安提奥库斯三世乘机控制了希腊的小亚细亚西部地区，但最终未能在此立足。因此，准确来说，希腊曾经长期臣属的是马其顿。参阅 Sviatoslav Dmitriev, "Flamininus, Titus Quinctius (ca. 228 – ca. 174 BCE)," in Gordon Martel, ed., *The Encyclopedia of War*, Blackwell Publishing Ltd., 2012。另参见下一个注释。

Flaminius）下令，让整个希腊获得自由，而且可以使用其自己的法律。[1]
然而，再来看看教皇。你们或许可以看得出，他是不遗余力地制造种种
阴谋，阻止各个民族获得自由。可以说，只要机会来临，他们肯定会起
来造反，而且，每天都会造反，会排着队地造反。关于这一点，你们可
以看看最近发生在波伦亚（Bologna）的情况。[2] 当然，有些城市是自愿接
受教皇统治的。之所以会发生这种情况，是因为他们正面临着其他某些
方面的危险。即便存在这种情况，也绝对不要以为，他们真的就自甘为
奴了，他们真的就永远也不想挣脱套在他们脖子上的挽具了，他们以及
他们的子孙后代真的就不想由自己来管理自己的事务了。其实，这种不
公正的状况肯定是令人不可容忍的。教皇，当初我们让你来统治我们，
是我们自愿的；如今，我们要离你而去，也是我们自愿的。我们再也不
想让你继续统治我们，一时一刻都不想了。如果说我们还欠你什么，那
可以就债权债务问题做个决算，列个清单。不管怎么说，你想统治我们，
好像我们就是你的托管对象，这是违背我们意愿的。实际上，如果让我
们来统治你，相比你统治我们，我们可能会更高明。

除了以上所说的这些之外，对于这个城市，你和你手下的那些官员 95
还干了很多其他坏事，而且一刻都没有停止过，所有这些，也都应该加
进来。就如当年以色列人要求摆脱罗波安（Rehoboam）[3] 的统治那样，官
逼之下，民必造反。这一点，天主是知道的。对于他们来说，之所以要

1　瓦拉这里所说的"弗拉米尼乌斯"为误写，应为"弗拉米尼努斯"（Flamininus）。提图斯·弗
　　拉米尼努斯（Titus Flamininus，约公元前228—约前174），古罗马共和国时期著名政治家、军事
　　将领；曾担任执政官，并率军讨伐马其顿国王腓力五世，于公元前197年将其击败。在他主导
　　下，希腊获得相对独立。公元前194年，为进一步缓和希腊与罗马矛盾，弗拉米尼努斯下令将
　　罗马军队撤出希腊。公元前192年，希腊发生动乱，弗拉米尼努斯再次进兵希腊，此事使他在
　　罗马和希腊的声誉大为受损。

2　1428年，教皇使节路易·阿勒芒（Louis Aleman，约1390—1450）被逐出波伦亚。波伦亚，意大
　　利北部城市，位于波河平原南缘、亚平宁山脉北麓，是意大利最古老的城市之一。

3　罗波安，所罗门之子，统一的以色列王国分裂之后，南国（犹大王国）的第一位君主。参阅
　　《列王志上》，14: 21;《历代志下》，12: 13。

造反，就是因为要交更多的赋税。然而，对于我们而言，这个问题仅仅是大灾大难中的一个部分而已。如果你把我们的共和国搞垮，那该怎么办？你已经把它搞垮了！如果你劫掠我们的神殿，那该怎么办？你也已经劫掠了！如果你强暴处女和为人之母者，那该怎么办？你也已经强暴了！如果你用百姓的鲜血溅污这个城市，那该怎么办？你已经溅污了！难道我们还要忍下去吗？或者退一步说，如果你不再做我们的父亲，难道我们会忘了我们也是你的儿子吗？教皇啊，人们之所以让你来，是让你来做父亲的，或者用你可能比较爱听的说法来说，是让你来做主人的，而不是让你来做敌人的，也不是让你来做刽子手的。然而，你根本无意于担当父亲或主人的角色，却一心要做敌人，要做刽子手。你很残酷无情，而且没有虔敬之心，按照复仇法则，我们原本是可以用同样的方式来收拾你的，但是，我们不想学你那样，因为我们毕竟是基督徒。而且，我们也不想拔出剑来，去对你的人身实施报复。我们只是想，在你退位并离开之后，我们再另请一位父亲或主人过来。即便是生身父母，如果他们很邪恶，儿子也是有权逃离的。既然如此，难道我们就不能从你那里逃出来吗？要知道，你并不是个真正的父亲，你只是个继父，而且，你这个继父对我们一直是非常凶残的。至于你自己，你就一心一意干好你的那些神职工作吧。你可不要在北方[1]再为自己戴上一顶君主的冠冕，而且，也不要再和我们这个民族以及其他民族作对，不要在那里一会儿闪电一会儿打雷地吓唬人们。

96　　对于这么一个不言自明的案子，我何必还要继续啰唆下去？一方面，我坚持认为，君士坦丁并没有把那么多领土送出去，同时，罗马教皇对那些领土也不可能享有过任何的权力。另一方面，我还坚持认为，即便君士坦丁真的送了，或者说罗马教皇真的收了，但是，由于占有者罪恶

1　瓦拉写作此书的时候，教皇尤金四世仍然避居在佛罗伦萨。参阅上一个自然段中的相关描述及注释。

累累，之前的送或收，都将被一笔勾销。这是因为，我们看到，在整个意大利以及很多行省，到处都是断壁残垣，到处都被摧毁殆尽，而所有这一切，其源头都只有这一个。如果水源是苦的，河流肯定也是苦的。如果树根有毒，树枝肯定也有毒。如果最早结出来的那些果子不纯正，接下来的所有果子都不会纯正。因此，必须正本清源。如果河水是苦的，那就要把水源给堵死。如果树枝有毒，问题肯定出在树根上。如果整批果子都不纯正，那就必须要把最早结出来的那些果子给扔掉。我们可以看出，有许许多多的犯罪行为，其缘由都在于教皇权；有许许多多、各式各样的灾难和恶行，其缘由也在于教皇权。既然如此，难道我们还可以说教皇权在本源上具有合理性或正当性吗？因此，我不仅要语调平缓地说，我还要放开嗓子喊——之所以敢于这样，是因为我相信天主，我再也不怕俗世凡人——在我生活的这个年代，在教皇这个职位上，没有一个人是既有"忠心"又"有见识的管家"。[1] 他不仅远远没有做到给天主的百姓提供饭食，反而"如同吃饭一样"来"吞吃"他们[2]，反而就像啃面包一样把他们给吞掉。教皇亲自向那些爱好和平的民族发动战争，在国家与国家之间，在统治者与统治者之间，播下仇恨的种子。在阿喀琉斯看来，阿伽门农（Agamemnon）就是一个"吃人的国王"[3]，而极其渴望得到别人财物的教皇，在敛财方式上和阿伽门农没有什么两样。教皇从共和国那里谋取暴利，即便像维勒斯（Verres）、喀提林（Catiline）以及其他任何一位江洋大盗，都不敢像他那么做。[4] 不仅如此，他还从教会

1　见《路加福音》，12: 42。

2　见《诗篇》，53: 4。

3　荷马：《伊利亚特》，1: 231。

4　维勒斯（约公元前115—前43），古罗马共和国末期的地方官员，前73—前71年间担任西西里总督，随后，因贪污腐败等问题而受到起诉。应西西里民众请求，西塞罗代表起诉方对维勒斯发表控告演说，引发罗马官场的极大震撼。喀提林（约公元前108—前62），古罗马共和国末期政客，曾任大法官、非洲总督等职。前64年和前63年，两度竞选执政官，但均告失败。他纠集同党，准备发动政变。前63年，执政官西塞罗在元老院发表演说，揭露喀提林的阴谋，并予以镇压。前62年，喀提林被杀。

以及圣灵那些谋取厚利，哪怕是那个臭名昭著的行邪术的西门（Simon Magus）[1]也都拒绝像他那么干。对于他的这些问题，某些善良之人都曾提醒过他，也曾谴责过他，但是，他不仅没有否认这些事情的存在，反而还公开承认，并且大肆炫耀。他宣称，君士坦丁送给教会的那份传世财产后来一直被其他一些人占有，但是，作为教皇，他有权通过任何手段把它从那些人手中剥离出来。给人的感觉就是，那些地方原本罪恶丛生，生活放纵，淫邪之事花样繁多，人们饱受压迫，但是，在他接管之后，那些地方遭受的压迫就不会显得那么严重了。当然，这要有个前提，这就是，那些地方还有接受更为严重压迫的余地，那些地方还有容纳更多犯罪的空间。似乎这样一来，基督信仰就有福了。他的那些钱财都是通过卑鄙下流的手段从善良的市民手中窃取而来的，而出于更加卑鄙下流的目的，也就是说，为了把那份赠礼文件中提到的其他所有地方全部弄到手，他又动用那些钱财，支持骑兵和步兵，像鼠患和害虫一样，出没各地，侵扰万物。要知道，就在同一时间里，基督正躺在千千万万的穷人中间，饥寒交迫，奄奄一息。教皇并不明白，他的这种不义之举，是极为得不偿失的。他花那么大的精力，要把本属世俗官员的东西抢到自己手中。但是，反过来，既然有他的这一恶例在先，他们也会群起效尤，把本属教会官员的东西抢走。还有，且不论是真是假，他们也都会有迫不得已的时候，在这种情况下，他们也会对教会官员下手。如此这般，就再也没有什么良心可讲，就再也没有神圣可言，对天主也再也不用存有任何的敬畏之心；那些邪恶之徒可以干各种各样的坏事，而且都能够在教皇那里找到之所以可以作奸犯科的借口，"我现在提起这事都觉得毛骨悚然"。[2]他和他的那些同伴为每一种恶行都提供了一个样板。正

1　行邪术的西门，《圣经》中的人物，详见《使徒行传》，8：9—24。

2　维吉尔：《埃涅阿斯纪》，杨周翰译，第34页（第二卷，第204行）。

因如此，我们可以和以赛亚（Isaiah）[1]以及保罗一道，向教皇以及他身边的那些人宣布：天主的名在外邦人中，因你们受了亵渎。你虽然教导别人，但却不教导自己。你们讲说人不可偷窃，但自己还偷窃。你们厌恶偶像，但自己却又干着亵渎之事。你们指着律法和教皇职位夸口，自己却践踏律法，玷辱天主，要知道，天主才是真正的教皇。[2]值得注意的是，如果罗马人民因为拥有过多的财富而失去其应有的罗马人本色，如果所罗门因为同样的原因而与女人们一起滑入偶像崇拜的深渊，那么，难道我们想象不到，同样的事情，目前也正发生在教皇以及其他所有圣职人员的身上？既然如此，难道我们还会认为，天主真的会允许西尔维斯特接受大笔资金，然后让他拿着那些钱去犯罪？如果我们真的这么认为，那也就可以说，他真的接受了那些帝国、王国和行省。然而，对于希望成为圣职人员的那些人来说，他们都会通过正规的方式宣布放弃那些东西。他是如此圣洁的一个人，你却要这样来伤害他，对于这种做法，我是绝不接受的。他是如此杰出的一位教皇，你却要这样来羞辱他，对于这种做法，我是绝不容忍的。和其他所有神圣的教皇一样，西尔维斯特也几乎没有什么财物，只要他一出现，就如利奥（Leo）[3]一样，即便是他的那些敌人，也都会心生畏惧。当年，有那么一个蛮族国王，他刚一见到利奥，便心生惊恐，他那蛮而未化的心绪随即崩溃。在此之前，即便是罗马军队，也未能做到这一点。然而，再看看近年来的这些教皇，他们个个都是财富万千，奢华无度。如果说他们的那些前辈为了追求智慧和圣洁而勤勉劳作的话，那么，最近的这些教皇干起活来也是同样的勤

1　以赛亚，《旧约全书》中的人物，是先知书《以赛亚书》的作者。在《以赛亚书》中，作者写道："耶和华说：'……我的名整天受亵渎。'"见《以赛亚书》，52：5。

2　见《罗马书》，2：21—23。瓦拉在援引《罗马书》中的这段话时，文字顺序和表达有改变，同时又增加了一些内容。

3　利奥，即利奥一世（Leo I），罗马教皇，440—461年在位。利奥担任教皇时期，西罗马帝国摇摇欲坠，四面楚歌。452年，利奥出面，成功说服匈人首领阿提拉（Attila）从意大利撤兵。

勉，只不过他们追求的目标却是邪恶和愚蠢，他们要以各种各样丢尽脸面的行为来彻底压倒过去那些教皇留下的卓越声誉。不论何人，只要他还自认为是个基督徒，谁还能心平气和地忍受这一现象？

97   需要说明的是，这只是我的第一篇演讲稿。尽管目前教皇还在他那条不受约束的河道中奔腾向前，但是，现在我还不想鼓励各国统治者和各族人民去对他加以制约，也不想让人们去逼迫他待在自己的地界之内。或许他现在已经认识到了事情的真相，因此，现在我只是想对他提出建议，希望他主动搬回到自己的住处，因为他现在住的那个房子根本不是他自己的；同时，也希望他主动回到宁静的港湾，远离那些无理可讲的浪潮和汹涌残暴的风暴。不过，假如他听不进这些劝告，那么，我们将重新披挂上阵，给他再来一篇更加劲爆的演讲稿。我希望，教皇只做基督的副手，不要同时还要做皇帝的副手。我希望，再也不要听到教会派系、反教会派系、教会攻打佩鲁贾（Perugia）[1]、教会攻打波伦亚等等令人心惊胆战的词句。我是多么希望有朝一日能够看到这样的局面。实际上，我都有点迫不及待了。假如说，在我的倡议之下，这个建议真能付诸实施的话，那我就更加期待着那一天的到来了。教会是不打基督徒的，只有教皇才干这种事。教会是要与"天空属灵气的恶魔"[2]争战的。等到那一天真的来临的时候，教皇就可以被称为圣洁之父、众人之父、教会之父了，实际上，不只是可以这样来称呼他，其本身实实在在就是这样的角色。他不仅不会在基督徒中间挑动战争，而且，他会通过使徒式的训诫和教皇本身的威严，化解由别人挑起的战争。

---

1 佩鲁贾，意大利中部城市，位于罗马以北、台伯河上游的山地丘陵。

2 见《以弗所书》，6：12。

附　录　君士坦丁赠礼*

奉神圣且不可分的三位一体——父、子、圣灵——之名，在出自这
一圣三的作为我们唯一救主、主宰和天主的耶稣基督之内，忠诚的、儒
雅的、最伟大的、乐善好施的、战胜了阿勒曼尼人的（Alamannic）、战
胜了哥特人的（Gothic）、战胜了萨尔玛提亚人的（Sarmatic）、战胜了
日耳曼人的（Germanic）、战胜了布列吞人的（Britannic）、战胜了匈人
的（Hunnic）、虔敬的、幸运的、永远威严的得胜者和凯旋者弗拉维乌
斯·恺撒·君士坦丁（Flavius Caesar Constantine）谨致极为圣洁且极为
神圣的众父之父、既是罗马城主教又是教皇的西尔维斯特（Sylvester），
并致在其之后直至时间终结之前的承袭圣彼得之位的所有继任者，同致
依据朕的这份诏令而隶属于这一神圣不可侵犯之罗马教会的、为天主所
钟爱的、目前在任的和未来任何时候将要继任的各位教长和极为可敬的
信奉公教的所有主教：出自全能的圣父天主、圣子耶稣基督和圣灵的恩
典、和平、慈爱、喜乐、忍耐和垂怜将与你们同在。

我们的救主和救赎者、至高无上之圣父的儿子、既是主宰又是天主
的耶稣基督认定，经由其使徒彼得和保罗并在最高教长、普世教皇、我
们的父西尔维斯特参与下而取得的成果称得上是超凡而神奇的。为了启

---

* 这份《君士坦丁赠礼》英译本的底本是德国历史学家豪斯特·福尔曼（Horst Fuhrmann，1926—
2011）编校的拉丁文本。在福尔曼编校的拉丁文版本中，该文件的名称叫作《君士坦丁敕令》，
详见《德意志史料集成》（H. Fuhrmann, Das Constitutum Constantini, *MGH* Fontes, X, Hannover,
1968, pp. 56-98）。相关说明参阅 Lorenzo Valla, *On the Donation of Constantine*, trans., G. W. Bowersock,
pp. 185-186。

迪各族人等，朕特颁此令，力图通过浅显易懂的文字，向全世界传播这些超凡之说。朕的信仰是从前述那位极为神圣的父、向朕宣讲之人、普世教长西尔维斯特那里领受而来的。朕首先要做的就是，通过发自内心的告白，来增进自己的信仰，并借此希望得到诸位的教诲。在此基础上，朕要向世人展示播洒在朕身上的来自天主的垂怜。

3　　不久前，朕已发布过一份神圣的国务诏令。正如朕在那份诏令中已经表明的那样，朕也同样希望诸位知晓：朕已弃绝偶像崇拜，已弃绝那些由手工制作出来的既聋又哑的雕塑，已弃绝由恶魔创设出来的那些物件以及撒旦所热衷的万般浮华。朕已走向纯洁无瑕的基督徒之信仰，这一信仰是万古长存的真光和真生命。西尔维斯特教皇是最为伟大的养育之父，是朕的导师。秉承他的教诲，朕信奉圣父，他是全能的天主；信奉圣父的独子耶稣基督，他既是我们的主宰又是我们的天主，万事万物都是经由他而受造的；信奉圣灵，它是一切受造物的主和创始者。朕认识到，既然父、子、圣灵之间是如此这般的关系，那么，不论是神威的充分性，还是权威的统一性，都应存在于由圣父、圣子、圣灵构成的这一完美无瑕的三位一体之中；在耶稣基督身上，三者是合而为一的。因此，虽然形态有三个，但权柄却只有一个。

4　　充满智慧的天主从来都是亲自发布圣道（Word），而过去的每个时代也都毫无例外地是依据圣道而产生的。正是通过这个唯一的智慧之道，他从虚无之中创造出万事万物。在此过程中，他与圣道同在，而且，他按照自己独有的神秘之奥理，对一切事物做出安排。在创造出天国的各种荣福和大地上的所有质材之后，在其智慧的虔诚邀约下，他首先按照自己的模样，用地上的泥浆造出一个男子，并将之置于乐园之中。在古蛇以及魔鬼这个充满妒忌之心的死敌之蛊惑下，这个男子对禁树产生超乎寻常的极度迷恋，结果遭到放逐，从而远离了其原先享有的那些喜乐。男子被逐之后，古蛇并未停止行动，他继续向四面八方投掷毒镖。其目的在于，在把人类引离真理之路之后，他便可以劝使人类屈从于偶像崇拜，也就是说，让人类崇拜被造物，而不是崇拜造物主。通过这一方式，他便能够让一些人落入他的圈套，其结果就是，这些人将与他一道被焚，进入永恒的煎熬之境。然而，我们的天主对于由他亲自创造出来的人类却是充满怜悯之心的。他派来自己手下的神圣先知，并借由他们之口宣布，生命之光即将来临，也就是说，他自己的儿子、我们的天主和我们的救世主耶稣基督即将降临人世。随后，他便派来了他的独子，派来了智慧之道。圣子是为了拯救我们才从天国降临人世的，而且他是通过圣灵和童贞女马利亚的结合而来到人间的。他变成肉身之道，并生活在我们中间。他并未失去其原有的，但又开始做了以前未做的。他既是完美的天主，又是完美的人。作为天主，他继续创造奇迹。作为人，他要忍受人类的苦难。因此，正如至尊的教皇、朕的父西尔维斯特教导的那样，朕深深地认识到，圣子既是真人也是真天主，朕对此绝无半点怀疑。他挑选了12位使徒，在他们以及芸芸众生面前，他以其众多的奇迹而光芒四射。朕认可以下说法：正是耶稣基督这位主圆满完成了律法和先知们传达的事项；按照《圣经》的说法，他饱受折磨并被钉死在十字架上，在死后的第三天，他又死而复活；他被带至天国，然后坐在父的右手边；将来，他会前来对活人和死人进行审判，而且，他的统治将永无终结。

以上所言是由至圣的父、至尊的教皇西尔维斯特传递给朕的正统信　5 仰。正因如此，朕敦劝一切人等和各种各族，必须接受这一信仰，必须践行和宣扬这一信仰，必须奉圣三之名领受洗礼之恩典，必须以一颗虔敬之心崇拜主耶稣基督，他是我们的救世主，他和父以及圣灵一道，万寿无疆，久统长治。至圣的父、普世的教皇西尔维斯特反复教导说，这就是我们的救世主耶稣基督。

我们的天主对我这个罪人充满怜悯之心，他亲自派遣他的那些神圣　6

的使徒前来看望朕，他的辉煌之光在朕的身上闪烁。[1]你们一直对我表示祝贺说，在被带离黑暗之后，我就已经走近真光，我就已经认识了真理。在此之前，我曾遭遇麻风病的猛烈侵袭，全身上下无处幸免。虽然召来许多医生为我治疗，但他们谁也没能让我恢复健康。朱庇特神殿里的一些祭司前来游说，他们宣称，我必须派人在神殿的顶上造一个浴盆，然后在浴盆中装满清白无邪的婴儿的鲜血，洗上这样一次热血澡，我的病症即可消除。人们遵照这些人的说法，连抢带夺地弄来了许多清白无邪的婴儿。那些亵渎神灵的祭司们开始张罗，他们准备把这些婴儿杀掉，然后用其鲜血注满浴盆。就在这个时候，朕看到了婴儿母亲们的泪花。我立刻被祭司们准备杀婴取血的这个举动吓得惊恐万状。朕对这些母亲深感同情，朕下令，一定要把这些孩子送回到他们的父母身边。朕满心喜悦地让人备好马车，带上礼物，把他们送回了家。

7　　这一天就这么过去了。夜幕降临，万籁俱寂。就在我准备就寝之时，彼得和保罗这两位神圣的使徒来到我的身旁，他们说道："你已经终止了那些罪恶行径，而且，你对溅洒清白无辜者的鲜血这一做法深为惊恐。有鉴于此，我们的天主基督委派我们前来，为你提供恢复健康的建议。因此，你要听从我们的忠告，我们怎么说，你就要怎么做。此前，为了躲避你的迫害，罗马城主教西尔维斯特远遁他乡，跑到了色拉普塔山（Mount Serapta）。如今，他正和其手下的教士们一起，在山洞里营建自己的藏身之所。一旦你能把他请来，他就会告诉你哪里有个垂怜之池，

1　在《君士坦丁赠礼》这份伪托的文献中，"君士坦丁"时而自称为"朕"（we, us），时而自称为"我"（I, me）。关于这一现象，译者曾与《〈君士坦丁赠礼〉伪作考》及《君士坦丁赠礼》的英译者、哈佛大学古代史教授格兰·鲍尔索克先生做过交流。他认为，在君士坦丁自称问题上，之所以出现不一致的现象，应该是伪托者故意为之。具体而言就是，伪托者就是要通过自称的变化，来塑造君士坦丁的双重角色。其一，作为拜占庭世界的皇帝，君士坦丁使用"朕"来自指。其二，作为终有一死的俗世罪人，他则用"我"来自称。见鲍尔索克教授致译者的信函，2019年4月22日。

他会让你浸润在这个池子里，只需泡上三回，麻风病的一切病症就会离你而去。一旦此事应验，你就应该为这个变化而去报答你的救主。有了你的命令，整个世界的所有教会或许都可因此而复活。至于你自己，要按照下述方式来对自己进行净化：当你彻底放弃对偶像的盲目崇拜之后，就必须立即改为尊崇真而永生的天主，他是唯一的真正的天主；你必须遵循他的意旨，这一点，你务必要做到。"

在从睡梦中醒来之后，我便立即一一落实这两位神圣使徒建议我做 8
的各种事项。在把那位杰出的养育之父、朕的启明者、普世教皇西尔维斯特召来之后，我就把这两位神圣使徒给我的所有指示向他叙述了一遍。朕问他，彼得和保罗这两个神是什么来头？他回答道，不应该把他们称作神，他们只是我们的救主天主耶稣基督手下的使徒。朕又开始向这位至为神圣的教皇请教，问他是否拥有这两位使徒的画像，如果有的话，朕或许就可以通过画像，来判定这两位使徒是否就是天启引荐给我的那两个人。于是，这位可敬的父吩咐其手下的执事，让他把这两位使徒的肖像拿出来展示一下。一看到肖像，我便意识到，画像中的这两个人和我在睡梦中见到的那两个人一模一样。于是，当着我手下所有行省总督（satraps，塞特拉普）的面，我不由自主地惊呼起来。我确信，他们就是我在睡梦中见到的那两个人。

于是，朕的父、罗马城主教，也就是那位至为神圣的西尔维斯特，9
严正地要求，朕必须穿上苦衣并在朕的拉特兰宫（Lateran palace）的一个房间里度过一段忏悔时光。此举的目的在于，通过守夜、斋戒和流泪，并经由我们的救主、我们的天主耶稣基督的祈祷，让朕获得原谅，不论是朕干过的不敬之事，还是朕在统治过程中做过的不公之事，一切都可既往不咎。在我度过这段忏悔时光之后，教士们连推带拽地把我弄到教长本人面前。在那里，我声明，弃绝手工制作的一切偶像，弃绝撒旦热衷的那种浮华，并和撒旦所干的那些事情彻底断绝关系。面对在场的所有人，我发自内心地做出我的信仰告白：我相信全能的圣父天主，他是天国与尘世的创造者，他是可见和不可见的一切事物的创造者；我相信耶稣基督，他是天主的独生子，他是我们的主，他出自圣灵和童贞女马利亚。教长对圣洗池进行祝圣，然后，让我浸泡在清洁而有益健康的水中，以此对我的身体进行清洁，就这样，先后泡了三遍。当我被置于圣洗池的怀抱之时，我亲眼看到，似乎有一只手从天庭伸下来并抚摸着我。我站了起来，全身干干净净。你们可以看到，如今的我已变得神清气爽，麻风病的一切污秽恶臭都已离我而去。人们把我从那个令人敬仰的圣洗池里扶了出来，并为我披上白色的衣服。随后，教长用祝圣过的膏油为我举行涂油礼，在我身上涂上圣灵的标记，而且，先后涂了七次。接着，他又在我的额头划上圣十字符号，并说道："天主以父、子、圣灵之名，用其信仰之印在你身上做了标记，以此作为信仰之象征。"在场的教士齐声呼应："阿门。"教长又补充一句："平安与你同在。"

10　　　　就这样，从我领受圣洗之奥义、身体得到康复而不再被麻风病的恶臭所困之后的第一天起，我就认识到，除了父、子、圣灵之外，别无其他神灵，至为神圣的西尔维斯特就是这么教导的，三寓于一，一寓于三。这是因为，事实表明，我过去崇拜的所有异教神灵都是恶魔，都是由人类手工制作出来的物件。而且，我们的救主经过考问之后发现，彼得在信仰上极为虔诚，于是，他说道："你是彼得，我要把我的教会建造在这磐石上，阴间的权柄不能胜过他。"[1]这就意味着，不论是在天国还是在尘世，他的神圣使徒彼得均被委以巨大的权柄，至于究竟大到何种地步，那位可敬的父曾为此对朕做过一清二楚的阐释。在和其门徒交谈时，我们的良师和主人还补充说："我要把天国的钥匙给你，凡你在地上所捆绑

1　见《马太福音》，16：18。

的，在天上也要捆绑；凡你在地上所释放的，在天上也要释放。"[1] 诸位，你们都是握有权柄之人，你们一定要留意并侧耳聆听他说的这些话。在地上所捆绑的、所释放的，在天上也要捆绑、也要释放——这实在是太神奇、太壮观了。

在神圣的西尔维斯特的教诲下，我认识到这些说法都是千真万确的。我也确信，在圣彼得本人的恩泽下，我已完全恢复健康。正是在这一过程中，朕做出判断，认为以下这一做法是有益的：正如人们所知圣彼得已被确立为天主之子的在世代表那样，继承使徒之长位置的教皇们也应该从朕以及朕的帝国中获得特权，从而享有帝王般的权力；朕这种俗世帝王的宁静安详是有其宽厚性的，由此而拥有的权力看起来也是可想而知的，而教皇们享有的权力一定要比朕的权力大；而且，应该挑选这位使徒之长或他的那些副手，前来做朕与天主交流时的强有力的代言人。和朕一同做出上述判断的不仅有朕手下的所有行省总督和元老院全体议员，而且还有贵人派（Optimates）[2]，此外还有臣服于朕之帝国荣光的全体罗马人民。朕所享有的皇权只不过是凡间俗世的东西，有鉴于此，朕已颁令，对于圣彼得的这个神圣不可侵犯的罗马教会，必须既敬重又尊崇；对于至为神圣的圣彼得之座，必须高度颂扬，而且，要将其地位置于朕的帝国以及朕的俗世皇位之上；以他的那一宗座为载体，朕要给他以权力，给他以辉煌的地位，给他以帝国的气势和荣光。

有基于此，朕要制定敕令并强制规定，他拥有首席权，其地位不仅要高于整个地球上其他所有以天主为信仰的教会，而且要位居安条克、亚历山大里亚、君士坦丁堡和耶路撒冷这四个杰出的主教区之上。进而言之，在过去的岁月中，教皇就已一直延续着对神圣不可侵犯的罗马教

11

12

1　见《马太福音》，16：19。

2　贵人派，古代罗马贵族中的"精英派"，详见前文及相关注释。

会的统治，今后，他将更加崇高地存在下去，而且，他将成为属于全世界所有神父的领袖。不论何事，只要涉及对天主的崇拜，只要涉及维护基督徒信仰或他们的信仰稳定之事，全都要按照他的决断来处理。我们的救主、神圣律法的创制者命令圣彼得把宗座安置在哪里，神圣律法就应该把这个元首制国度（principate）[1]的首都确定在哪里，可以说，这个说法是再正确不过的了。换言之，圣彼得肩负十字架，喝下那杯神圣赴死之酒，其展示出的形象就是，他是在效法他的导师、他的主；他是在哪里完成此举的，哪里的民众就应该俯首认可基督之名。他们的导师、神圣的使徒保罗为了基督而引颈受死，以殉教的方式而获得圆满；他是在哪里完成此举的，他们就应该在哪里追随这位导师，直到世界的终结。从前，他们习惯于服从自得狂傲的世俗君王的统治；如今，他们这位导师神圣的躯体安息在哪里，他们就应该在哪里虔敬地为天国之王履行自己的职责，这个天国之王就是我们的救主、我们的天主，就是耶稣基督。

13　　　同时，朕要求，不论是属于哪个种族哪个民族的，全世界一切人等都应知晓，朕已在朕自己的拉特兰宫里为我们的救主、我们的天主、我们的主耶稣基督修建了一座教堂，而且，这座教堂拥有独立的场地，拥有自己的洗礼堂。你们还应知晓，在教堂奠基的时候，和12位使徒这个数字相对应，朕亲自用肩膀扛了12袋子的土。正如朕在其他一些谕令中以法律的形式所规定的那样，朕在此重申，必须要把这座神圣不可侵犯的教堂确定为全世界所有教堂之首和全世界所有教堂之巅，不仅要按照这样的地位对之给予相应的尊崇和敬仰，而且要让世人知晓它拥有这样的地位。对于最早的两位使徒，神圣的彼得和神圣的保罗，朕也为他们分别修建了教堂，并给这两座教堂提供了大量的黄金和白银。朕是以极为隆崇的方式来安葬这两位使徒至为神圣的遗骸的，在其安葬地，朕还

1　元首制国度，指以教皇为最高首脑的国家，亦即"教皇国"。

为他们修造了棺椁，棺椁是用琥珀做成的，经得起岁月的侵蚀，经得起风吹雨打。另外，朕还在他们的棺椁上分别立了一个用纯金和宝石做成的十字架，十字架是牢牢锁在棺椁上的，开锁的钥匙是用黄金做成的。朕已经拿出朕所拥有的财富财产，为这两位神圣使徒的教堂提供支持，以保教堂的火烛供应。至于其他教堂，朕也已经给它们提供了各种丰厚的支持。通过朕所颁布的神圣御令，通过朕的慷慨大方，朕已给予那些教堂大量钱财，论其丰厚程度，东方各教堂所获支持绝不少于西方，甚至说，北边那些地方和南边那些地方的教堂所获支持也绝对不会少于西方。换言之，在犹地亚（Judaea）、希腊、亚细亚、色雷斯（Thrace）、阿非利加、意大利以及各式各样的岛屿上，所有教堂均可获此待遇，当然，这里有个明确的前提，即，万事万物必须掌握在至高无上的教皇、朕的最为神圣的父西尔维斯特及其继任者之手。

让所有人、让普天之下的各个种族各个民族都和朕一起共享喜乐吧。14 朕严正要求，每个人都应和朕一道，向我们的天主和救主耶稣基督表达炽热的感激之情，这是因为，经由其手下那两位圣洁的使徒，在天国和尘世两界，天主亲自临幸，让朕洗心革面，从而让朕配得上去领受圣洗并获得身体上的健康。正是基于这一原因，朕现在就要把帝国的拉特兰宫转交给那两位神圣的使徒、朕的主人圣彼得和圣保罗，并经由他们，将之传给朕的父、至高无上的主教、罗马城的普世教皇神圣的西尔维斯特，而且还要由他再传给其所有的继任者，他们将一直坐在圣彼得的那个位置上，直至世界的终结。要知道，拉特兰宫是享有崇高地位的，它超越了全世界所有其他的宫殿。接下来，朕还要把御冕（diadem）转交给他，具言之，就是要把朕头上的这顶皇冠转交给他，同时还要把弗里吉亚便帽（Phrygian tiara）以及御用披带（superhumeral band）转交给他，通常来说，这种带子是要围着皇帝的脖子绕上一圈的。朕还要把紫色长袍、朱红色短袍以及其他和帝王身份相配的所有服饰也都转交出去，或者连帝国骑兵统帅这一职衔，朕也会一并交出。朕还要把皇帝的那些权杖授给他，一同授予他的还有长矛、希格纳[1]和旗子以及各式各样的皇帝所用的饰品。不论何种列队仪式，凡是能够展示朕的皇帝威仪以及朕的皇权荣光的，他也都将一并得享有之。

15　　朕的那个元老院可谓声名卓著，即便如此，它似乎也要加以精心打扮，也就是说，其成员要么被擢升为勋贵，要么被推举为执政官，这个元老院才会显得那么的居高临下、与众不同、有权有势、显赫不凡。因此，朕下令，一定要让那些令人景仰之人，即服务于神圣罗马教会的各层各级的圣职人员，也都能够享有诸如此类的荣耀。此外，朕已宣布，还要从其他方方面面对他们进行装饰，使其能够尽享帝国威仪。正如帝国民兵是以装饰过的形象而存在的一样，朕已下令，对于神圣罗马教会的圣职人员，也要进行装饰。正如皇帝的权威要辅以各式各样的职位进行装饰一样——设有内侍这类职位自不必说，此外还要配有门卫以及各种床伴——朕希望，对于神圣罗马教会，也要按照这个样子进行装饰。为了让教皇的光芒璀璨夺目，同样是对于这个神圣罗马教会中的那些圣职人员，朕还要规定，他们的马匹要用纯白的亚麻布加以装饰；还有，朕的那些元老院议员们穿鞋子时，脚上肯定会套上毡袜，也就是白色亚麻布的那种，因此，朕规定，圣职人员也要这样，以此让他们显得与众不同。如此这般，就如同尘世中的情形一样，天国中高低不同的各个层级也都可以得到相应的装饰，而且，这样做完全是为了天主的荣耀。在天主的这个伟大而普世的使徒教会中，基督就是我们的天主。因此，无论如何，最最紧要的一个事情就是，为了基督的光荣与荣耀，朕要赋予我们最为圣洁的父、既是罗马城主教又是教皇的西尔维斯特以下权利：

1　希格纳，"signa"一词的音译，其本义是指军旗或君旗（standards）。之所以采用音译，可参阅《〈君士坦丁赠礼〉伪作考》第49节相关内容及注释。

对于朕的元老院议员，不论哪一位，只要被他相中，他都有权自行决定，随时将其招入圣职人员队伍，他都有权将那个人纳入虔诚的圣职人员队伍中那些虔诚的层级之中；而且，不论何人，都不得认为他是在傲慢行事。这一权利不只是赋予他一个人，而且要赋予在他之后继任的直至永远的所有至为神圣的教皇。

也正是基于诸如此类的想法，朕也已下令：作为朕的父、至高无上　16的教皇，令人尊敬的西尔维斯特以及在他之后的所有继任者都应该佩戴御冕，也就是皇冠，这项皇冠由纯金制成，由各种珍贵的宝石制成，而这些宝石是朕已经送给他的，它们全都取自朕自己头上戴的这个皇冠；为了天主的荣耀，为了圣彼得的尊严，他们都必须要在自己的头上戴上这一御冕。不过，为了至为神圣的彼得之荣耀，至圣的教皇本人原本就已戴有冠冕，因此，当时他并没有答应在其冠冕的顶上再套上那顶由黄金做成的皇冠。尽管如此，朕还是亲手将一顶闪烁着白色光芒的弗里吉亚便帽戴在了他那神圣无比的头上，这项便帽乃是一种象征物，它象征着我们的主那一光辉灿烂的复活；出于对圣彼得的崇敬，朕还为教皇充当侍从，亲自为他牵马。之所以这么做，是因为朕规定：作为其继任者的所有教皇，在效仿朕之皇权而列队前进时，都要佩戴与上述款式同样的弗里吉亚便帽。

教皇的卓越地位不但不应受到任何的贬损，而且还要以辉煌的权威　17对之加以装饰，这一权威必须比皇权还要尊贵。因此，为了确保做到这一点，请诸位听真——如前所述，朕已拿出自己的宫殿，将之送给至圣且普世的教皇、朕的父西尔维斯特，由他以及在他之后继任的各位教皇占有和支配；不仅如此，包括罗马城，还有意大利的所有行省、地方和城市，或者说整个西部领土，也都要一并让出来，留给他及其继任者。而且，通过目前这份天赐的神圣诏文和国事诏书，朕还要做出一个毫不含糊的决定，即，朕下令，上述这些地方都要按照神圣罗马教会的法律进行管理；而且，朕同意，这些地方都将保留在这一法律的管控范围之内。

18　　正因如此，朕认为，将朕的帝国及君权加以改造并将之转朝东部领土，然后在拜占提亚（Byzantia）行省中最好的地方建个国家，并以朕以及将在那里建立的朕之帝国的名义来为之命名，此乃合适之举。这是因为，在教士之长和基督信仰的首脑已被天国的统治者认可的地方，如果俗世的统治者还拥有权力，那是不恰当的。

19　　而且，朕还要下令，所有事项，不论是目前这份神圣的帝国特许状中涵摄的，还是其他天赐的御令中论及的，凡是得到朕之认可与确认的，就必须保持下去，直到世界终结，永不走样，永不更改。因此，在永生的天主面前——当年是他命令朕行使统治之权的，在他那令人生畏的审判席前，借由朕的这份御旨，朕要恳请朕的所有继任者，亦即所有的皇帝，每一位显贵，还有各位行省总督，辉煌无比的元老院议员，还有如今以及未来一切时间内归朕统治的全世界的全体民众，对于朕通过帝国诏书赋予神圣不可侵犯的罗马教会及其所有教皇的这些事项，任何人都不得以任何方式反对或破坏，也不得以任何方式将之撕裂打碎。另外，如果有人——当然我不相信会有这样的人——对这些事项故意曲解或亵慢藐视，那就要把他给捆起来，罚入地狱，永遭天谴。要让他明白，不论是在今生还是在来世，天主的最初两位使徒彼得和保罗都会与他为敌到底。而且，要把他扔到地狱的底部并将之烧掉，让其和魔鬼以及一切妖孽邪恶之徒一同烟消云散。

20　　为了强化作为文件的这份御令的威力，朕已经用朕的双手亲自将之放在了第一位使徒圣彼得的令人尊敬的遗骸之上。在那里，朕向天主的那位使徒做出承诺，所有这些事项都将得到完好无损的遵守，而且，按照朕的旨意，还要传给作为朕之继任者的所有皇帝，使其继续得到遵守。同时，朕已将所有这些东西交给了朕的父、至上且普世的教皇、至为神圣的西尔维斯特，并经过他，将之传给继他之后的所有教皇，在天主和我们的救主耶稣基督的同意下，由他们永远占有，并在他们的占有下繁荣昌盛。

皇帝的亲笔签名：……

最为神圣且令人尊敬的众父，愿天主保佑你们，年年岁岁，岁岁年年。

4月1日往前数第三天，交于[1]罗马，时任两位杰出执政官，一位是我们的君主、第四次担任执政官的弗拉维乌斯·君士坦丁·奥古斯都（Flavius Constantine Augustus），另一位是加利卡努斯（Gallicanus）。[2]

1　关于"交于"一词的汉译，可参阅《〈君士坦丁赠礼〉伪作考》第70节相关内容及注释。

2　关于当时罗马执政官问题，可参阅《〈君士坦丁赠礼〉伪作考》第70节相关注释。

参考文献

基础类文献

The Treatise of Lorenzo Valla on the Donation of Constantine. Translated by Christopher B.
Coleman. New Haven, 1922. Reprinted Toronto, 1993. With a Latin text.

Lorenzo Valla. *De falso credita et ementita donatione declamatio.* Edited by Walter Schwahn.
Leipzig, 1928. Reprinted Stuttgart, 1994.

Lorenzo Valla. *La falsa donazione di Costantino (contro il potere temporale dei Papi).*
Translated by Gabriele Pepe. Milan, 1952. Italian translation with notes.

Das Constitutum Constantini (Konstantinische Schenkung). Edited by Horst Fuhrmann. MGH
Fontes, Vol. 10. Hannover, 1968.

Lorenzo Valla. *De falso credita et ementita Constantini donatione.* Edited by Wolfram Setz.
MGH, Quellen zu Geistesgeschichte des Mittelalters, Vol. 10. Weimar, 1976.

Laurentii Valle Epistole. Ed. Ottavio Besomi and Mariangela Regoliosi. Padua, 1984.

Lorenzo Valla. *The Profession of the Religious and the Principal Arguments from the Falsely-
Believed and Forged Donation of Constantine.* Translated and edited by Olga Zorzi
Pugliese. Toronto, 1985. Partial English translation only.

Lorenzo Valla. *La donation de Constantin (sur la Donation de Constantin,* à lui *faussement
attribuée et mensonger).* Translated with a commentary by Jean-Baptiste Giard. Preface by
Carlo Ginzburg. Paris, 1993.

研究类文献

Antonazzi, Giovanni. *Lorenzo Valla e la polemica sulla Donazione di Costantino, con testi inediti dei secoli XV—XVII.* Rome, 1985.

Black, Robert. "The Donation of Constantine: A New Source for the Concept of the Renaissance." In *Languages and Images of Renaissance Italy*, ed. A. Brown, pp. 72—73. Oxford, 1995.

Gericke, Wolfgang. "Wann entstand die Konstantinische Schenkung?" *Zeitschrift der Savigny-Stiftung für Rechtsgeschichte*, Kanonistische Abteilung 43 (1957): 1—88.

Bowersock, G. W. "Peter and Constantine." In *St. Peter's in the Vatican*, ed. W. Tronzo, pp. 5—15. Cambridge, 2005.

Camporeale, Salvatore I. "Lorenzo Valla e il *De falso credita donatione*: Retorica, libertà ed ecclesiologia nel '400." *Memorie domenicane* n.s. 19 (1988): 191—293.

Idem. "Lorenzo Valla's *Oratio* on the Pseudo-Donation of Constantine: Dissent and Innovation in Early Renaissance Humanism," *Journal of the History of Ideas 57* (1996): 9—26.

Fried, Johannes. *"Donation of Constantine" and "Constitutum Constantini": The Misinterpretation of a Fiction and its Original Meaning.* With a contribution by Wolfram Brandes, "The Satraps of Constantine." Berlin, 2007.

Fubini, Riccardo. "Contestazioni quattrocentesche della Donazione di Costantino: Niccolò Cusano, Lorenzo Valla." In *Costantino il Grande dall' antichità all' umanesimo*, ed. G. Bonamente and F. Fusco, I: 385—431. Macerata, 1992.

Idem. "Humanism and Truth: Valla Writes against the Donation of Constantine." *Journal of the History of Ideas 57* (1996): 79—86.

Miglio, Massimo. "L'umanista Pietro Edo e la polemica sulla Donazione di Costantino." *Bulletino dell' Istituto storico italiano per il medioevo 79* (1968): 167—232.

Setz, Wolfram. *Lorenzo Vallas Schrift gegen die Konstantinische Schenkung.* Bibliothek des Deutschen Historischen Instituts in Rom, 44. Tübingen, 1975.

Weigand, Rudolf. "Fälschungen als Paleae im *Dekret* Gratians." In *Fälschungen im Mittelalter*, MGH Schriften 33.2, pp. 301—318. Hannover, 1988.

索　引

说明：本索引按照词条所在段落编排，而非按照词条所在页码编排。段落序号以边码的形式置于正文和附录的边页相应位置。正文《〈君士坦丁赠礼〉伪作考》共分97段，附录《君士坦丁赠礼》共分20段。词条后面的数字，不带"附"的，即表明该词条在正文中的段落序号；带"附"字的，即表明该词条在附录中的段落序号。本书英文版原索引的体例并不统一，有的以段落序号作为索引线索，有的以注释序号作为索引线索（例如，对于引自《圣经》中的文字，即采用这种索引方式）。中文版索引对之做了修改，一律采用段落序号作为索引线索；对于引自《圣经》中的文字，段落序号置于相应条目后的括号之中。英文版索引中还有一些条目涉及正文的注释，基于中文版的注释为中译者所加，英文版索引中的上述条目不再呈现在本索引之中。另外，英文版索引中，个别条目有遗漏，本索引予以补上。

图书在版编目（CIP）数据

《君士坦丁赠礼》伪作考 /（意）洛伦佐·瓦拉著；
陈文海译注. —北京：商务印书馆，2022
（光启文库）
ISBN 978 - 7 - 100 - 20131 - 5

Ⅰ.①君…　Ⅱ.①洛…　②陈…　Ⅲ.①基督教 —
研究 — 欧洲　Ⅳ.①B978

中国版本图书馆 CIP 数据核字（2021）第162062号

《君 士 坦 丁 赠 礼 》 伪 作 考
〔意〕洛伦佐·瓦拉 著
陈文海 译注

商 务 印 书 馆 出 版
（北京王府井大街36号 邮政编码 100710）
商 务 印 书 馆 发 行
苏州市越洋印刷有限公司印刷
ISBN　978 - 7 - 100 - 20131 - 5

2022年7月第1版　　开本 640×960　1/16
2022年7月第1次印刷　　印张 14¾
定价：73.00元